人才测评经理

智联测评研究院 著

企业管理出版社

图书在版编目(CIP)数据

人才测评经理 / 智联测评研究院著. -- 北京：企业管理出版社，2025.5. -- ISBN 978-7-5164-3301-0

Ⅰ. C962

中国国家版本馆CIP数据核字第20258224UM号

书　　名：	人才测评经理
书　　号：	ISBN 978-7-5164-3301-0
作　　者：	智联测评研究院
策　　划：	张　丽
责任编辑：	耳海燕
出版发行：	企业管理出版社
经　　销：	新华书店
地　　址：	北京市海淀区紫竹院南路17号　　邮　编：100048
网　　址：	http：//www.emph.cn　　电子信箱：lilizhj@163.com
电　　话：	编辑部（010）68416775　　发行部（010）68417763　68414644
印　　刷：	天津鸿彬印刷有限公司
版　　次：	2025年6月第1版
印　　次：	2025年6月第1次印刷
开　　本：	710mm×1000mm　　1/16
印　　张：	18.5
字　　数：	280千字
定　　价：	89.00元

版权所有　翻印必究　·　印装有误　负责调换

前言

欢迎走进人才测评的世界

在当今这个充满不确定性的时代，企业竞争的核心日益清晰地指向人才竞争。作为从事人才测评工作多年的实践机构，智联测评研究院的专家们时常被问及："如何在短时间内，准确判断出一个人的潜力和价值？"这个问题看似简单，却触及人才测评的核心内涵——我们该如何对人才进行科学考察、评价与发展。

人才测评是一门兼具科学性与艺术性的学问：既需要科学方法论的支撑，也离不开对人性的洞察理解；既依赖标准化的统计指标，也考验从业者的判断力。在各行各业追求数字化的当下，人才测评也正经历重大变革：从传统的纸笔测试迈向 AI 驱动的智能评估，从单一的能力测量拓展至多元的素质评价。这些变化对人才测评从业者提出了更高挑战。

本书的创作源于一个朴素愿望：为正在或即将从事人才测评工作的同仁，提供一本既全面系统又实用落地的参考书。在过去的十几年中，智联测评研究院研发了上百款人才测评产品，服务上万家企业，深切感受到许多同仁面临的困惑：如何选择合适的测评工具？如何确保测评结果的客观准确？如何让测评工作真正促进员工与组织的发展？这些现实问题与挑战，正是本书希望帮助解决的。

全书分为四个部分，共十六章，构建起完整的人才测评知识体系。

第一部分，人才测评是什么：从基础概念入手，带读者了解人才测评的发展历程、实施流程与应用场景。

第二部分，人才测评测什么：探讨人才标准的构建方法，明确人才标准是整个测评工作的基础与落脚点。

第三部分，人才测评怎么测：解析各类测评工具的理论基础、应用场景与使用方法。

第四部分，人才测评怎么用：将视角转向实践应用，针对招聘、培训、盘点等不同场景提供解决方案与参考案例。

全书内容覆盖人才测评工作涉及的各类知识与技能，助力读者建立系统性的认知框架。

本书内容是在智联测评研究院执行院长田娟娟女士的指导下，由黄杰、张丹瀛、卢莎、许文京、赵佳鑫、刘晶晶、刘敬林共同撰写而成。在写作过程中，智联测评研究院始终秉持一个原则：既有底层理论的坚实铺垫，又有落地实践的参考借鉴。因此，书中每一个观点、每一套方案均经过大量实践检验，使读者不仅能知晓"是什么"，还能掌握"怎么做"和"为什么要这样做"。书中所有细节分享，旨在让读者少走弯路，更快更好地掌握人才测评的精髓。

人才测评工作虽难度较大，但极富魅力——因其面对的是鲜活的个体，每个人都有独特的故事、特性与潜力。在开展人才测评工作时，我们既要掌握专业的工具方法，又要保持开放包容的心态；既要遵循科学规范，又要具备人文关怀。通过科学评估，帮助组织发现人才、培养人才，最终实现人与组织的共同成长。

最后，特别感谢所有为本书提供案例与支持的企业及个人——是大家的实践智慧赋予这些文字生命力；感谢智联招聘的客户们——与各位的交流碰撞，让智联测评研究院对人才测评领域有了更深刻的认知；更要感谢选择这本书的读者——无论你是人力资源从业者、企业管理人员，还是对人才测评感兴趣的学习者，大家在理论与实践上的探索，正是推动人才测评不断发展的重要力量。期待本书能成为读者职业生涯中的良师益友：当遇到问题时，能在此找到答案；当收获成功时，希望读者将宝贵经验补充到这个知识体系中。让我们携手探索人才测评的奥秘，助力更多人才绽放光彩，推动更多组织实现更好发展。

人才测评是一项需要智慧与温暖的事业，我们正在共同书写它的未来。

智联测评研究院

2025 年 5 月 27 日

目录 contents

第一部分　人才测评是什么

第一章　人才测评概述 ……………………………………………… 2
　　第一节　何为人才测评 ……………………………………… 2
　　第二节　人才测评的发展历程 ……………………………… 6
　　第三节　人才测评的理论基础 ……………………………… 11
　　第四节　人才测评的常见概念 ……………………………… 16
　　第五节　人才测评的实施流程 ……………………………… 23
　　第六节　人才测评在人力资源管理中的作用 ……………… 30

第二章　人才测评的应用与注意事项 ………………………… 36
　　第一节　人才测评的职业道德规范 ………………………… 36
　　第二节　人才测评过程中的常见问题 ……………………… 41

第三章　人才测评领域的新趋势 ……………………………… 43
　　第一节　高效率 ……………………………………………… 43
　　第二节　强拟真 ……………………………………………… 46
　　第三节　重体验 ……………………………………………… 47

第二部分　人才测评测什么

第四章　人才标准概述 ··· 52
第一节　何为人才标准 ·· 52
第二节　胜任力模型 ·· 56
第三节　任职资格 ·· 64
第四节　胜任力模型与任职资格的关系及适用场景 ······· 67

第五章　胜任力建模的方法 ·· 70
第一节　演绎法 ··· 71
第二节　归纳法 ··· 77
第三节　新型方法 ·· 86

第六章　人才标准的落地运用 ····································· 95
第一节　任职资格的构建流程 ································ 95
第二节　胜任力模型的构建流程 ····························· 97
第三节　人才标准的具体应用 ································ 105

第三部分　人才测评怎么测

第七章　笔　试 ·· 116
第一节　行政职业能力测验 ··································· 116
第二节　专业知识笔试 ··· 124
第三节　写作 ·· 130
第四节　多种招聘场景下的笔试内容组合 ················· 139

第八章　面　试 ·· 145
第一节　无领导小组讨论 ······································ 145

第二节　结构化面试 …………………………………… 156
　　第三节　新型面试形式 …………………………………… 164

第九章　评价中心 …………………………………………… 173
　　第一节　评价中心概述 …………………………………… 173
　　第二节　评价中心常用技术 ……………………………… 176

第十章　心理测验 …………………………………………… 183
　　第一节　能力测验 ………………………………………… 183
　　第二节　性格测验 ………………………………………… 190
　　第三节　动机测验 ………………………………………… 198
　　第四节　心理健康测验 …………………………………… 206
　　第五节　人岗匹配测验 …………………………………… 210
　　第六节　管理类测评 ……………………………………… 216

第十一章　员工调研 ………………………………………… 225
　　第一节　360度评估 ……………………………………… 225
　　第二节　满意度与敬业度 ………………………………… 234

第四部分　人才测评怎么用

第十二章　校园招聘测评实务 ……………………………… 246
　　第一节　校园招聘的重难点 ……………………………… 246
　　第二节　校园招聘的测评方案 …………………………… 248

第十三章　社会招聘测评实务 ……………………………… 253
　　第一节　社会招聘的重难点 ……………………………… 253
　　第二节　社会招聘的测评方案 …………………………… 256

第十四章 内部竞聘测评实务·················261

第一节 内部竞聘的重难点 ················· 261

第二节 内部竞聘的测评方案 ················· 263

第十五章 培训发展测评实务················· 268

第一节 培训发展的重难点 ················· 268

第二节 培训发展的测评方案 ················· 271

第十六章 人才盘点测评实务················· 277

第一节 人才盘点的重难点 ················· 277

第二节 人才盘点的测评方案 ················· 279

第一部分

人才测评是什么

第一章
人才测评概述

第一节　何为人才测评

提到人才测评（Talent Assessment），相信每个人的脑海中都会浮现出一些画面。例如，一个人正襟危坐，苦思冥想如何回应面试官的提问，或者电脑页面上呈现着不同类型的试题，右上角的倒计时飞快跳动，也可能是一群人环坐在一张圆桌前，激烈地交流着一些观点，甚至"星座""算命"这些字眼也时不时会冒出来。这些都是基于个人日常经验与理解而形成的对人才测评的主观侧写。

近年来，人才测评在许多场合被广泛使用，尤其是在人力资源管理领域，可以说已经达到了言必称"测评"的程度。但若让大家尝试概括何为人才测评，就会发现很难用精练的语言来概括，甚至用一段复杂的文字也未必能概括得非常确切和全面。这也是本节存在的意义——在正式走入人才测评的世界前，建立起一套相对科学、客观、系统的人才测评概念体系。

一、人才测评的定义

人才测评是运用心理学、管理学等现代科学研究成果，采用一系列科学客观的方法对人的各项内在特质与外在行为进行测量，根据企业的岗位需求及组织特征，对相应人才的素质做出评价，为企业选拔、任用、培训、保留人才等工作提供参考信息的过程。

科学客观的方法：指心理测评技术、面试技术、绩效评估技术、统计技术等各种实证学科技术内容。

各项内在特质与外在行为：指具体的测量内容范畴，包括知识水平、心理特质、工作行为与绩效等。

测量与评价：测评的过程是先测后评，测评不分家。如果没有测而直接评，就变成了主观臆断；如果只有测而忽视评，测的价值也无法充分发挥。因此，测是评的基础，评是测的结果。

二、人才测评的特征

人才测评的目标测试对象比较特殊，它所测试的是看不见、摸不着且处于动态变化中的人的特质。一般来说，人才测评具有如下特征。

间接性：到目前为止，心理学界还无法直接测量人的心理活动，只能测量人的外显行为。也就是说，只能通过一个人对测验内容和各种刺激的反应，依照理论反向推论出其心理特质。

相对性：对人才进行测量和评价，需要依据一定的标准，即对所有人都能用同一个标准和尺度进行衡量和比较。也就是说，测评要能得出人才综合素质的高低，要能识别出不同人的特征，以进行排序或区分。

客观性：人才测评的工具和方法、施测的过程和最终能得出的结果必须是科学客观的。测评的工具和方法必须经过科学严谨地开发，要经过实践的检验，信度、效度等各项指标要达到要求和标准；施测的过程必须做到公开透明，做到标准化，对所有测试对象一视同仁；测评的最终结果要客观公正，不能掺杂个人情感和个人利益。

值得一提的是，早在东汉时期，有关人才测评就已经形成了三个原则：第一，不虚美；第二，不隐恶；第三，不中伤。不虚美是不去夸大；不隐恶是不隐藏不好的方面；不中伤是不利用个人的观点、个人的臆断去评价，而是要客观公正，洞悉本质。

三、人才测评的分类

从不同的视角出发，人才测评可以分为多种类型。

按测评对象划分，人才测评可以分为以人为中心的测评和以岗位为中心的测评。用于自我认知的测评，一般属于以人为中心的测评。比如应届生为了找到适合自己的职业，先做一个职业兴趣测验，根据测验结果选择适合的职业类型，这种就属于以人为中心的测评。以招聘、培训或盘点等组织运用为目标的测评，通常是以岗位为中心的测评，其目的在于识别出测试对象与岗位的匹配度、胜任度等。

按测评主体划分，人才测评可以分为自陈测评和他人测评。自陈测评又称自我报告式测评，需要个体独立完成，在诸多选项中选择出自己认为最正确或者最符合自身情况的选项，从而得出测评结果。由于自陈测评在招聘情景下难以避免掩饰、装好的问题，因此需要进行专门的测谎考察和鉴别。他人测评是在一定的标准上，由他人对测试对象进行客观评价，进而得出测评结果的形式。他人测评主要包括360度评估、面试等形式。

按测评人数划分，人才测评可以分为个体测评和团体测评。围绕某一个体进行的测评活动称为个体测评，比如在咨询场景下咨询师为来访者进行职业测评，结构化面试中单个受测者的面试。一般来说，个体测评用时相对较长，同时测评结果也会更加丰富。围绕某一群人进行的测评活动称为团体测评，比如大规模的笔试、面试中的群体面试。团体测评可以在短时间内完成更多人次的测评，具有高效率的特点。相对而言，团体测评的测评结果的深入程度会逊色于个体测评。

按测评形式划分，人才测评可以分为笔试、面试、情景测试、心理测验、评价中心。广义的笔试包括纸笔测试和机考，一般考查专业知识、通用能力/行测、申论、写作等，偶尔也会包含部分心理测验的内容。对于面试，大家应该比较熟悉，通常分为群面和单面，有多种形式。情景测试一般是给测试对象设置一个情景，让其在情景中完成任务，观察其完成任务的过程，并对其表现出来的行为以及行为背后的素质进行评价。心理测验主要使用专门开发的、科学的量表和测验，让测试对象作答，得出测评结果和报告，广泛测评测试对象的能力、性格、动机、胜任力等多种底层素质。评价中心是包含多种测评方法和技术的综合测评体系。广义的评价中心包含心理测验、面试、情景测试等形式；狭义的评价中心主要是指情景测试，经典的情景测试有公文筐测验、管理游戏、角色扮演等形式。

按测评内容划分，人才测评可以分为知识考试、性格测评、能力测评、兴趣和价值观测评、行为测评。知识考试一般考查特定岗位工作的专业知识，通过笔试和机考进行考查。性格测评也称人格测评，旨在了解个体的性格特征，常见的测评工具有DISC、MBTI、16PF、大五人格模型等，通常借助心理测验来实施。能力测评考查的内容比较广泛，包括智商、情商以及各种与完成现实任务相关的能力，如沟通能力、合作能力、创新能力，可以通过笔试、面试、情景测试等多种形式考查。兴趣和价值观测评考查的是更底层的心理特征，一般通过心理测验考查，如职业兴趣测验、职业价值观测验。行为测评相对来说考查的是比较显性的个体特质，采用360度评估、背景调查、情景测试等方式完成。

按测评目的划分，人才测评可以分为选拔测评、培训测评、绩效测评、诊断测评。选拔测评主要用于人员筛选，包括校园招聘、社会招聘、内部竞聘等。培训测评主要用于培训需求诊断、培训对象框定、培训效果评估等。绩效测评通常包括两个部分：一个是硬指标，另一个是软指标。硬指标多数指的是业绩，是结果部分，有详细的数据可供考核；软指标一般指的是日常的工作行为表现，是过程部分，这部分的考查通常需要使用测评工具，如360度评估。诊断测评主要用于人才盘点和人才梯队建设中，了解当前组织的人员构成、整体素质，识别高潜人才，建设后备梯队等，有助于了解组织人力资源的整体状况。

人的心理特质既复杂又多变，既看不见又摸不着，测量人的心理特质无法像用尺子量物体尺寸一样简单直观。测量的间接性给人才测评或多或少增添了一丝神秘的意味——事实上，初次接触测评技术的人大多会有这样的印象，这也让人才测评技术，尤其是心理测评技术的精准性一直处于讨论的中心。

研究表明，人才测评可以提高优秀人才的正确识别率。举例来说，此前招聘的100人中有55人是胜任的，在进行科学的人才测评后，发现100人中有78人是胜任的。也就是说，在测评的帮助下，对人才的正确识别率由55%上升至78%，提高了23%。当然，我们都希望可以找到一些办法将这个数字提升到100%，但由于现实中存在各种影响因素，所以这是不可能的。但人才测评技术仍是目前为止对个体素质进行判断的较好、较公正也较经济的方法。

客观看待测评在人力资源管理领域的功能与价值，树立正确的测评观念，能够让人才测评实践之路更加顺利。

第二节　人才测评的发展历程

人与人之间天然就存在着许多差异，不仅仅体现在眼睛的大小、头发的颜色、人体的高矮胖瘦上，还体现在每个人的喜好、思维、性格、行为上，这些差异让每一个人都具有独特性。那么，使用哪些方式可以辨别出这些差异呢？尤其是不同的人在不同方面的差异。这一疑问，就是人才测评思想的诞生之源。

一、中国早期的人才测评思想与测评方法

在汉朝之前，中国还未形成系统性的人才选拔制度，但已有人才测评的思想萌芽。

比如《吕氏春秋》记载："夫尧恶得贤天下而试舜，舜恶得贤天下而试禹。"讲的是尧在禅让前，对舜进行了全方位的考核。他先是将女儿嫁给舜，看他能不能管理好家庭；再让九个儿子跟舜一起工作，看他能不能带好团队；后来又让舜率领百官，看他能不能处理好政务；最后又让舜去做礼宾官，跟四方诸侯打交道，看他能不能跟诸侯处好关系，获得威望。孔子也曾表达过类似的观点："视其所以，观其所由，察其所安，人焉廋哉？"意思是，看一个人的所作所为，应该了解他言行的动机，知道其心安于什么事情，如此一来，这个人的内心怎么能掩盖得了呢？这些思想都强调，要先在实践中观察一个人的行为与实际取得的成绩，再来判断其能力水平。

在日常中观察他人比较直接、简单，但随机性比较强，时间上也不太好控制。所以古人又提出了"情景试探"的思想。庄子的"观人九法"提出："远使之而观其忠，近使之而观其敬，烦使之而观其能，卒然问焉而观其知，急与之期而观其信，委之以财而观其仁，告之以危而观其节，醉之以酒而观其侧，杂之以处而观其色。"诸葛亮的"七观法"提出："问之以是非而观其志，穷之以辞辩而观其变，咨之以计谋而观其识，告之以祸难而观其勇，醉之以酒而观其性，临之以利而观其廉，期之以事而观其信。"这些思想类似于现代人才测评技术中的情景面试和情景模拟，是将人放在一个特定的情景中来观察其反应和行为。

古代先贤也关注到了他人评价的价值，子贡和孔子曾经有过这样一段对话，子贡问曰："乡人皆好之，何如？"子曰："未可也。""乡人皆恶之，何如？"子曰："未可也。不如乡人之善者好之，其不善者恶之。"大意是，乡里的人都喜欢某人或者都厌恶某人，都不足以准确评价一个人的好坏，最好是乡里的好人都喜欢他，而坏人都厌恶他。

另外，管仲提出"访乡设问"考核方法，认为考察和评判一个人，第一步要广泛询问他周边的人，了解他平时的行为表现，有哪些贡献和缺点，再找他来，询问他对一些问题的看法。这种充分调研周边民意、收集他人评价的思想，对如今管理干部晋升仍然十分重要。

直到公元前 134 年，西汉推行察举制，人才选拔才开始逐步走向体系化、制度化。

察举制是一种自下而上推荐人才的制度，由地方长官在辖区内随时考察、选取人才并推荐给上级或中央，人才通过考核再被任命官职。察举制科目包括孝廉、秀才、贤良方正、明经、明法、尤异、治剧、兵法、阴阳灾异及其他临时规定的特殊科目。

小贴士　察举制的一般步骤

第一步，皇帝不定期下诏令，根据国家所需人才，确定举荐科目。
第二步，各级官员按科目和比例查探、举荐人才。
第三步，各级察举的人才被送到中央，由皇帝策问考核。
第四步，根据考核成绩，排序授予对应的官职。

察举制是中国古代较早的、系统的选官制度之一，曹魏以后，察举制被九品中正制取代；至隋唐时期，为弥补九品中正制客观性差的弊病，逐步加大考试在选官中的比例，最终形成科举制。

科举制创始于隋，最终在清朝被废除，持续了约 1300 年。唐朝科举考试有秀才、明经、俊士、明法（法律）、明字、明算（数学）、进士等多种科目，考试内容有时务策、帖经、杂文等。宋朝科举考试有进士、明经等科目，考试内容有帖经、墨义和诗赋等。明清科举考试以八股文为核心。

科举制不仅改善了之前的选拔制度，打破了世袭制，也不必再由公卿大臣进行推举，还制定了在当时来看十分先进的人才选拔标准并提供了渠道，有能力的读书人不管出身的阶层如何，都有可能获得施展才华的平台，踏上仕途。但随着封建专制思想的不断加深，到了明清时期，科举考试的内容和形式过于陈旧、单一和僵化，人才测评的发展逐渐停滞。

二、国外早期的人才测评思想与测评方法

古希腊时期，西方哲学家热衷于研究人与人的差异。希波克拉底（公元前460年—前370年）是古希腊医师，他认为人体内有四种液体。这四种液体在人体内的比例不同，使人形成了四种截然不同的气质，分别是胆汁质、多血质、黏液质和抑郁质（见表1-1）。这些气质类型的划分已经具有了部分现代科学性格类型理论的特征，在现代社会依然具有影响力。

表1-1 希波克拉底气质类型

气质类型	行为特征
胆汁质	急躁、直率、热情、情绪兴奋性高、容易冲动、心境变化剧烈
多血质	活泼、好动、反应迅速、喜欢与人交往、注意力容易转移、兴趣容易变换
黏液质	稳重、安静、反应缓慢、沉默寡言、情绪不外露、注意力稳定、善于忍耐
抑郁质	行动迟缓而不强烈、孤僻、情绪体验深刻、感受性很高、善于觉察细节

时间推移至中世纪，那时的欧洲几乎不需要客观的人才选拔方法和机制，因为社会阶层决定了大多数的选择，人们在能力、性格上的差异受到了较大的忽视。直到16世纪后，欧洲发生了多次思想文化上的变革，人们对于个体差异研究的热情才又逐渐复苏。

18世纪，解剖学家弗朗茨·加尔和约翰·施普茨海姆共同创立了颅相学（见图1-1）。颅相学有三个基本假设：①头盖骨的外部结构与内部结构及脑的结构相关；②心理有许多功能；③头盖骨的形状与心理的功能相关。头盖骨的不同部位对应的心理功能不同，根据头盖骨隆起的程度和特征，就能判断出相应的心理功能发达的程度。颅相学提出的心理功能分区，具有积极意义，但实际上心理功能分区与头盖骨的隆起程度并无直接联系，属于臆测。

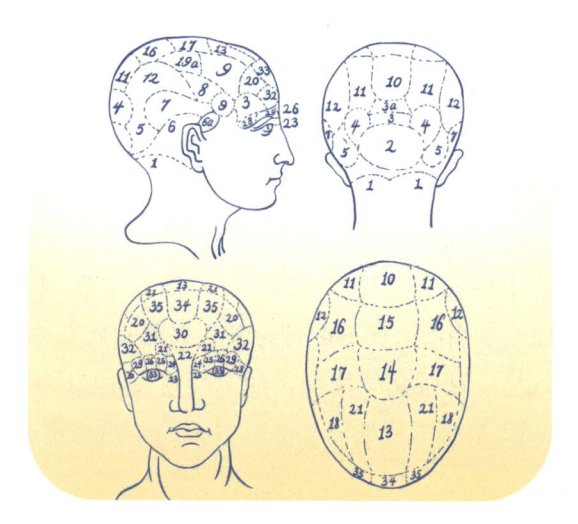

图 1-1　颅相学脑区分布

进入 19 世纪，西方心理学逐渐从哲学中脱离而成为一门独立学科，人才测评技术，尤其是心理测量技术的研究迎来了空前的爆发期，现代人才测评理论与技术逐渐形成。

三、现代人才测评思想与测评方法

1879 年，德国的威廉·冯特建立了世界上第一个心理学实验室，标志着科学的心理学就此诞生，科学的人才测评也发源于此。在这之后的几十年中，有许多研究者对人才测评技术的发展发挥了至关重要的作用。

英国的弗兰西斯·高尔顿是查尔斯·罗伯特·达尔文的表弟，他深受进化论思想的影响，对智力的遗传以及人类能力的测量充满兴趣，致力于建立更精确的测量方法来探究人类才能的差异，并发明了几项在当时十分先进的测量方法。他在其著作《遗传的天才》中，还提出了智力在人群中呈正态分布的观点。

美国的詹姆斯·麦基恩·卡特尔师从威廉·冯特，并在高尔顿的实验室作为助手工作过一段时间。卡特尔于 1890 年在《心灵》杂志上发表的《心理测验与测量》一文中，首次使用了"心理测验"（Mental Test）这个术语。他关于控制联想的反应时间和自由联想的反应时间等实验研究成果，在心理学实验文献中是非常经典的。他的研究还涉及个别差异和心理测验、阅读和知觉、心理物理学、次序评量法等领域。

1904 年法国的阿尔弗德·比纳及其助理医师西奥多·西蒙为了识别出在普通学校教育中无法充分受益的儿童，编制了世界上第一个可实际应用的智力测验（Intelligence Test）——比纳-西蒙智力量表（Binet-Simon Intelligence Scale），主要测量判断、理解和推理能力。

此后，美国波士顿大学教授弗兰克·帕森斯在 1909 年提出了人与职业匹配理论，这一理论是当前人岗匹配理论和相关测验开发的基础。

瑞士精神科医生、精神病学家赫尔曼·罗夏在 1921 年编制了罗夏墨迹测验（Inkblot Test）（测验图片见图 1-2），让潜意识进入了心理测验的范畴。

图 1-2 罗夏墨迹测验图片

1925 年，德国军事心理学的负责人 J. B. 里弗特在军队中使用无领导小组讨论，帮助陆军选拔军官。1928 年，威廉·莫尔顿·马斯顿在《正常人情绪》一书中提出了 DISC 性格理论。1943 年，美国的伊莎贝尔母女基于荣格的性格类型学说编制出 MBTI 测验。1943 年，美国的斯塔克·哈茨维和 J. C. 麦金莱编制了明尼苏达多相人格调查表（MMPI）。1947 年，美国的雷蒙德·卡特尔编制出 16PF 测验。1948 年，美国的哈里森·高夫编制了加州心理调查表（CPI）。1952 年，英国的汉斯·埃森克编制了埃森克人格问卷（EPQ）。1956 年，美国的道格拉斯·布雷研究和使用了评价中心。1959 年，美国的约翰·霍兰德提出了职业兴趣理论，这一理论成为个体职业规划与指导的重要理论。1973 年，美国的大卫·麦克利兰提出了素质模型理论，这一理论对人才测评的影响持续至今。

西方在科学人才测评领域探索了一百余年，人才测评已经发展成了巨大的、规范化的产业。我国在 20 世纪 80 年代开始引进大量国外心理测量工具，并进行了本土化修正，这个时期是我国心理测验的引进阶段。随着引进和修正的工具逐渐增多，20 世纪 90 年代中期进入了多工具组合的时代。但多工具组合运用存在一定问题，比如对同一个人，一个测验说是内向的，另一个测验又说是外向的，结论产生矛盾，这就需要对多种工具进行有机整合。20 世纪 90 年代末进入评价中心阶段，将多种工具进行有机组合，使用不同工具测评不同的素质。但是不同岗位对从事这个岗位的人的要求是不同的，如果所有岗位在使用公文筐、演讲答辩时都测评同样的素质，显然不能很好地选拔人才。随着素质模型理论的引进和普及，21 世纪我们进入了胜任力测评时代，先区分不同岗位的胜任力素质，然后选择相应的测评工具和方法进行测评，从而真正识别出优质人才。目前，我国在人才测评领域的探索已经向 AI 面试、游戏化测评等新形式和新技术上集中，逐步缩小与国际领先水平的差距。

第三节　人才测评的理论基础

日常生活中，我们可以借助磅秤来称物体的重量，借助尺子来量物体的长度，借助钟表来计量时间。但是，常言道"人心难测"，以人或者人的潜在特质为测查对象，真的可行吗？

孟子早在两千多年前就曾提出"权，然后知轻重；度，然后知长短。物皆然，心为甚"，他认为物品需要称和量，以确定重量和长度，人的心其实更需要测量，才能了解和判断。美国心理学家、教育心理学体系的创始人、动物心理学的开创者爱德华·李·桑代克提出"凡物皆有质，有质就有量，有量就可测"。类似这样的表述，从古至今不计其数，说明很多有智慧、对相关领域有深入研究的人，都认为人的心理和素质是可以测量的。

随着近代研究的不断发展，人才测评也逐渐成为一门独立学科，国际心理科学联合会（International Union of Psychological Science，IUPsyS）原副主席、著名心理学家张厚粲认为：人才测评是一门集现代心理学、测量学、管理学、社会学、统计学、行为科学乃至计算机技术于一体的综合性技术。这说明这些学科是人才测评赖以发展的理论依据，对于人才测评的研究有不可或缺的理论指导作用。

一、心理学理论基础

心理学是一门研究人的心理特征及其发展规律的科学。情绪、动机、人格、态度、能力等都是心理学的核心研究领域，其中许多研究成为现代人才测评的重要内容和技术支持。

人本主义心理学强调人的正面本质和价值，强调人的成长和发展，不主张集中研究人的问题行为，代表人物有亚伯拉罕·哈罗德·马斯洛和卡尔·兰塞姆·罗杰斯。马斯洛提出了人本主义的管理目标，并指出实现人本主义管理目标首先要建立因人而异的管理模式。人本主义理论的发展以及由此产生的人本主义管理思想，为人才测评技术的发展提供了科学的理论基础和实践指导。

人格心理学探讨人格的特征与结构，并对人格特征进行测量与评估。目前企业广泛应用人格测验或者性格测验寻找性格与岗位特征更匹配的人才。另外，许多人也会借助人格测验来进行自我认知，为个人的职业规划和发展寻找参考依据。

测量心理学关注的是对心理特征的测量，如我们耳熟能详的大五人格量表、瑞文智力测验、霍兰德职业兴趣量表。测量心理学的研究成果是人才测评事业发展的地基。

在诸多心理学研究领域中，有两个理论对人才测评产生了非常深远的影响，很多测评技术都与之紧密相关。

（一）潜在特质理论

潜在特质理论将人的素质和心理状态看作一个黑箱，学名叫潜在特质，它是潜在的、深层次的、难以用肉眼直接观测的。为了弄清楚黑箱里的具体情况，需要给黑箱一些外在的刺激，以观测受到刺激后黑箱的输出内容，通过刺激和反应的连接，推测黑箱状态。

> **小贴士** 🔍 黑箱系统辨识法
>
> 黑箱系统辨识法是指通过观测外部输入黑箱的信息和黑箱输出的信息的变化关系，来探索黑箱的内部构造和机理的方法。黑箱指内部构造和机理不能被直接观察的事物或系统。黑箱系统辨识法注重整体和功能，兼有抽象方法和模型方法的特征。通过外部观测和试验，建立输入和输出信息之间的关系，从而推断黑箱的功能和特性，进而探索其结构和机理，弄清其全部运动规律的方法。

回到人的特质层面，比如，下班后工会组织聚会，邀请员工参加，这可以看作一种外在刺激，员工 A 是否参加就是受到刺激后的反应。如果员工 A 每次都参加，行为具有相对的稳定性，那么可以推测员工 A 比较喜欢参加聚会活动；如果员工 A 几乎不参加，那么推测员工 A 可能对此类活动没兴趣。科学人才测评工具的设计相对更加复杂，开发的过程更严谨。心理测验中的每个题目都可以看作一个刺激，受测者所选的选项是对刺激的反应，集合一套测验中受测者对多个题目的反应，就能进行更加准确地评估和判断。面试中考官提出的问题是刺激，面试者的回答是反应，可以基于面试者的回答内容，推测其相关素质水平高低。

这就是潜在特质理论（见图 1-3），我们不能像称重量、量长度一样直接测量人的素质和心理状态，只能通过提供刺激，收集个体对特定刺激的反应间接测量个体的潜在特质。

INPUT　　BLACK BOX　　OUTPUT
输入　　黑箱　　输出
Input is convered into output

图 1-3　潜在特质理论模型

（二）冰山模型

冰山模型是麦克利兰于1973年提出的，他将人的素质看作一座冰山，分为水面以上和水面以下两个部分（见图1-4）。水面以上部分是显性的部分，包括行为、知识和技能，这部分容易观察和测量，相对而言也比较容易通过培训来改变和提升。水面以下部分是隐性的、潜在的部分，包括自我认知、个性特质、价值观和动机等，这部分难以直接观察，通常需要专门的人才测评工具和方法。虽然水面以下的部分难以评估，它却是真正深层次的影响因素，影响着水面以上的表现，是个体能否胜任工作、能否取得优秀绩效的关键素质，也是人才的重要指标。

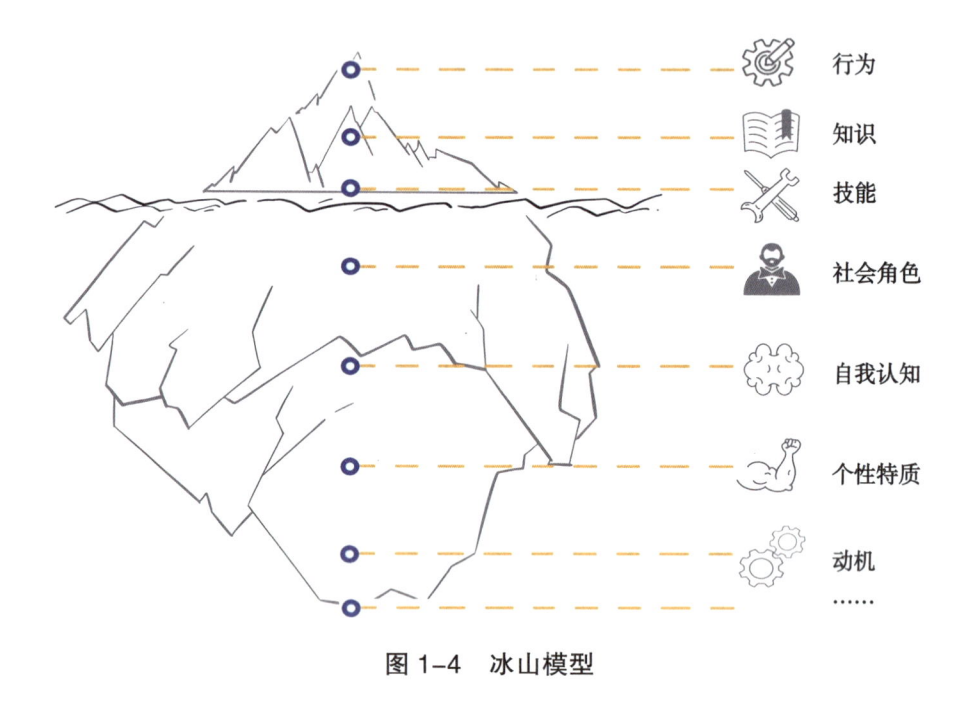

图1-4 冰山模型

二、管理学理论基础

管理学在发展初期就提出，要识别与评估人才的内在需求，人才测评也是管理学的重要研究内容之一。在管理学理论发展的不同阶段，产生了不同的人性假设与理论，并且引发了相应的管理方式变革。这些人性假设以及管理方式的变革，也带动了人才测评从测评内容到测评技术方法的一系列创新与发展。

经济人假设起源于亚当·斯密关于劳动交换的经济理论，他认为人类参加各种经济活动都是为了追求最大的物质利益，是逐利的、利己的。与之对应的管理方式是弗雷德里克·温斯洛·泰勒的科学管理方式，他提出观测工人完成每个工作动作所需的时间，制定时间标准以便确定工人的劳动定额，让工作的环境、流程和工人的劳动都趋于标准化。这种人性假设与管理策略在18世纪至19世纪是具有一定先进性的，大幅提高了工厂的劳动效率。但这种早期假设和管理思路将劳动者与管理者完全对立了起来，随着时代的发展，逐渐失去了它的效用。

乔治·埃尔顿·梅奥凭借著名的霍桑实验建立了人际关系学说，并以此为基础提出了社会人假设。社会人假设认为人是社会人，除了金钱激励能影响人的积极性外，还有社会和心理的因素。员工对管理的反应达到什么程度，取决于管理者对下属的归属、接纳、认同感等需要的满足程度。与之对应的管理方式是参与式管理或咨询式管理，鼓励员工自我评价，通过自我评价满足尊重的需要和自我实现的需要。这种管理方式，使个人目标与组织目标实现了有效融合，进一步提高了个人的主观能动性。

小贴士　🔍 霍桑实验

霍桑实验是1927—1932年在西方电气公司靠近芝加哥的霍桑工厂里进行的一系列研究。得出的主要结论包括：职工是社会人，受社会环境影响；企业中存在非正式组织，能左右成员的感情和行为；领导力体现在提高员工满意度上；员工对新环境的好奇和兴趣，能在短期内提高工作绩效。

20世纪60年代末70年代初，埃德加·沙因提出了复杂人假设，他认为人是复杂的，人具有复杂的动机模式、价值观以及目标，许多动机可能在不同的时期，因不同的任务而发生变化，甚至人在不同的年龄、时间和地点，也会有不同的表现。每个人的需要及需要的层次都不尽相同，将个体看作单一的经济人或社会人是片面的，管理者要善于对下属的动机与能力做出诊断，适时改变自身的管理行为。

学习型人假设由彼得·圣吉提出，他把人看作改变现实的主动参与者，将人作为"资本"而不仅仅是"资源"，提出人可以通过学习与创新重新塑造自我。这种假设也让管理者对待员工的管理思维发生了巨大的转变，鼓励管理者从指挥者和控制者的视角转变为教练和朋友的角色。

随着企业管理思维的不断更新，人才测评的目的也从单方面的筛选人、评价人转变为寻求组织与个人的共同发展。这不仅在管理学界是极大的进步，也促进了人才测评的规范化、科学化发展。

第四节 人才测评的常见概念

当我们需要了解某种不熟悉的人才测评技术，或者在实际应用某种人才测评技术后希望验证它的适用性与效果时，需要掌握一些心理测量学中的专业概念和验证指标。这些知识能够帮助我们更好地理解人才测评工具的有效性判断方法，从而选择合适的工具；同时也有助于我们更好地理解测评的分数和结果、分数的来源和转化过程以及不同分数代表的含义和等级。

一、难度与区分度

对于大多数人来说，难度这个概念并不陌生，它是指题目设置的难易程度。难度的设置应该考虑到测评的目的、形式以及对象。如果测评的目的是挑选非常优秀的人才，那就应该设置较高难度的题目。反之，如果测评的目的仅是想筛选出目前不合格的人员，那么难度就不宜设置太高，应该适合平均水平的大多数人员。测评的对象也是我们需要考虑的一个方面。例如，两位数乘除法，让小学高年级学生来作答，应该是比较简单的，但如果让小学低年级的学生来作答，难度就可能太大了。

计算难度的一种比较简便的方法是根据总分将受测者分为三组：由总分排名前27%的人构成高水平组，总分排名后27%的人构成低水平组，中间46%的人构成中间水平组。通过高水平组和低水平组的情况可以计算出难度指标：

$$p=(U_p+L_p)/(U+L)$$

p：难度系数。

U_p：高水平组中答对当前题目的受测者人数。

L_p：低水平组中答对当前题目的受测者人数。

U：高水平组中的全部受测人数。

L：低水平组中的全部受测人数。

> **小贴士　难度与难度系数辨析**
>
> 　　难度系数是难度的数值化体现，是0~1的量值，可以理解为"容易度"，难度系数越接近1，代表答对这道题目的人数越多，说明试题较简单，难度较小；反之，难度系数越接近0，代表答对题目的人数越少，试题的难度较大。难度与难度系数为反比关系。

　　区分度是指题目是否能够有效区分出能力水平不同的人群，它是非常重要的一个质量检测指标。题目的区分度越高，说明越能够区分出人们水平的差异性。通过高低分组的方式可以计算出区分度指标：

$$D=(U_p-L_p)/U$$

D：区分度。

U_p：高水平组中答对当前题目的受测者人数。

L_p：低水平组中答对当前题目的受测者人数。

U：高水平组中的全部受测人数。

　　假设有100人参加一个测验活动，根据总分排序，高水平组和低水平组均为27人。如果高水平组中27人全部答对题目F，低水平组中仅有3人答对题目F，则当前题目的难度为（27+3）/（27+27）=0.56，区分度为（27−3）/27=0.89。

　　难度与区分度之间并不是完全独立的，难度在一定程度上影响着试题的区分度。难度过低或者过高，都可能导致试题的区分度不佳，中等难度一般是相对更能区分受测者群体水平高低的。因此，在设置试卷难度时，大多数试题的难度需保持在中等水平，除此之外再设置一些简单题目以及相对高难度的题目，是比较合理的配置。

小贴士　难度系数与区分度各数值段含义

难度系数		区分度	
P≤0.2	高难度	D≤0.19	区分度差，淘汰
0.3≤P≤0.7	中等难度	0.2≤D≤0.29	区分度一般，需修改试题
P≥0.8	低难度	0.3≤D≤0.39	区分度较好
		D≥0.4	区分度佳

二、信度

信度指的是测量结果的一致性程度，或者说是测评结果的可靠性程度。

假设有两个体重秤，同一个人在 A 体重秤上早上 8 点称是 50 公斤，中午 12 点称是 45 公斤，晚上 8 点称是 55 公斤，每次称出来的数值都不一样，而且差异很大，相信大家都不会再相信这个体重秤，因为结果很不稳定，信度不好。而 B 体重秤无论在什么时间称，结果都保持在 50 公斤左右，上下的差距没有超过 0.2 公斤，结果比较稳定，这种就是有信度的表现。

回归到人才测评领域，如果不是因为成长、学习、疾病，或者受伤造成的永久性变化等，测评的分数应该保持相对一致性，不会随着情境的变化而发生变化。请注意，即使是一款信度经过验证的测验，也并不意味着同一个人的测验结果能保持完全一致。因为在实际测评环境中，我们无法排除测量误差，而测量误差可能来源于内在状态（如较低的测验动机、消沉情绪等）以及外部条件（如嘈杂、不舒适的测验环境等）。这些因素都会影响到测评的结果。

在实际工作中，根据测评方式、现实需求、操作的难易度等因素，我们可以采取不同的信度计算方式，主要有重测信度、复本信度、分半信度、评分者信度、内部一致性信度。

重测信度是计算信度最经典、普适性最强的方法之一，即让同一群受测者在不同的时间作答同一套测验或试卷。两次作答需要设置比较长的时间间隔，一般建议 3~6 个月，若两次得出的结果一致性高，说明重测信度高。对于时间间隔的设置，需要考虑两方面的因素。其一是记忆与练习效应，若间隔时间过短，很难避免第一次作答过程中对题目的记忆和练习影响到第二次作答的结果，导致第二次测评的结果并不完全准确，在此基础上计算的重测信度也可能会大打折扣。其二是所测特质的稳定性，如果测量的是相对稳定的特质，例如性格、价值观等，那么重测效果通常是很好的，但如果测查的特质在短期内可能发生较大变化，比如知识、技能等，三个月时间可能会出现比较大的差异，这时我们就应该适当缩短时间间隔。

复本信度是指设计两套在难度、长度、题目排布和内容上尽可能相似的测验或试卷，这两套测验是等价的，称为复本。让同一个受测者对两套测验进行回答，比较相应问题的答案，求出相关系数，称为复本信度。两个结果的相关性越高，说明复本信度越高。需要注意的是，复本的开发成本较高，难度较大，如果仅仅是为了验证测验或者试卷的信度，通常是不太划算的。

分半信度是指将一套测验或试卷的题目按照一定规则随机分成两半，拆分为两套测试，计算同一个人在两套测验分数上的相关性，相关性越高，说明分半信度越高。分半的方法在一定程度上解决了重测和复本两种方法在实践上的问题，而且分半这种方法的成本较复本更低，只需一套题目就可以计算使用。同时，分半信度不受时间限制，任何时候都可以进行验证。当然，分半的方法并不是没有任何问题，比如同一套测验，可能存在十种不同的分半方式，从而得出 10 个分半信度值，那么究竟哪一个才是更真实的呢？在实际工作中，我们一般会选择最好操作的，或者数值最高的那一种形式作为最终结果，但学术领域对此的讨论依然存续。

评分者信度是指不同的人批阅同一份试卷时，所给分数的一致性。评分者信度更多应用于主观题的评分中，在此类题目中，除了题目本身，评分者之间的差异对于分数的影响权重非常大。例如，三位老师批阅同一份作文，在满分 60 分的情况下，可能得出 48 分、53 分、58 分三个截然不同的分数，这可能说明评分者对于题目的评分标准理解不一致。在实际工作中，我们常常使用评分者信度对面试成绩进行复验。

内部一致性信度，又称为同质性信度，常用克伦巴赫 α 系数（Cronbach's α）来计算。它的计算原理与上述几种信度的计算原理存在比较大的差异。内部一致性信度通过与题目数量及题目间的平均相关的函数计算而来，它代表着测验中的所有题目都在考查同一个内容。这样说可能过于抽象，我们通过一个例子来帮助理解：如果你想了解一个人打乒乓球的水平怎么样，通过观察其多场球赛获得的可靠信息，可能比只观察某一场球赛获得的可靠信息要多。观察这个人在大型赛事上的表现，比观察其在日常随意练习中的表现要可靠得多。如果测验中的每个题目和其他题目在本质上都是在测查同样的内容，而且项目的数量足够大，那么内在一致性方法就能得出这个测验是可靠的。

在实践应用中，很多企业自研的量表信度会处于0.6~0.7区间，在非实验室环境下，这个信度值也是可接受的。

> **小贴士　信度的区间含义**
>
> 信度的值处于0~1区间，会受到题目类型、题目数量、受测者本身特点、信度计算方法等多方面的影响，会出现一定范围的上下浮动，但大体符合下述区间划分。
>
> | 信度值 | 含义 |
> | --- | --- |
> | r＜0.7 | 信度不佳，不建议使用 |
> | 0.7≤r＜0.9 | 信度可以接受 |
> | r≥0.9 | 信度良好 |

三、效度

效度是测评工具或手段能够准确测量到其所要测量内容的程度。

同样先看例子。同一个人在同一天的不同时间，使用体重秤A来称，每次称都是60公斤左右，虽然每次的结果都比较一致，有信度，但是这个人本身的体重是50公斤，跟测出来的60公斤差异很大，所以效度并不高。而使用体重秤B来称，每次称都是50公斤左右，跟真实体重相差不过0.2公斤，既有信度，又有效度。

第一章
人才测评概述

美国心理学会在 1954 年的《心理测验和诊断技术的专业建议》中对效度进行了分类，认为效度可以界定为以下四类：内容效度、构念效度、同时效度与预测效度。它们被称为"效度四面"，其中同时效度与预测效度又可以统称为"效标效度"。

内容效度是指测试题目对想要测查的内容或行为范围取样的适当程度，即测量内容的适当性和相符性。例如，当我们想要测评某人的自信心，"敢于承担有一定难度的工作任务"可以被视为有自信心的代表性行为之一，而"喜欢仔细地整理文件"显然与自信心特质没有很强的关联性。因此，询问其"有多大概率能够顺利完成挑战性的任务"这道题的内容效度，会高于询问"日常是如何整理文件资料的"这道题。在评估一个测评工具或手段的内容效度时，我们需要明确界定想要测查的内容范围，给出相对明确的、可量化的概念定义、行为样本，然后去判断测评工具或手段中的题目、行为是否符合上述界定范围。这个过程通常需要专家研讨和评定来完成。

构念效度，也叫结构效度，指的是测验能够测量到理论上的构念或特质的程度。这种说法比较抽象，我们举例说明，比如测评沟通能力，事先将沟通能力解构为主动沟通、积极倾听、准确理解和及时反馈，认为这四个方面能够涵盖对沟通能力的测评。这种理论的构念是否准确，是否有效，需要收集数据，使用结构方程模型进行检验和修正，才能确保具备结构效度。简单来说，构念效度就是理论模型的有效程度。

效标效度既是最常用的，也是更具实践应用价值的效度指标。效标效度一般分为两类：一个是同时效度，另一个是预测效度。同时效度主要用于检验自编测验的效度，比如跳远测验以学生当时的实际跳远成绩为效标，计算测验得分与效标分的相关系数。预测效度主要用于评价测验的预测能力，常用的效标数据包括专业训练成绩与实际工作成果等。例如想验证招聘环节使用的某个心理测验是否具有良好的预测效度，可以收集这批新员工入职后的领导评价、工作绩效等数据，作为预测效标予以验证。分析领导对其评价高、绩效好的员工，当初的测验成绩是否分数更高。

影响效度的因素主要有测验本身的题目和结构、实施的过程、评分的客观程度。另外，所有影响信度的因素也都会影响效度。测验本身的题目和结构会影响效度，比如用测评自信心的试题去测评内外向，效度就比较低；或者沟通能力需要从主动沟通、积极倾听、准确理解和及时反馈这四个方面来测评，但一个量表只测评了其中三个方面，效度也会比较低。实施的过程也会影响效度，比如环境太差、有噪声、温度太高等，都会影响受测者的作答状态，导致效度较低。所以在进行人才测评时，一般要选择比较舒适、安静且不被打扰的环境，以确保测验结果的准确性。评分的客观程度就更不用说了，若评分者上午手松，下午手紧，其打分就毫无效度可言。另外，当面试有不同的分组、不同的面试官时，也需要进行分数的校对并统一标准，否则在汇总不同面试官的分数时，就会降低整体的效度。

四、常模

还是延续之前称体重的例子，假设一个人的体重为50公斤，你觉得是重还是轻呢？这是一个相对的问题，要看对象的特征属性和对比的人群。比如，这是一个幼儿园的小朋友，那大家的第一反应就是太重了，但如果这是一位成年男子，大家的想法就会发生改变。这就是群体比较带来的差异。这里的比较群体，可以看作常模人群。用来比较和解释测验结果的参照分数标准，就是常模分数。

那么，常模分数是怎么得出来的呢？首先需要抽取具有某方面共同特征的人组成代表性的样本，也就是常模样本。然后对常模样本进行测试，将常模样本的测验分数经过统计处理，得出具有参照点和单位的测验数据，参照点就是平均值，单位就是标准差。在这个步骤中，选择常模样本是比较重要的一步。比如，男性样本中，不能混入女性；中层管理人员样本中，不能混入基层员工和基层管理人员。否则，就会产生数据干扰，让常模数据失效。常模一般有性别、年龄、地域、职位层级、行业等不同的区分和类型。

统计学中一般认为，个体的素质表现，多数都是呈正态分布的，平均值附近的中间得分人数最多，得分很低和得分很高的人比较少（见图1-5）。

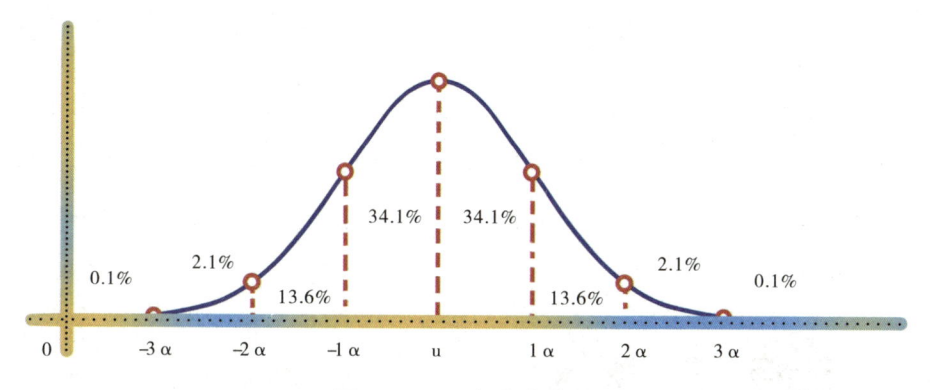

图 1-5　正态分布曲线

刚才说的常模中的单位，也就是标准差，在正态分布中，对应的人数也是比较固定的，所以标准差是单位。在标准正态分布中，得分比平均值高一个标准差和低一个标准差的人数都占 34.1%；高或者低一个标准差到两个标准差的人数都占 13.6%，高或者低两个标准差到三个标准差的人数都占 2.1%；高于和低于三个标准差的人数，分别只占 0.1%。从这张图我们可以看出，如果得分低于平均值两个标准差，则只比 2.2% 的人分数高；得分低于平均值一个标准差，则比 15.8% 的人分数高；得分正好是平均值，那么比 50% 的人分数高；得分高于平均值一个标准差，就比 84.1% 的人分数高；得分高于平均值两个标准差，就会比 97.7% 的人分数高。

人才测评的结果解读，事实上是一种基于心理科学与数据统计的产物，所以在了解了心理学、管理学的相关理论后，补充与数据统计相关的知识也是非常有必要的。本节内容只是进行了常见概念的简要分享，帮助大家更好地去理解和应用。

第五节　人才测评的实施流程

人才测评的实施是一个系统性的工作，在这个过程中需要明确许多问题，例如为什么使用人才测评、人才测评的目的是什么、需要使用哪些人才测评工具与手段，等等。对于这些问题的回答，将影响人才测评的落地效果。本节综述了使用人才测评过程中企业与受测者需要面对的实际问题，按照一般情况下的任务进程顺序，为大家介绍在人才测评实施过程中需要了解和掌握的知识。

人才测评包含六个步骤，如图1-6所示。第一步明确需求，第二步制定标准，也就是人才标准，第三步设计方案，第四步实施执行，也就是正式实施测评，第五步分析评价，第六步决策运用。这六个步骤，每个步骤都有需要注意的地方。

图1-6 人才测评的步骤

一、明确需求

这个阶段需要解决的是"为什么使用人才测评"以及"我们本次人才测评的目的是什么"的问题。相关负责人需要把握计划开展的测评活动的各类需求，并做好梳理整合。很多需求可能在这个阶段是模糊的、不清晰的，可以通过内部讨论，或者借助第三方专业机构的力量，来厘清需求。

需要明确的内容大致包含以下五类，如表1-2所示。

表 1-2 人才测评需要明确的内容

待明确需求类别	具体内容
业务场景	校园招聘、社会招聘、内部竞聘、人才盘点、团队建设、人才培养等
核心目标	招聘优秀人才、保留内部人才、搭建人才库、提高团队协作效率、为员工进行职业规划等
非核心目标	数字化招聘、趣味性强、宣传价值高等
参与部门/人员	具体业务部门、职能部门、领导层级、受测人群特征等
基本信息与补充信息	业务战略、人才战略、用人部门信息、岗位信息、时间周期等

业务场景，即测评活动是基于什么业务场景展开的，是测评活动实施的大方向。继而需要明确，在当前业务场景下的核心目标是什么。同样的业务场景，最终希望实现的核心目标也可能不同，比如同样是人才盘点场景，目标可以是做组织人才健康度诊断，也可以是筹备建立人才库。一般而言，核心目标不建议超过两个，因为过多的核心目标可能会导致后续方案设计难以聚焦、所需时间周期延长，从现实落地角度看，操作难度比较大，最终效果可能不达预期。此外，测评活动可能还存在非核心目标，比如希望打造数字化招聘、彰显企业品牌形象等，非核心目标通常是服务于核心目标的一些软性要求，非核心目标可以在方案设计阶段有选择性地实现。

接下来需要关注的内容是相关方的管理，也就是参与测评活动的相关部门和人员，在明确需求阶段建立参与人员清单，有利于后续工作的高效开展，也有利于及时收集相关人员对测评活动的建议。一般来说，上述核心目标以及非核心目标，需与相关人员进行讨论并达成一致，至少确保核心人员中没有明确的反对意见，才能将其确认为目标。另外，还有一类参与者非常重要，就是测评活动的受测者，他们的特征也是需要考虑的因素。

在上述需求内容确认完毕后，可以关注一些更加细节的部分，比如企业基本人才战略信息、用人部门的要求、大致的时间周期，等等，储备好这些信息，能让后续方案更加落地、更贴合实际需求。

将上述需求大致梳理完毕后，还需要做一件事情：明确哪些需求可以实现，哪些需求可以尝试，而哪些需求无法实现。这里的能否实现，不是从具体操作上来判定可不可以实现，而是从测评技术本身的适用范围出发。例如，有的领导可能会提出，希望通过这次人才盘点活动，找出心理状态有问题的人，这其实是不合适的，因为企业内部很难大规模开展心理健康类的盘点，这种就属于"不能实现"的需求，至少通过人才盘点不太行得通。

二、制定标准

对于人才测评活动来说，制定标准是重中之重，测评是否有效果、能否达成目标，很大程度上会受到标准制定效果的影响。有时制定标准会和后续的方案设计放在同一个阶段进行，这当然是没问题的，不过一般要保持人才标准制定在前、方案执行在后的顺序。

制定人才标准有两种思路。第一种是绝大多数企业选择的，也是测评技术能够起到最大效用的因岗定人，即岗位和工作内容是确定的，根据岗位要求来评价和选择人才；另一种是相对比较少见的因人定岗，即围绕某个人选来设定或新增某一个岗位，这种情况一般出现在企业初创期，或者新业务的开拓期，这种情况下人才测评技术能发挥的作用相对有限。所以这部分内容我们主要围绕前者展开。

根据岗位输出人才标准在很多人力资源工作中都会涉及，有一套比较成熟的方法论体系，后面的章节会更加详细地展开。一般而言，首先通过工作分析，厘清岗位的职责与能力要求，出具岗位说明书。在此基础上再去构建人才画像。人才画像一般包含以下几个部分：①个人基本情况，比如年龄、性别、学历等一系列属性；②技能，涉及各类专业技能，譬如计算机技术，Java、Python，产品经理需要会使用原型软件等；③胜任力，包含一系列不易观察但与岗位密切相关的素质要求，通常涵盖能力、性格、动机、价值观等。不同的岗位在人才背景与基本信息、专业知识、技能以及胜任力方面的要求是不同的，基于此，便可以构造出岗位的人才画像。在构建人才画像时，不仅要搭建好相关的素质模型，最好还能给这些素质做行为等级划分，一般划分成优、中、差三个等级，更细致的可以划分成五个等级。

通过工作分析、人才画像和行为等级划分这三个步骤，就能拿到一个基础性的、可用的测评标准。

三、设计方案

方案是后续工作的实务性、指导性文件，主要包括技术设计和活动设计两大部分。

技术设计主要包括：测评活动要使用的人才测评技术详情、各项人才测评技术的测评指标，也就是测查的能力素质项、各项测评指标的权重占比、试卷及题型数量、最终筛录分数标准，等等。此外，若是成熟的测验量表，还可以陈述信效度等一系列质量指标。

活动设计的内容相对更加多元丰富，主要包括：时间安排、具体实操流程、所需专业人员的资质和数量、计算机系统操作要求、风险控制措施等。专家资源在测评活动中是非常重要的，包括测评师、面试官、团队教练等角色，专家资源可以从企业内部和外部两个渠道获取，内部专家的协调相对比较直接，外部专家则需要更多的时间去寻找和适配。计算机系统操作要求也是不可忽视的一点，当前很多测评技术都实现了线上化，涉及网页和平台操作的问题，对于后续要使用的平台，还有相关权限，也应在方案中体现。除了上述内容之外，方案中一般还会包含背景、价值、预期收获等一系列信息。

四、实施执行

正式实施阶段任务事项繁多，具体场地预定、人员调配、物料准备等日常活动组织相关内容，本部分不做详细介绍。本部分主要聚焦于实施过程中会对测评结果产生影响的部分。

首先，事前动员，针对参与测评活动的人员，应该在活动正式开始前，公开同步活动的基本情况，让参与人员感受到活动的公平性、有效性以及对自身的价值，建立参与人员对测评活动的信任感和参与的积极性。这些对于测评活动最终的结果数据，是非常重要的影响因素。

其次，需要根据人才测评技术的特征，选择合适的场地。不同的测评技术对场地的要求有很大差异，包括桌椅摆放、多人还是单人、周围噪声控制，等等。例如，群面中的无领导小组讨论，一般情况下推荐使用圆桌摆放的形式（见图1-7左侧），这种摆放没有传统的"中心位置"概念，每个受测者的位置是平等的，更贴合无领导小组的设置场景。另外，这种摆放从空间上能让受测者沟通更便捷，交流更充分，也便于面试官进行观察与记录。一字形（见图 1-7 中间）或者横向弧形（见图 1-7 右边）的桌椅摆放，更适合考官人数较多的情况，是服务于面试官的摆放形式。

图 1-7 人才测评的场地布置

再次，设置标准的实施流程。在测评活动中，应该尽可能保持流程的一致性与标准性，可以减少测评活动的误差，让结果更真实、准确、公正。比如测评前的指导语、面试的欢迎语等，最好都能保持一致。以指导语举例。

指导语 1：欢迎您参加此次面试。下面我将会问您几个问题，回答过程中注意好时间，准备好了我们就开始。

指导语 2：非常欢迎您参加此次面试。我是本次的面试官，接下来我将会围绕您的过往项目经历和个人职业发展来做一些交流，每题限时作答一分钟，在此期间将会有计时员进行准确的计时。请您做好准备后给我一个反馈，我们就开始。

对比来看，两段指导语有着比较明显的差异，指导语 1 只简略地介绍了后续内容，而指导语 2 传递了更多细节信息，同时更尊重受测者。对受测者来说，听了指导语 2，会对后续的测评活动抱有更加积极的态度。如果没有给定标准的指导语或者相关要求，面试官可能会出于想要获得受测者的好感，从指导语 1 变为指导语 2，也有可能因为受面试疲惫的影响，从指导语

2变为指导语1。这些不稳定的变化，会间接改变受测者的动机与行为，为测评结果带来误差。

最后，做好保密收尾工作。所有的测评活动都会伴随或多或少的试题信息和数据信息，这些信息都具有保密性质。保证这些资料文件安全无遗漏地回收，并妥善地安置或存档，是非常重要的收尾动作。

五、分析评价

当前，大多数企业都会使用第三方的测评工具或测评服务来帮助完成测评活动，直接获取测评结果，企业内部更多的是对数据进行二次加工，以获取更多的有效信息。

如图1-8所示，在测评数据收集完毕或者拿到第三方提供的数据结果后，首先要做的是异常分数的复核，也就是将数据中的异常值挑出来。异常值可能分许多种，最简单的是0分或异常低分，可能由漏答、错答、中途退出等导致。还有一种是作弊或无效作答，这种情况需要借助第三方监控系统来实现辨认。此外，如果企业在测评活动中，有其他判定分数异常的规则，也应在这个环节予以剔除，以保证后续参与计算的都是有效数据。然后再将各种测评工具对应的结果分数合并整理，数据清理的步骤就算完成了。

其次，需要对有效数据进行统计分析。不同的测评活动可能会采取其中几种思路来实现目的，也可能只使用其中一种，主要取决于测评活动的核心目标是什么。例如，外部招聘类的测评基本是以个体分数和综合总分为主，根据每个人的综合总分排序来判断受测者的综合实力；人才盘点通常以团队分数、综合总分和单项分数为主，判断组织全貌以及不同部门、业务条线的差异；培训赋能和其他具有长期成长性机制的测评活动，则需要对比当前的分数和往年分数的差异。所以即使是同样的数据，当核心目标不同时，对数据的处理角度就会有不同的倾向。

最后，在数据分析的基础上，还需撰写个人报告、团队报告、评语建议，等等。

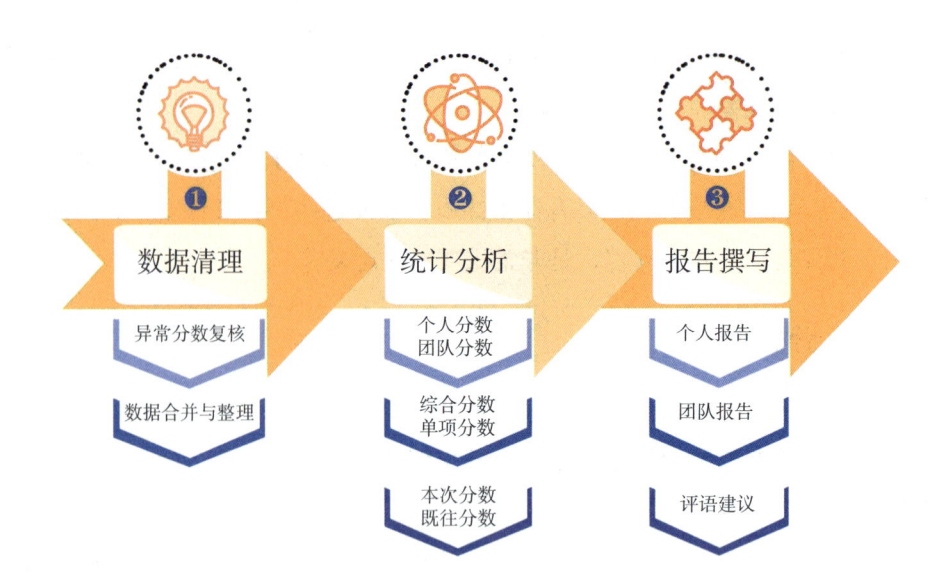

图 1-8 人才测评分析评价过程

六、决策运用

在决策阶段，最重要的是正确认识人才测评结果所起到的作用。决策需综合各类信息，测评结果只是其中一种较为有效的、科学的信息来源，测评结果能够给出参考、辅助决策，但任何一种人才测评技术都无法成为决断性依据，最终决策应是"综合决策"。例如，在做人事决策时，除了参考测评结果，还需要考虑受测者过往的岗位经历、项目经验、历史绩效数据，等等。

第六节 人才测评在人力资源管理中的作用

测评技术已经广泛应用于临床医学、心理咨询、教育发展和人力资源管理等诸多领域，并在各领域都发挥独特的价值。本节将围绕人力资源领域，探讨人才测评的作用。

一、人才测评的应用价值

乔哈里视窗，又称为沟通视窗，是由乔瑟夫·勒夫和哈里·英格拉姆在

20世纪50年代提出的。乔哈里视窗将人际沟通的信息比作一个窗户：纵轴是他人视角，由他人知道的信息和他人不知道的信息两个部分构成；横轴是自我视角，由自己知道的信息和自己不知道的信息两个部分构成，如图1-9所示。

	自己知道	自己不知道	
他人知道	A.开放区 经常表现，且愿意让他人知道的	B.盲目区 自己不自知，但他人能观察到的	
他人不知道	C.隐私区 自知，但轻易不让他人知道的	D.未知区 自己不知道，他人也不知道的	

图1-9 乔哈里视窗

从应用场景出发，无论是人才招聘、盘点还是发展，使用人才测评技术的核心目标都会包含"了解人才信息"的部分。使用人才测评本质上就是为了获取更多关于人才的信息，以促进做出更加科学的决策。乔哈里视窗在一定程度上能够帮助我们理解人才测评的价值。

乔哈里视窗将信息分为四个区域。A代表开放区，即自己知道、他人也知道的信息。这个区域描述了大家有统一认知的现状信息，比如小A认为自己沟通能力不错，同事和领导对其这方面也都很认可，这在人才测评中是相对比较容易获取到的信息。B代表盲目区，是他人知道而自己不知道的内容。这个区域对于人才发展和培养非常重要，当个体对自己的优势或短板没有清晰的认识时，人才测评技术可以通过第三方的视角将这些信息更客观地展现出来。C代表隐私区，即自己知道但他人不知道的信息。这个区域是人才测评重点识别的区域，尤其是个体还未曾被发掘出来的、未充分运用的优势能力。了解到这些信息，能够让用人部门和用人领导更好地知人善任。当然，要实现这个目标，也会对人才测评技术的选择与应用有更高的要求。D代表未知区，也叫潜力区，即所有人都不知道的信息。这个区域对应的人才信息，一般是较难确定和理解的，因为没有任何一方知道其真实情况，所以经常会被我们当作不重要的信息而忽略，需要更长的时间来挖掘。

在乔哈里视窗的基础上，我们引申提炼出人才测评在人力资源领域的应用价值：有助于人才的甄选和使用；有助于企业人力资源的普查；有助于人力资源的开发；有助于管理者工作的开展。

当然，这四大价值并不能全面概括人才测评的价值，但非常具有代表意义，也是目前各大企业应用人才测评技术的主流原因。在实际使用中，人才测评是很灵活的，它能实现的价值也具有非常大的空间，值得在实践中去探索。

二、人才测评的核心功能

人才测评有着丰富的方法和技术类型，想要使用好人才测评技术和工具，就需要掌握好不同技术、同一技术在不同应用方式上的差异，以及它们能实现的功能。

人才测评的功能分类方式并不唯一，其中一种主流方式将人才测评的功能分为鉴定、预测、诊断、导向和激励五种。

鉴定功能，简单来说就是全面了解个体的真实特点，就像鉴宝一样，需要全方位了解宝物，也就是人才的特点，并据此判断是否匹配用人的需求。绝大多数人才测评技术，都具备鉴定的功能。预测功能需要和岗位、工作内容等实际要求相结合，通过人才测评来预测人才未来可能的绩效表现和成长性。通常来说，场景的拟真度越高，预测性越好。因此，情景判断测验、情景化面试、评价中心等测评技术，能够很好地发挥预测的效果。人才测评的鉴定与预测功能具体内容如图1-10所示。

第一章
人才测评概述

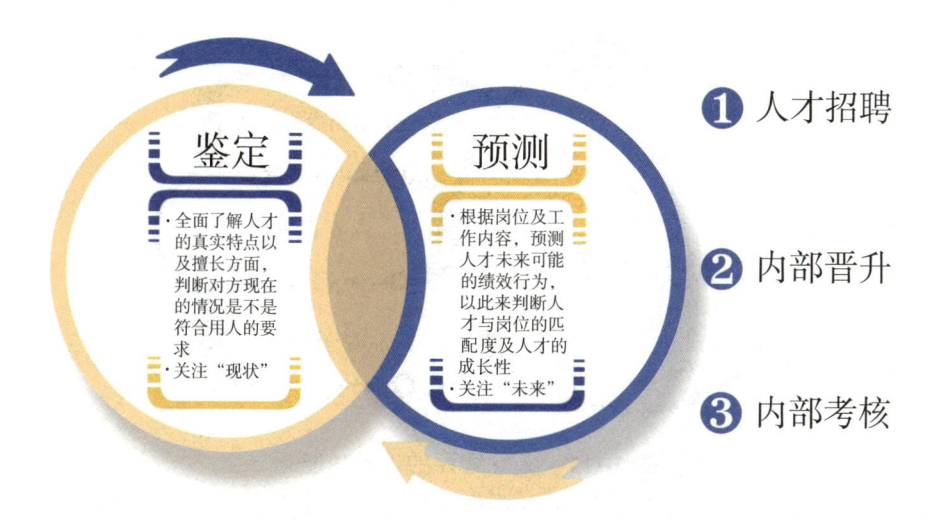

鉴定
- 全面了解人才的真实特点以及擅长方面,判断对方现在的情况是不是符合用人的要求
- 关注"现状"

预测
- 根据岗位及工作内容,预测人才未来可能的绩效行为,以此来判断人才与岗位的匹配度及人才的成长性
- 关注"未来"

❶ 人才招聘

❷ 内部晋升

❸ 内部考核

图 1-10　人才测评的鉴定与预测功能

鉴定和预测这两个功能在实际应用中很少拆开,通常同时发挥作用。例如,在人才招聘、内部竞聘场景中,一般都需要在摸清个体现状的基础上,进一步预测其未来的表现。相比之下,内部考核更多的是发挥鉴定功能,如企业内部的业务知识考试、一般能力考试等,主要是想摸清内部员工对于新信息、新知识的掌握程度,起到鉴定的作用。

诊断功能就如字面意思,通过人才测评技术判断组织或个人是否存在需要干预和改善的问题。从临床心理学角度来说,诊断是人才测评技术最常发挥的功能之一。在企业人力资源工作中,使用这个功能的频率和场景相对少一些。不过,近些年随着对员工心理健康的关注,很多企业搭建了EAP员工帮扶平台和专门的心理咨询室,帮助员工解决心理困惑。在这个过程中,一般会使用到心理测评技术、访谈咨询技术来对员工进行诊断。

常见的诊断场景还有人才盘点。多数企业都会在年终进行不同规模的人才盘点,希望通过人才盘点来实现对人才结构健康度的诊断,然后制定后续的人力资源规划。此外,还有更高层级的组织诊断。当组织发展遇到问题,企业可能会寻求第三方专业咨询公司来发现问题。在寻找问题点的过程中,也会应用许多测评技术,比如测验或者访谈,来实现诊断的功能。人才测评的诊断功能具体内容如图 1-11 所示。

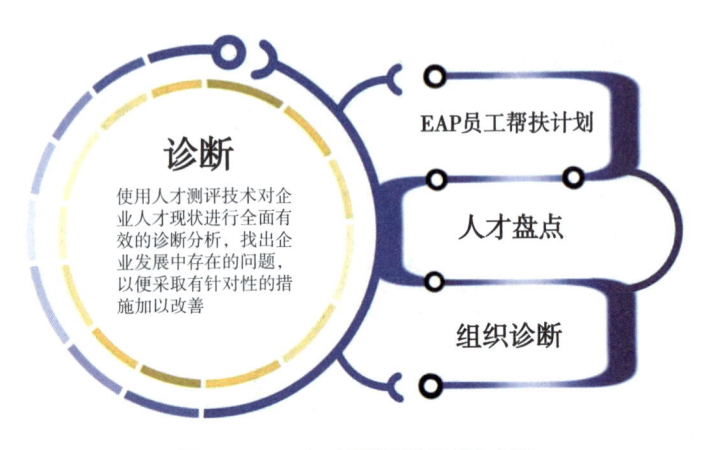

图1-11 人才测评的诊断功能

导向和激励这两个功能，在实际的人力资源工作中发挥作用的频率相对较低。导向功能主要是将测评内容和评判标准作为标杆，引导受测者明晰企业用人的方向和标准。简而言之，导向功能就是通过测评技术让受测者明白企业希望自己提升哪些方面的能力、关注哪些方面的信息，并进行督促和反馈。例如，有时候企业会做内部价值观调研，或者是企业文化知识考试。这种测评，一方面可以用于诊断，另一方面也能起到导向的作用，希望员工去学习、掌握和内化企业文化。将企业文化换成能力也一样，在人才选拔情景下，比如内部晋升，都会出具明确的能力模型或能力标准，受测者会以此为标杆进行学习和自我提升，让自己更加贴合相应的标准和要求。人才测评的导向与激励功能具体内容如图1-12所示。

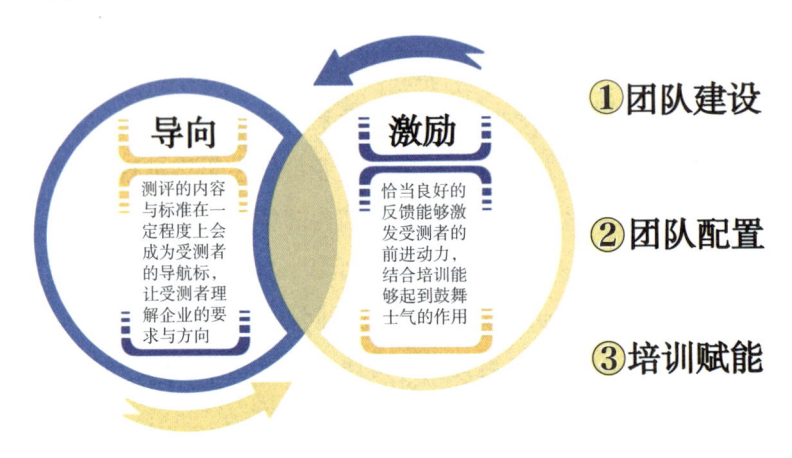

图1-12 人才测评的导向与激励功能

激励功能是测评技术应用后期的一项功能，经常和导向功能一起发挥作用。一般在出具人才测评结果后，通过团队建设、一对一反馈等方式，对员工进行激励。如果说导向是宏观层面的，是标准的引导，那么激励则更具人本主义色彩，是针对个体成长的激励。

人才测评在人力资源领域的应用具有较高的灵活性，即使是使用同一种测评工具，不同的场景下也能够发挥出不同的功效。只有科学掌握测评工具的使用方法，才能让人才测评的价值得到充分展现。

第二章
人才测评的应用与注意事项

第一节　人才测评的职业道德规范

人才测评作为人力资源行业的细分领域，发展时间相比其他传统领域并不长，但这是一个影响力足够大的领域。因此，了解并遵循人才测评的职业道德规范，是促进行业健康蓬勃发展的基础。

> **小贴士　职业道德规范**
>
> 职业道德规范是与职业活动紧密联系的符合职业特点所要求的道德准则、道德情操和道德品质的总和。职业道德规范包含职业活动中的行为要求，以及职业对社会所负的道德责任和义务。

很多人认为职业道德规范是一种约束，其实恰恰相反，职业道德规范是从业者在从业过程中探索、沉淀下来的经验，更多时候可以保护从业者避免陷入纠纷。对从业者来说，职业道德规范具有保护作用。

职业道德规范可以帮助我们：①在面临道德困境时提供决策依据。人才测评师的工作围绕人展开，从业者或多或少可能会遇到道德两难情景。此时，遵循职业道德的指引能帮助解决困境。②保护测评师、受测者和雇主。很多职业道德原则旨在平衡测评师、受测者和雇主三者之间的关系，避免损害任何一方的利益。本节根据中国心理学会心理测量专业委员会、美国心理学会（The American Psychological Association，APA）、美国人事和指导协会（American Personnel and Guidance Association，APGA）以及美国国家教育测量委员会（National Council on Measurement in Education，NCME）所发布的伦理规范，提炼总结核心内容，以供学习参考。

一、职业道德规范基本原则

职业道德规范的基本原则包含本质上具有普适性的五条原则。
- 遵守国家的各项法令与法规。
- 承担应尽的社会责任。
- 持有科学、严肃、谦虚的态度。
- 选择使用品质好的测量工具。
- 自觉防止、制止测量工具的滥用和误用。

基本原则是人才测评师必须时刻关注的内容，前三项较好理解，后面两项对从业者提出了一定的期望和要求，需要人才测评师拥有科学、准确辨别测量工具的基础能力和引导他人正确认识测评技术的意识。

二、保密性原则

（1）人才测评师应充分尊重受测者的人格，对所获得的个人信息与测验结果信息加以保密。

在测评师的工作中，可能会遇到两类客户。第一类客户是个人客户，例如为外部个人或内部员工提供职业咨询时，他们以个人客户身份出现。在此种情况下，对方的个人信息和测评结果不可以透露给第三人。第二类客户是企业客户，人才测评师作为第三方或企业内部考官参与活动。在这种情况下，若没有经过受测者的同意，受测者的个人信息和测评结果不可以透露给无关人员。

（2）为维护测评工具及技术的有效性，凡规定不宜公开的相关内容，例如使用的器材、评分标准、常模、临界分数等，均应保密。

器材、评分标准、常模、临界分数等对于心理测验以及各类人才测评技术来说至关重要，若被公开或在一定范围内泄露，可能会直接导致测验工具失效。尤其在知识产权意识较强的当今社会，这样的行为通常具有侵权风险。所以，人才测评师即使掌握了上述信息，也需要做好严格的保密工作。

（3）在遵循保密原则的同时，还要遵循保密例外原则。即当发现受测者有伤害自己或他人的可能性、受测者有对社会造成危害的可能性时，将不再遵循保密原则。

工作中遇到这种情况，需要将情况通知给相关人员，比如受测者的家人、朋友等，然后建议对方寻求专业心理咨询师或心理医生的帮助。当然，身为人力资源领域的人才测评师，较少会遇到保密例外的情况，如果在企业中从事的是EAP咨询或者是职业规划咨询等工作，遇到保密例外的可能性会相对大一些。

这里需要注意，无论是保密原则还是保密例外原则，都需要在测评活动开始前告知受测者，无论是通过面对面交谈还是书面文本等任何形式，需要确保对方对此事知情。这一方面表达了对每一位受测者的尊重，另一方面也是一种知情同意的获取。

三、客观性原则

（1）在介绍测验、评分和解释分数时，要采取合理的步骤确保受测者得到真实准确的信息，避免感情用事、虚假的断言和曲解。

这一条涵盖了整个测验流程，无论是前期介绍、评分还是后期解释分数，均应保证中立客观。例如，介绍测验时，在充分描述测验优势和功能的同时，也要说清楚它可能的风险和功能局限性，不应带有个人主观引导，或者有所隐瞒。

（2）充分考虑测验结果的局限性和可能出现的偏差，谨慎解释测验的结果，既要考虑测验的目的，也要考虑影响测验结果的多方面因素，如环境，语言，文化，受测者的个人特征、状态等。

这条原则在工作实践中非常重要，比如，在无领导小组面试中可能会出现在同一组中有文科、理科、工科等不同专业背景的同学，理工科的学生人际互动性、语言表达能力可能要比文科生弱一些。那么作为人才测评师，应该如何处理这种情况呢？是否可以将其归结于理工科专业背景的学生在人际互动和语言表达能力上就有待提升，从而打出低分？当然不可以如此下定论，因为专业背景熏陶下的文化和思考方式的差异，会对学生的行为表现产生影响。因此在评分时，应该有意识地关注到这一点。同时，为了更好地进行比较，在分组时最好将相同背景的学生放在一组，在一定程度上减少评分误差，让评分更加客观。

（3）不得因为经济利益或其他任何原因编造和修改数据、篡改测验结果或降低专业标准。

这一条需要牢记于心，这是人才测评行业，或者说与考试相关的所有行业存续的根本。

四、同理心原则

（1）人才测评师有义务向受测者解释使用测验的性质和目的，充分尊重受测者的知情权。

在测评活动正式开始前需要向受测者说明相关情况。虽然测评技术现在被越来越广泛地应用，但依然有很多人是初次接触，对于自己即将进行的测评可能会充满疑惑和不信任。因此提前做好说明也能在一定程度上缓解受测者的紧张心理。

（2）人才测评师应以正确的方式将测验结果告知受测者或有关人员，也应充分考虑到测验结果可能造成的伤害和不良后果，保护受测者或相关人员免受伤害。

在很多测评活动中，都会涉及向相关人员反馈结果这一步骤，有时是受测者本人，有时是受测者的上级。根据不同的反馈对象，反馈的内容和方式需要有所变化。整体上，需要在尊重客观事实的基础上，采取相对柔性的、引导式的方式进行反馈。需要注意的是，反馈结果并不是给对方下判断、贴标签，而是要引导对方看见自己、更加了解自己。所以，人才测评师要避免使用像"测评分数显示你就是什么样的人"这类论断性的表述方式。

测评师是一个需要抱持敬畏之心的职业。测评师的任何建议和行为，都有可能对受测者产生重要和深远的影响。因此，遵守相应的道德伦理要求，以高标准严格要求自己，是测评师职业生涯中始终需要保持的一项修炼任务。

情景思考　🔍 以下情景可能涉及哪些职业道德规范

情景一：你受雇于某企业提供EAP咨询服务，有一位员工的测评结果显示其有较明显的抑郁和狂躁倾向，在后续对话中其还提及"一定要让××身败名裂"等话语。

思考：这是一个涉及保密原则的场景，并且可能涉及保密例外，因为这位员工有较明显的攻击他人的倾向。所以在保密例外的支持下，我们需要谨慎判断事件的严重程度，并告知相关人员。此时，在咨询活动开始前清晰传递保密及保密例外原则的重要性就体现出来了。如果在最开始没有传达到位，就可能会陷入非常被动的局面。

情景二：你负责为国内某业务部门招聘一位背景出色的海外人才，在测评环节邀请受测者完成了一份情景判断测验（基于实际工作场景开发而成的测验形式），后续发现结果并不如人意，甚至不如大多数国内人才。

思考：从情景信息判断，很可能是文化差异所致。情景判断测验是给出一个具体的职场情景，让受测者回答选择，但中国的职场文化和国外的职场文化存在差异，国外常见的沟通方式在国内可能并不一定适合。因此，这位海外留学人才分数低，不能说明其能力不足，不排除是文化和风格差异造成的影响。在这种情景中，需要遵循客观性原则，综合解释分数。

情景三：企业举行招聘，在测评环节过后，一位应聘者质疑你们收集了过量的个人信息不知用意，说要投诉你们。

思考：应聘者出现这样的举动，我们需要回头检查在测评活动进行之前，是否有向应聘者清晰传达测评活动的性质和目的，以及数据应用范围。当前这种情况，很有可能是应聘者"不知情"导致的。例如"当前测评环节涉及的数据信息仅用于本次招聘，我们将严格保密，测评结果仅用于决策参考，不会对结果起决定性作用"或者"当前测验结果将在一定程度上影响你的整体成绩，请认真作答"，都是对测评性质和目的较为清晰的阐述说明。

第二节 人才测评过程中的常见问题

一、测验结果是否应该具有100%的正确预测力

在实际应用中，我们常常会听到这样的疑问："这几个人的成绩我觉得不准，和现实情况不符，这测验不准。"这些言语的背后，隐藏了一个不合理的观念，即认为测评的结果应该是100%准确的。但事实上，任何一种测评技术都会有误差存在，这是难以避免的。人才测评，尤其是心理测验技术是一种间接的测量手段，是尽可能将肉眼无法观察到的心理特质量化展现的科学过程，由于个体差异和环境的影响，测评结果无法实现对每一个人都进行100%准确预测。测评师应该如何理解测验的预测性，或者说正确认识测验的功能呢？其实，测验的功能更多的是"提高预测的准确性"。有实证研究表明，在正确使用测评工具后，企业内部人才选拔的合格率从35%提升至75%。也就是说，在没有使用测评工具时，招聘进来20个人，只有7个人符合期待；使用测评工具后，有15个人符合预期，准确地招到所需人才的比例大幅上升，这就是正确使用测评工具所带来的实际价值。

二、测验的题目太多、作答时间太长，是否可以削减测验的题量

不建议削减成熟测验的题量。每一款测验的题目数量都经过了科学设计及长时间使用验证。从专业角度来看，题目数量越多，对心理特征的测评角度就越全面，预测性也越高，可以说测验的长度是效度的基础保障。同时，研发阶段也会将受测者的疲惫状态作为一项重要影响因素纳入考虑。因此，成熟的测验量表会结合量表的质量及受测者体验等多种指标，将题量控制在科学合理的范围内。在这种背景下，依然削减题量的话，会对测验整体的有效性产生影响，从而得不偿失。

三、采购引进了某种测评技术或手段后，发现考查内容与预期的不一样

这可能是因为在前期沟通时，没有准确地理解所采购的测评技术或手段

具体考查的素质的行为定义。举个实际案例，某款能力测验中有"言语理解"这一能力维度，侧重考查受测者对文字语言的理解与分析能力，通过对文字资料中的内容进行理解与推理实施考查。测评活动结束后，采购方提出这与自己预想的考查要素有出入，本来是想考查"面对面沟通时，对口头语言的理解和反馈能力"。两种理解都可以称为"言语理解"，但是两者考查的方向完全不同。这是前期没有充分统一对考查维度行为定义的认知所致。

四、面试过后，发现面试官的评分差异很大，对受测者的水平难以判断

这种情况比较容易发生在面试官数量少的时候，面试评价要求不清晰、面试官个人风格差异大等都是潜在的原因。为了尽量避免这种情况出现，可以通过以下几种方式解决。首先，开展统一的面试官培训，重点学习统一评分标准——明确何种回答或行为表现属优秀及对应分数区间，何种表现不佳可以打低分。对于前几位受测者进行合议讨论，统一认知和打分的标准，以降低评分差异。其次，将评分标准落实到纸面上，形成面试评分表。同时，让面试官写面试评语，尤其针对高分和低分受测者，详细写明打分依据。最后，面试官应该尽量规避"个体偏好"带来的分数误差，不受投射效应、光环效应等影响，给受测者打高分或低分。

五、测评结果的时效性有多久？一年前的能力测评结果能否用作参考

在做各类人事决策时，建议参考最近、最新的数据。一般而言，半年内的测评结果比较能反映当前状况，一年内的测评结果也可以作为参考。此外，也要根据具体的测验考查内容来区分使用，能力是所有心理特质里较不稳定的，具有高度成长性，半年内一个人的能力可能发生比较大的变化。如果用过去的能力测评结果来评价现在的情况，大概率会出现误差。性格和价值观这类心理特质相对比较稳定，如果没有遇到重大生活事件，在较长一段时间内测评结果都可以作为参考，但参考性也会随着时间的推移慢慢降低。

第三章

人才测评领域的新趋势

随着科学技术的不断发展，人才测评技术也不断迭代更新，呈现出了更加丰富多元的形态。人才测评技术的发展方向可以归纳为以下三个趋势：高效率、强拟真、重体验。高效率是指提高选人育人的效率，让原本一周才能完成的人力资源工作，缩短为一天甚至一个小时即可完成。强拟真是指在新技术的加持下，高度还原真实工作环境，来进行人才测评。重体验则强调让受测者获得更好的过程体验。从上述发展趋势可以推测出企业作为用人方对人才测评应用需求的转变。

第一节　高效率

效率的提高，离不开人工智能（Artificial Intelligence，AI）等技术的加持。人才测评与人工智能技术的结合碰撞出了非常多耀眼的火花。例如，AI简历分析、AI考试、AI面试乃至AI教练，在企业招聘、培训等场景中均有投入使用的案例。

一、AI简历分析技术

在人才测评技术的新潮流中，AI简历分析技术无疑占据了一席重要之地。这种先进的技术将机器学习算法应用于简历筛选和评估，有效地提高了人力资源管理的效率和精确度。

AI简历分析技术具有自动解析简历信息的能力，包括求职者的教育背景、工作经验、技能等，并能对这些信息进行量化评估。这一过程不仅快速而且准确，可以大幅节省招聘人员的时间和精力。研究表明，采用AI简历分析技术可以将简历筛选的时间减少80%，极大提高招聘过程的效率。此外，AI简历分析技术还克服了传统简历筛选中常见的问题，即人为的偏见和错误。AI简历分析技术基于预设的标准进行评估，可以确保评估结果的客观性和公正性。同时，通过精确匹配职位需求，AI简历分析技术能够为企业找到最合适的受测者。

尽管AI简历分析技术具有诸多优点，我们也不能忽视它可能存在的挑战。首先，数据隐私是一个需要重视的问题。企业必须严格遵守数据保护法规，确保受测者的隐私权受到保护。其次，由于这是一种新技术，一些用户可能会对其感到不安或疑虑。因此，需要通过透明的沟通和承诺，帮助用户理解并接受这种新技术。

二、AI考试技术

在人工智能的浪潮中，AI考试作为一种新型的知识和技能测试方式，正逐步走入我们的视野。AI考试技术，简单来说，就是将机器学习算法用于考试题目生成、评分以及反馈的技术。AI考试技术最大的优势是能够快速生产出大量的客观试题，并立即给出评分结果，无须等待人工批改，从试题命制到评分等多个环节大幅提高效率。在中国，AI笔试的考查内容更多着眼于编程代码和计算机办公软件技能，例如基于实际问题去编写代码，基于原始数据和指定目标完成Excel的操作，等等。

AI考试技术在处理预设范围内的问题时效果最好，对于开放性的、非标准化的试题，例如作文题、论述题，AI目前还无法像人类评卷者那样进行全面和深入的评价。当然，随着自然语言处理等技术的发展，AI笔试技术也将更准确地理解和评估文字答案。

三、AI面试技术

在人工智能与测评技术结合的领域中，最先被人们关注，也是目前热度最高的，是AI面试技术。它是一种借助AI技术进行面试的新型方式，这项技术通过复杂的算法和机器学习，实现了对受测者的自动评估和反馈。

相比于传统的线下面试形式，AI面试的优点显而易见。首先，AI面试一般是基于数字化系统和AI评分系统结合而成，可以邀请批量的受测者同时在线上完成面试，打破时间和空间对面试的束缚。其次，传统面试中，一旦面试结束,所有丰富的交互式数据就会丢失。保留下来的只有"是/否通过"式的粗略得分,或面试官对受测者的模糊印象。后期想要再对受测者的表现进行讨论,或是想要追溯受测者当时的具体表现,就会变得异常困难。而 AI 面试,能够通过科技手段将受测者的具体表现及行为细节保留在云端,以备进一步分析和回溯。此外,AI 面试也能够尽可能消除面试官的个人偏好带来的评分误差,如光环效应、投射效应等,从而提高面试的公平性。

除了降本增效,AI 面试也能帮助企业建立良好的品牌形象。很多创新导向、技术导向氛围比较浓厚的企业,会将自身企业文化输出附着在招聘过程中,从而传递给受测者,AI 面试就是其中非常具有代表性的环节。

在 AI 面试的实施过程中,受测者的体验也是企业非常关注的部分。有的企业会担忧,AI 面试提供准备好的试题,应聘者全程单向输出,即使有 AI 面试官,但依然缺乏交互感。对受测者的面试体验进行调研发现,企业的担忧并非空穴来风,作为一种新鲜事物,小部分应聘者表示"需要时间来适应""一直说话反而更紧张"等。但更让我们对 AI 面试有信心的是,大部分受测者表示"有更加轻松的表达氛围""很喜欢 AI 面试中能够看见自己的实时表现反馈""不用花费时间去现场面试很方便""AI 面试可以提供更多次的回答机会"等。从此次调研可以看出,虽然不同个体对 AI 面试的感受存在较大的差异,但大部分人的接受度比较高。

AI 面试技术的出现为企业招聘环节增添了新的助力,它的优势是无法被忽视的。当然,作为一种新的技术手段,它存在不成熟、待发展之处,随着应用实践的促动,相信 AI 面试将逐步演变为招聘面试中不可或缺的环节。

四、AI 教练技术

AI 教练技术是一种利用 AI 进行员工培训赋能的方式,AI 通过收集和分析员工的行为数据,提供具有针对性的反馈和建议,定制个性化的学习计划,以满足员工的独特需求。例如,IBM 公司的 AI 教练系统可以帮助领导者更好地管理团队,提高决策能力。LinkedIn 公司的 AI 培训平台通过分析用户的职业背景、技能和兴趣,为他们推荐最适合的课程。同时,AI 还能根据每个员工的学习进度和理解能力,自动调整教学内容和速度,实现高效的个性化学习。

AI教练技术的优势不仅在于个性化学习，它还能进行大规模的员工培训，节省大量的人力和物力。通过使用机器学习算法，可以持续地追踪和评估员工的学习效果，以便及时调整教学策略。此外，AI培训还可以利用大数据和深度学习技术，预测员工的学习需求，提前制订合适的教学计划。

在实际应用中，参与过的学员对AI教练的评价具有两极分化的趋势。一部分人认为AI教练的程序性太强，没有办法像真人教练一样提出真正适合个体的建议，而且很难兼顾学员的情感需求；另一部分人则认为，AI教练能够24小时陪伴，随时提供帮助，向AI提问、展示自己的困惑也比向真人寻求帮助让他们感到更加自在、没有压力。整体上而言，AI教练技术的出现，让人才培训多了一种全新的选择。

第二节　强拟真

拟真性在人才测评中的重要性不言而喻，拟真性越高的题目越能够准确地预测受测者在实际工作环境中的表现。例如，评价中心技术，尤其是角色扮演、情景模拟等，都是让受测者置身于实际工作环境类似的情境中，从而全方位地展示他们的实际能力水平。

线上评价中心已经逐渐走入大众视野，即将传统的评价中心技术线上化。例如，将一些职业场景案例制作成动画，或者是真人短剧的形式，放置在平台系统中用以考查受测者某些方面的能力。视频能够比文字承载更多的信息，包括人物的情绪、肢体细节、环境信息等，在相同的时间内，受测者能够感知到更多的信息点、经历更加"真实"的场景考察。

此外，虚拟现实（VR）和增强现实（AR）等新技术也已经开始在人才测评中进行应用，为提升人才测评的拟真性开辟了新的可能。VR和AR技术已经被一些前沿企业用于模拟复杂的工作环境和情境。例如，对于空乘、消防员等需要特定环境训练的职业，受测者可以通过VR设备体验到接近真实的工作环境，使其能够在确保安全的情况下进行实践操作。而在销售、客服等岗位的面试中，AR技术可以创建各种真实的客户互动场景，让受测者展示他们的问题解决和压力处理能力。

这些新技术在人才测评中的应用具有许多优点，但也存在一些挑战。首先，技术设备的成本较高，可能会增加企业的财务负担。其次，新技术的使用需要专门的培训，以确保评估的有效性和公正性。此外，如何确保技术的更新和维护，以及如何处理技术故障，也是需要考虑的问题。尽管如此，随着这些新技术的不断发展和成熟，它们在人才测评中的应用将会越来越广泛。未来，我们可以期待看到更多的模拟真实工作环境的评估方式，如使用VR技术进行远程面试，或者使用AR技术进行在线培训等。

总的来说，虽然新技术在人才测评中的应用还处于初级阶段，但它们无疑已经为人才测评的拟真性和精准性开辟了新的道路。我们有理由期待，在不久的将来，这些新技术将会改变人才测评的传统方式，为企业和受测者带来更多便利和可能性。

第三节　重体验

近些年，随着小红书、抖音、微博等平台的影响力越来越大，企业也越来越重视受测者在作答测评过程中的体验感。在这种趋势下，游戏化测评走入了HR的视野。游戏化测评最开始兴起于教育测评领域，通过游戏的方式让学生更好地学习知识，检测知识的掌握情况，后续逐渐延展应用到了人力资源领域。目前，游戏化测评主要与两种人才测评技术进行了融合，一种是面试技术，一种是心理测评技术。

面试技术方面，游戏沙盘通过设计具有比赛性质的游戏情景，例如以航海为游戏背景的小沙盘，让两组受测者在大海上航行，途中可能会遇到各种坏天气、海盗等阻碍，哪一组能够收获更多的宝藏，优先到达目的地，就能获胜。受测者在这类情景下会更加投入，进而更真实地展现出自己各方面的能力。

心理测评技术方面，主要体现在游戏化心理测验，它将实验心理学和游戏化元素相结合，在此基础上开发出能够测评心理特质的各种小游戏。对于心理测验，大家普遍关心的掩饰性问题，也就是受测者在作答过程中的刻意装好倾向，游戏化测验可以从本质上规避这个问题，受测者会更关注"玩法"以及如何拿到更高的游戏分数,但很难猜测到在考什么。强烈的紧张感和竞赛感也会让受测者更加沉浸,从而诱发出最真实的状态、最高的能力水平。

目前的游戏化测评更适合运用在校园招聘、培训赋能这些场合,随着游戏化测评的逐步发展,相信未来能够延展运用到更多的场景中。

上述这些全新的人才测评技术,因为是新事物,所以关注度很高,但是要真正地运用到项目中,可能很多人还是会犹豫。接下来的内容分优势和短板两个视角辩证地分析新技术,促使我们更好地做出选择。

从新技术的优势视角来看,新技术一定是具有突出优势的,如最重要的预测效度。因为有 AI 技术、计算机技术、游戏化元素的加持,新技术的拟真性和互动性都更强。首先,整体而言,新技术都会有不错的预测效度,能够更加有效地考查受测者的真实能力水平。其次,效率高。例如,在校园招聘这类大规模的测评活动中,需要对 5000 人进行面试初筛,AI 面试可能只需要半天甚至几个小时即可完成,且不需要任何人工面试官的参与;但若是采用传统的面试形式,可以设想需要找多少面试官,需要用多少天。再者,能够考查全新的内容,进一步延展人才测评技术的考查范围。例如,注意力、记忆力、反应速度等底层智力因素都是游戏化测验能够考查到的。最后,数字化的新技术能够记录、分析更加庞大的数据信息,得出更多深层次的分析结论。

从新技术的短板视角来看,首先,新技术的适用范围与使用方法是非常受限的,虽然每一种人才测评技术都有自己的适用对象、适用场景和推荐的使用方法,但新技术尤其突出,大家对其不太了解和熟悉。新技术在刚刚推出运用的阶段,大家会对这种技术有自己的预设,如果没有专业人士指导,很可能会使用不当,于是认为效果不好。例如,以国内市场的 AI 面试产品来说,基本上都是适用于基层员工招聘,或大规模初筛劣汰环节使用;如果用 AI 面试来招聘高级人才,或者安排在终面使用,就非常不合适,效果会大打折扣,甚至让受测者产生抵触和排斥。所以在使用新技术之前,需要详细了解新技术的适用范围与使用方法。其次,需要关注受测者的接受度,不仅仅是对企业,对受测者来说,新技术也是全新的、没有接触过的。在使用新技术时，需要给受测者留出一定的时间让其适应和接受，测评的引导语要尽可能详细，并且设置模拟测试环节和模拟引导环节，通过这些设置让受测者在短时间内提高对新技术的接受度。

人才测评的新技术为人才筛选这一传统场景注入了无限活力，也创造了更多的可能性，相信这些新技术、新趋势会在不久的将来带来更多的惊喜。

第二部分

人才测评测什么

第四章
人才标准概述

第一节 何为人才标准

何为人才？什么样的人称得上是人才？对于这些问题，不同的人有不同的回答。有的认为大学本科毕业的人是人才；也有的人认为现在大学本科生太普遍了，至少得是硕士生才算人才；还有人认为那些传统的手工艺者，虽然可能学历不高，但也是人才。关于人才，有没有一个大家公认的、统一的认识呢？

《国家中长期人才发展规划纲要（2010—2020年）》作了如下表述："人才是指具有一定的专业知识或专门技能，进行创造性劳动并对社会做出贡献的人，是人力资源中能力和素质较高的劳动者。"在这一标准中，包含四个条件：具有一定的专业知识或专门技能；能力和素质较高；进行创造性劳动；能对社会做出贡献。这四个条件缺一不可。

了解了什么样的人可以称为人才，接下来需要衡量和判断哪些人是人才？如何使用人才，以发挥他们的最大价值？如果团队中没有所需的人才，应该如何培养？如何评价人才的发展状况？以上关于人才的一系列问题，包括什么是人才，怎样衡量、使用和评价人才等问题的基本认识就是人才标准。

由此可见，想要理解人才标准，仅仅界定清楚"什么是人才"是远远不够的。确定人才标准只是起点，后续将涉及一系列关于人才的衡量、评定、使用和培养等工作。

一、我国近代人才标准的变迁

1957年全国宣传工作会议上提出，"我们的国家是一个文化不发达的国家。五百万左右的知识分子对于我们这样一个大国来说，是太少了。没有知识分子，我们的事业就不能做好，所以我们要好好地团结他们"。当时主要是将人才作为"团结的对象"，许多德才兼备的人才，并没有得到启用。

到1977年，遵循邓小平同志提出的"尊重知识、尊重人才"的教导。在人才工作中建立了以"学历和职称"为主要内容的人才标准，培养造就了各个领域的大批优秀人才，为推动社会主义现代化建设，发挥了重要作用。

1982年我国明确提出了人才是"具有中专以上学历和初级以上职称的人员"。将人才的条件确定为：一是有知识、有能力；二是能够进行创造性劳动；三是在物质、政治和精神三个文明建设中做出贡献。

2002年，根据党的十六大确定的"尊重劳动、尊重知识、尊重人才、尊重创造"的重大方针，第一次提出在坚持德才兼备的原则下，把品德、知识、能力和业绩作为衡量人才的主要标准。建立了判别人才不能仅看学历或职称的高低，而主要看实际能力和贡献大小的"新人才标准"。

整体来说我们国家近代以来关于人才标准的认识，经历了从重成分、重学历、重能力到既重能力也重业绩的变化。

二、建立人才标准的目的

总体来说，建立人才标准是希望能够实现人岗匹配、人企匹配、人人匹配。

（一）人岗匹配

"职业辅导之父"弗兰克·帕森斯提出了人职匹配理论，他强调个人所具有的特性与职业所需要的素质及技能之间的协调和匹配。也就是说，每一个岗位的工作性质、环境、条件和工作开展方式不同，对任职者的能力、个性和动机水平等心理特征的要求不同。如果岗位要求与任职者的素质高度匹配，个人特征与职业环境协调一致，那么个人取得职业成功和达成理想绩效的可能性就会更大，企业和个人进而实现双赢。反之，则会出现工作效率低、绩效不理想的情况。所以，通俗来讲，人岗匹配就是要确保个人在岗位上能干事，岗位上的工作是适合他/她做、他/她能做、有意愿和动力去做且喜欢做的。个人能够在这个岗位上发挥出自己的优势，不断获得成长，同时也不断为企业创造价值。

（二）人企匹配

职场中经常会出现某个员工能力很强，但是留不住的情况。例如，小王性格开朗、活泼，紧跟社会新潮流，喜欢冒险，喜欢社会前沿的新科技、新技术，而他工作的企业是一家传统的生产企业，每天需要按照标准流程进行操作。这就使小王没有办法在工作中获得乐趣，他觉得每天都重复着一样的生活，没有激情和活力。在这种情况下，小王可能不久就会离职，这主要是因为个人的性格特征和价值观跟企业的文化和价值观存在差异。

如果个人的价值观和企业的价值观相一致，即使工作条件艰苦、薪酬待遇不高，员工也可能愿意长期坚持、全身心投入工作。例如，在社会福利和公益机构中，许多员工之所以选择投身这类事业，主要是因为他们认同机构的理念，而不是为了追求职位晋升或待遇提高。因此，若想留住人才并激发其持续的工作热情，必须确保个人与企业文化、价值观的契合。

（三）人人匹配

通过对大量离职员工的调查，我们发现有90%的人并不像离职访谈中所说的，因为公司离家太远、工资太低、没有发展前途等而离职。实际上，员工因与直接主管很难沟通、配合而离职的情况占比达90%。所以在制定人才标准时，还要注重人和人的匹配，尤其是上下级的匹配、团队成员的匹配。达到人人匹配后，才能更好地促进团队工作配合顺畅，工作任务顺利推进。

整体上来说，构建人才标准要注意三个方面：人职匹配能干事，人企匹配能留人，人人匹配合得来。

三、人才标准的影响因素

人才标准在不同的历史时期、不同的社会环境、不同的企业类型、不同的行业与岗位中具有不同的认识和界定，在实际应用过程中，也会受到一些因素的影响。

（一）人才供给状况的影响

在市场上某种类型的人才供给很多的情况下，人才标准可能会相应提高，从众多受测者中选择最优秀的。在市场上某种类型的人才供给稀缺的情况下，人才标准会相应降低，这是因为此时招聘优秀人才的成本会显著增加，而质量较差的受测者不符合人才标准，所以通常会选择一般水平的受测者。

（二）企业发展阶段的影响

企业在不同的发展阶段，人才标准呈现出的特点也会不一样。在企业初创阶段，一般是没有标准的，即使有标准也是老板个人的标准，如在行为风格方面要敢想、敢做、敢闯。在发展阶段，企业规模迅速扩展，招人就设置硬性标准了，如要研究生以上学历、三年以上工作经验等。但是在用人过程中，也会经常出现问题，比如让学历高的人做部门领导，未必能很好地带领团队；具有三年以上工作经验，未必代表他/她能够站在客户的角度去考虑问题。此时，企业会逐步关注管理能力、客户导向等软性指标。企业的人才标准通常会经历从无到有、从硬性指标到软性指标的过程，硬性指标划定人选的范围，软性指标选择合适的员工。

（三）企业业务状况的影响

企业的业务本身也有不同的阶段。在业务发展良好的时期，就会需要条件相对较高的人推进业务持续地发展。经济萧条、业务滑坡，企业生存出现问题时，往往会降本增效，裁掉条件相对较差、绩效完成情况不理想的人员。对于空缺岗位，企业也会尽量选择条件相对一般、薪酬要求略低一些的受测者。

（四）企业发展需要的影响

企业如果想要在某个领域打造自己的核心竞争能力，就需要在关键研发和核心岗位上，配置具有市场竞争力的员工，对这些岗位设置的人才标准也要尤其严格，宁缺毋滥，拥有头部人才，就能起到极大的作用。比如，研究最先进的无人驾驶技术的企业，需要在技术研发上投入大量的高精尖人才，才能形成自己的核心竞争力。

（五）企业文化的影响

企业的文化不同，人才标准也会不同。比如 A 企业的文化强调狼性、竞争、事业心和进取心，B 企业的文化强调开放、包容、协作、服务，那么他们的人才标准可能一个强调个人英雄主义，一个强调集体荣誉意识。这就是企业文化对人才标准的影响。

（六）工作任务需要的影响

工作任务需要对人才标准的影响是最好理解的，不同的岗位对人才的要求不同，如财务和销售的人才标准不同，客服和研发的人才标准不同，需要分别设置。企业要做哪方面的业务，要成立哪些部门，就需要哪方面的人才，这是企业运作最基本的条件。

（七）工作环境需要的影响

有些企业的工作风格偏人际导向，处理工作时会考虑人际关系，善于结交关系、在企业内认识的人多、人脉广的人更容易获得资源和支持，能更好地促进工作开展、目标达成。而在管理规范、偏流程导向的企业，当某部门向其他部门提出需求后，其他部门必须在规定的时间内，按照相应的流程和标准做出反应。这两种工作环境对员工的要求是不一样的，体现在人才标准上就会有很大的差异。

此外，某些企业、部门和岗位可能会有一些特殊的需求，这些需求也会对岗位的人才标准产生影响。

第二节　胜任力模型

一、胜任力研究的起源

20 世纪 50 年代后期，美国政府在选拔驻外外交官的工作中，主要评价受测者的智商、学历、人文常识/文化背景知识。然而实践结果证明，经过严格选拔的很多外交官并不能胜任这份工作。为此，美国政府向著名心理学家、哈佛大学教授大卫·麦克利兰求助，希望能够确定杰出的外交官需要具备的态度和习惯，以便美国政府据此测试并选拔更合适的人选。

麦克利兰对不同绩效的外交官进行了长期的研究和分析，其中的方法之一是采用了对比分析来寻找评选标准。他找出了表现最为优异的一批外交官和一般称职的另一批外交官，分为杰出者和适用者两组。然后借助行为事件访谈法分别对他们进行访谈沟通，对沟通结果进行编码。总结出杰出者和适用者在行为和思维方式上的差异，然后将这些特质进行分类和层级划分。最终得出了体现杰出和适用之间差异的特质体系，形成了美国外交官的胜任力模型。该模型包含三种核心才能：跨文化的人际敏感性、对他人的积极期望、快速进入当地政府网络。这也就是胜任力模型的雏形。美国外交官的胜任力模型如表 4-1 所示。

表 4-1 美国外交官的胜任力模型

维度	关键行为
跨文化的人际敏感性	能洞悉外国人真正想表达的意思和含义，并能预知他们的反应
对他人的积极期望	尊重他人和自己价值观的差异，在压力下坚持己见，维持正向看法
快速进入当地政府网络	快速理解圈子影响力涉及的人脉，以及每位相关人物的政治利益

二、胜任力结构与特征

1973 年，麦克利兰在《测量胜任力而非智力》一文中首次提出胜任力的概念。他运用大量的研究结果，说明滥用智力测验判断个人能力的不合理性，强调应摒弃被实践证明无法成立的理论假设和主观判断，回归现实，从第一手材料直接发掘能真正影响工作业绩的个人特质和行为表现。他指出决定一个人在工作上能否取得好的成就，除了拥有工作所必需的知识、技能外，更重要的是深藏于大脑中的人格特质、动机和价值观等。

对于什么是所谓的"胜任力"，目前普遍被接受和使用的是 1993 年美国心理学家斯宾塞夫妇提出的概念，他们认为胜任力是指能够将某一岗位（或组织、文化）上表现优异者与表现平平者区分开来的、潜在的、深层次的个人特征。它可以是动机、特质、自我形象、态度或价值观、某领域的知识、认知或行为技能中任何可以被可靠测量或计数的个体特征。

麦克利兰及大量后来的研究人员经过长期实践，对胜任力模型进行细化和深度应用，最终演化为"冰山素质模型"（见图 4-1）。冰山模型将个体素质分为表面的"水面以上的部分"和深藏起来的"水面以下的部分"。

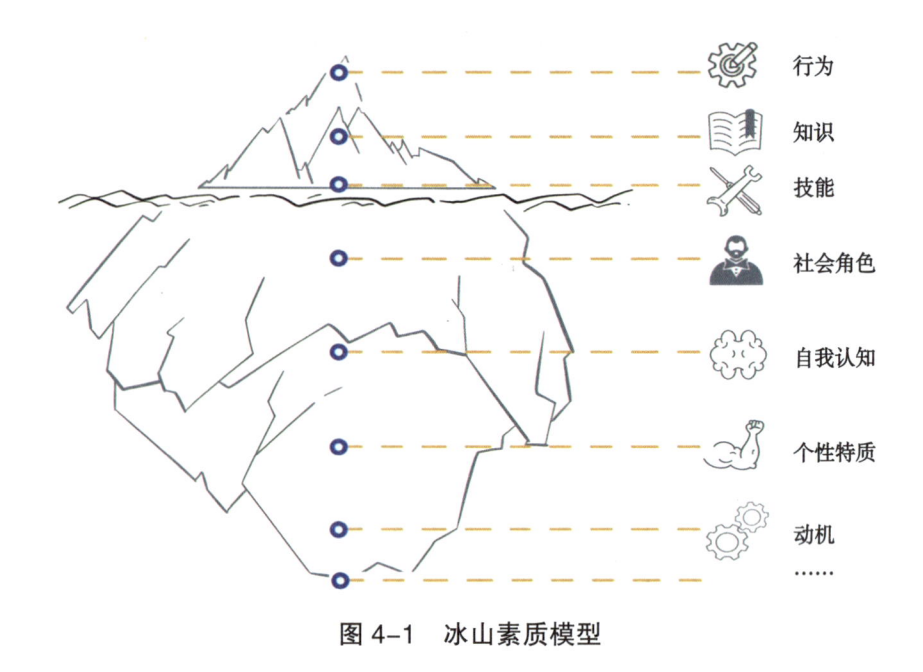

图中标注（从上到下）：行为、知识、技能、社会角色、自我认知、个性特质、动机……

图 4-1　冰山素质模型

"水面以上的部分"包括知识和技能，是个体外显的、容易通过观察、测量了解到的，可以通过教育、培训和训练加以改变和提升。知识是一个人所了解和知道的，关于世界的现象、本质、规律等的描述信息，比如财务知识、医学知识、人力资源管理等专业知识。而运用程序性知识和经验执行一定活动的能力，叫作技能，技能通常和行为动作相关联，比如软件开发技能、外语能力、设备操作技能等。如果受测者具备了从事某岗位所需要的知识和技能，那么说明受测者达到了岗位的合格标准，会"做"该岗位的工作，可以从事该岗位。比如，医生有严格的知识和技能从业标准，需要经过专业、系统地学习，掌握必备的医学知识和操作技能，获得从业资格证书，才能从事医生职业。所以，知识和技能是岗位对受测者的基本要求，是岗位的合格标准，属于门槛性质的胜任特征。

相较于水面以上的显性特征，水面以下的、潜在的社会角色、自我认知、个性特质和动机，是隐藏在水面以下的、内在的、难以测量的深层次特征。这些因素虽然不易受到外界环境的影响和干扰，但会对人的行为和表现起关键作用。社会角色是指个体处在一定的社会环境和关系中，应当遵循的行为规范。例如，为人父母负有养育子女的责任和义务，公司员工要遵守公司的规章制度和行为准则。自我认知是一个人对自己的评价和定位，比如认为自己是一个勤奋的人、有能力的人等。个性特质是个体一致、持续且稳定的行为特质、个性、潜力等，比如坚韧性、积极乐观、主动性等。特质具有多样性，不同岗位对个性特征要求有很大的不同。例如，销售工作可能更适合外向的人，研发工作可能更适合内向的人。动机是冰山素质模型的最底层，它驱动人们采取行动去满足内在的需求和愿望。例如，权力动机强的人会为了追求更高的职位、更大的权力而努力表现。成就动机强的人会为了追求更大的成就感而不断挑战具有难度的工作。隐藏于水面之下的素质，对个体的工作绩效起着关键作用，它决定了个体表现是优秀还是平庸，是评判优秀人员的标准，因此也被称为鉴别性的胜任特征。

区分了胜任力的冰山素质模型，再来看看胜任力有哪些特征。

一是胜任力适应特定环境。首先，胜任力是特定组织所特有的，反映的是这个组织对员工的能力、行为的要求，如一个公司要求的"沟通能力"跟另一个公司要求的"沟通能力"可能有巨大的差异。其次，胜任力是特定工作所特有的，体现了这个工作岗位对任职人员的核心能力和关键行为的要求，如财务的"细致严谨"跟流水线操作工人的"细致严谨"就会有很大的不同。

二是胜任力与绩效高度相关。胜任力的主要目的是能鉴别出高绩效和一般绩效的人员。所以，只有那些能够对绩效产生预测作用的个体特征才能归入胜任力范畴。

三是胜任力可客观衡量。胜任力必须是可观察的，或者可以通过有效方式进行客观和准确地衡量、评估。即使是水面以下部分的特征，也可以通过有效方式进行衡量和评估。

三、胜任力模型的定义与层次

"胜"是指完全可以、能够达到优秀。"任"是指担任某个岗位、负责某项工作。"力"是指能力素质。"模型"是指行为的典范或标准。胜任力模型是驱动个体在某个情境中产生优秀工作绩效的各种个体特征的集合。相比于胜任力，胜任力模型更强调的是在某个情境中或某个岗位上能够产生高绩效的个体特征的集合。在组织中，岗位的胜任力模型一般包含三个层次。

第一个层次是通用胜任素质/基本素质。这一类素质是员工从事各项工作所需要的基础性的能力素质，例如认知能力。不同岗位基本素质的重要性和精细程度会有所不同，例如数学运算能力对于财务岗位的人员来说很重要，但对于销售岗位的人员可能就没有那么重要。

第二个层次是企业胜任素质/核心素质。它基于企业的核心价值观和战略要求而产生，是组织中每个员工都必须具备的要素，是企业对自家员工的素质要求，这些素质要求形成了企业独特的文化和价值观。例如，某酒店要求全体员工具备良好的服务意识；某高新技术企业要求全体员工具备较强的创新能力。

第三个层次是岗位胜任素质/专业素质。这一层次的胜任力与岗位高度相关，是某个岗位群/特定岗位员工需要具备的专业知识和技能，主要根据该岗位的要求、职责、业务流程等内容制定。例如，营销岗位需要员工具备较高的客户导向、影响能力；管理者需要具备较高的统筹规划和决策能力。

四、胜任力模型的内容模块

一套完整的某岗位胜任力模型包含五个组成部分。

（一）胜任力模型结构

胜任力模型结构是针对某个岗位群/特定岗位的、能够区分高绩效与一般绩效人员的多项胜任力的集合，一般包含3~10个维度。例如，某企业管理干部的胜任力模型（见图4-2）中包含善决策、谋经营、抓执行、勇担当、带团队五个一级维度，每个一级维度下均包含两个二级维度，共同组成十个维度的管理干部胜任力模型。

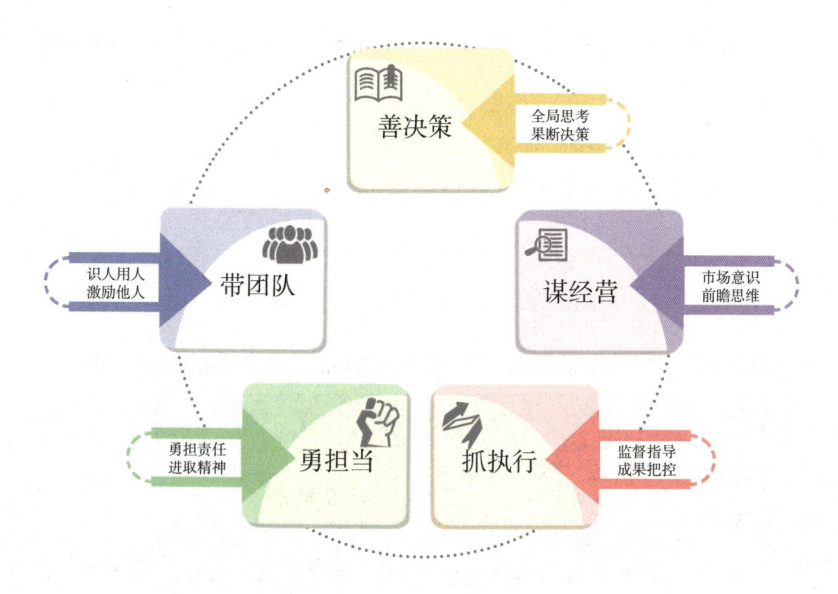

图 4-2 某企业管理干部的胜任力模型

（二）胜任力素质项

胜任力素质项包含胜任力的名称、概念，它清楚地界定了一项胜任力的内涵与外延，是该项胜任力区别于其他胜任力的基本特征。在实际应用过程中，不同组织对同一项素质的命名可能不同，例如培养下属和授人以渔都是用来说明管理者重视下属的培养工作。另外，不同组织对某一项胜任力的定义也可能不同，例如，对前瞻性的定义，A 企业定义为"不局限于对现有信息的了解和分析，用发展的眼光看待问题的倾向"；B 企业定义为"能够预见产品的发展趋势，决策时具有长期、可持续发展的眼光"。

（三）关键行为指标

关键行为指标是对胜任力的具体解释，是可观察、示范性、核心性的行为指标，一般包含 2~3 项，能够让他人快速了解具备此项胜任力的人员应该具有哪些行为表现。

（四）行为等级描述

行为等级描述，一般包含 2~5 个梯队赋值的行为等级，如 –3~0、0~4、1~5、A–2~A+2 等。行为等级描述是对不同行为等级的人员可能出现的具体行为表现的详细描述，一般会从行为的强度、复杂度、影响范围等方面描述，描述中既包含正向行为表现，也包含负向行为表现。通过行为等级描述，他人可以了解到不同绩效水平的人员在日常工作中可能出现的行为表现。

（五）典型行为案例

典型行为案例是该项胜任力水平较高的员工在日常工作中表现出来的具体行为事例，可以通过行为事件访谈的方法收集。

胜任力素质项、关键行为指标与行为等级描述样例如表 4-2 所示。

表 4-2 胜任力素质项、关键行为指标与行为等级描述样例

项目		内容
胜任力素质项	胜任力名称	学习能力
	胜任力定义	自觉、主动地对知识和信息进行吸收、消化、融会贯通，转化为自身的学识技能并加以运用的能力
关键行为指标		学习意识：主动掌握知识技能的心理倾向 学习策略：合理利用各种方法和渠道，提升掌握知识技能的能力 学以致用：将所学知识应用于实践的能力
行为等级描述	A-1	缺乏通过不断学习进行自我提升的意识，需要他人推动才会勉强进行学习，学习的方法和策略有效性很低，难以迅速掌握新知识、新技能，不能将学习成果迁移运用到实际工作中
	A-0	通过不断学习进行自我提升的意识不强，需要他人推动才会进行学习，学习过程中缺乏有效的方法和策略，较难迅速掌握新知识、新技能，也不太注意将学习成果迁移运用到实际工作中
	A+1	有比较强烈的学习动机和学习兴趣，有自己的一套学习技巧和策略，能够总结已有知识、技能，并结合新知识和新技能，将其融合运用到实际的工作中
	A+2	渴望通过学习不断进行自我提升，有极强的学习欲望和动力，主动制订切合自身发展需要的学习计划，善于采取有效的学习策略迅速掌握和运用新知识、新技能

五、可落地的胜任力模型的特点

胜任力模型能够有效区分绩优员工与一般员工，那么判断胜任力模型是否有效的标准是什么呢？什么样的胜任力模型比较好呢？想要回答这些问题，先要了解一套可落地的、有效的胜任力模型应该具备的五个特点。

（一）精简性

胜任力模型的结构需尽量精简。一般情况下，除了特殊的核心岗位之外，不建议按细分岗位进行胜任力建模。否则，每个岗位都有一套胜任力模型，实际应用起来反而会造成麻烦。另外，胜任力维度也要精简，模型的胜任力维度太多，将所有的素质都当成重要项，就会本末倒置，难以突出真正重要的内容。所以，胜任力模型必须是核心指标的集合，指标不宜过多。

（二）逻辑性

胜任力模型的内部结构要清晰、合理，要按照一定的逻辑进行组合，确保维度含义之间没有重叠。这些维度应该是高频、独立的，它们的组合能全面反映出胜任力的内涵和外延。

（三）行为化

胜任力模型的维度必须用行为化、具体化的语言进行描述，以方便观察、评价和后续的培养发展。

（四）独特性

胜任力模型的结构、胜任力名称、关键行为指标等需要具有企业特色，胜任力的定义与行为等级描述最好使用企业内部常用的语言，让员工容易理解和接受。

（五）形象性

胜任力模型的形象设计需简单明了，体现出企业特有的语言和图形表达方式，让人印象深刻，尤其是与企业文化、企业战略等信息相关时，模型的形象需要特殊设计，体现出特定含义。

第三节　任职资格

一、任职资格的概念

任职资格的概念有狭义和广义之分。狭义的任职资格是指为了保证工作目标的实现，任职者必须具备的知识、技能、经验、资历等基本条件要求。狭义的任职资格以具体的职位为管理单位，而广义的任职资格以职位族为管理单位。职位族是具有相同工作性质和相似任职素质要求的同一类职位的统称。对于某类职位族，和职位任职资格不同的是，职位族任职资格不仅仅包括知识、经验和能力的要求，还包括职业化的行为。

一般一套任职资格标准包括基本条件、核心标准和参考项三类信息。

基本条件包括学历、专业经验（比如企业外和企业内的经验、行业经验、管理经验等）、现职状况（主要分析任职者从事的工作任务、工作难度和复杂度等）。

核心标准是衡量任职者能否获得某项职位资格的主要标尺，包括知识、技能和行为。知识和技能是做好本职工作所必须掌握的，分为专业知识、相关知识、公司知识、专业技能等。行为是任职者做了什么，并且做到了什么程度。例如，在任务管理方面，制订任务计划时是否充分依据上级目标与自己的工作现状，是否符合 SMART 原则并且设置监控点，是否及时检查、评估任务进展情况，是否及时协调资源、指导下属以确保工作任务顺利完成，是否能根据结果提出改进方案等。

参考项是对资格标准认证结果的调整，包括以往的绩效、胜任素质和品德。绩效一般关注过去一年的绩效结果。对于内部晋升来说，绩效可以设置为必要条件；对于外部招聘来说，绩效的可参考性较弱，可以设置为参考项。胜任素质涵盖的范围较广，往往是指主动性、影响力、沟通能力等软性指标。品德往往在任职资格标准中起否决作用，例如，赌博、出入不健康场所、醉驾、传播不良的小道消息等行为是企业严令禁止的，那么任职者一旦有过或出现这类行为，就可以一票否决其任职资格。

二、任职资格的起源

任职资格体系的理念、思想和方法起源于英国国家职业资格证书（National Vocational Qualification，NVQ）标准体系和考评技术。

NVQ 是以国家职业标准为导向、以实际工作表现为考评依据的一种新型的职业资格证书制度。在英国整个 NVQ 体系涵盖了 11 个职业领域，大约 1000 个职业。其中，每个 NVQ 分为 5 个难度等级标准，每个等级反映了实际工作中该等级所需的知识和能力，以及其在工作中拥有的责任和权利。

NVQ 体系主要包括国家职业资格标准体系，职业资格考评体系，证书发放管理和专业人员、机构的质量监督管理体系，具有以下特点。

（1）以工作场所的实际表现为评价重点，在真实或模拟的环境下观察应试者的行为，以实际工作成果为必需的考核依据。

（2）每个 NVQ 体系分为许多考核单元和考核要素。学员可以根据自己准备从事的职业选择考核单元，参加相应单元的培训，并获得单元考核证书。

（3）NVQ 是国家承认员工资格的标准，它提供的证书对全社会都是有效的。

三、任职资格体系

任职资格从称职胜任角度出发，对员工的能力进行分等分级，以任职资格标准体系规范员工的培养和选拔，建立员工职业发展通道，牵引员工不断学习，同时为晋升、薪酬等人力资源工作提供重要的依据。这一系列关于任职资格标准、任职资格评价、任职资格应用的体系叫任职资格体系。

任职资格体系管理需要遵循四个基本原则。

以职责为基础：任职资格以支撑企业业务为根本出发点，它的管理、评价、提升均以职位责任为依据，促进员工对职位责任的承担。

以绩效为导向：员工实际贡献的大小作为其任职资格认证的必要条件，任职资格应向已在资深岗位上做出持续贡献的员工倾斜，使他们获得相对更快的成长机会。

以任职能力为核心：任职资格的核心是提升员工的任职能力，侧重于帮助员工针对其所承担的岗位工作，不断提升其准备度，以胜任更高一级的岗位工作，促进员工对组织做出持续的、更大的贡献。

客观公正：依据员工承担的职位责任和任职资格标准，对员工实现持续贡献的任职能力进行客观公正的评价。

四、任职资格的作用与价值

企业的成功依赖于企业战略和组织管理能力。只有正确的战略方向配合强有力的团队和组织，才能更有力地促进战略执行和企业成功。通过任职资格体系可以系统地构建、开发员工的能力，引导、促进员工的成长，并最终提升企业的组织能力和竞争力。任职资格管理的本质是从关注员工的绩效结果转向关注驱动绩效结果达成的员工能力。所以任职资格管理是手段，员工的能力管理是核心，最终以实现高绩效为目标。

任职资格管理是一把尺子，代表了企业对员工任职能力的评价和认可，可以根据员工的任职资格条件，将其安置在相应的岗位上，达到匹配的目标。在实际应用中，可能也会出现低职高聘、高职低聘的情况。低职高聘是指员工获得的任职资格低于岗位要求，这种情况通常是企业有岗位空缺，员工的任职资格虽然不满足岗位要求，但没有更合适的人选，所以被聘用到高级别岗位，此时需要与员工做好沟通，制订成长计划并进行培养，同时定期进行复核，逐步实现晋升。高职低聘是指员工的任职资格条件高于岗位的要求，这种情况通常是因企业的组织结构、业务发生变化，高资格人员由于没有高级别的岗位而被聘用到低级别岗位上。此时需要加强调配，形成配套的调配制度，否则员工会有较大的离职风险。

任职资格管理是一面镜子，可以使员工对自身任职能力有清晰的认识。在任职培训工作中，员工可以根据任职资格标准及评定结果，针对自己的任职能力短板进行学习和提升。

任职资格管理相当于驾照，为员工获得上一级职位提供机会。在定期的任职评议工作中，需评价员工的任职能力是否达到上一级职位的任职资格标准，只有达到标准，才具备晋升的可能。

任职资格管理相当于一架梯子，为员工提供跨专业发展的路径和成长空间。任职资格管理体系，通过设定任职资格标准、提供任职培训和进行任职认证，不断推动员工的职业发展，为他们提供攀登更高职位的助力。

第四节　胜任力模型与任职资格的关系及适用场景

一、胜任力模型与任职资格的关系

胜任力模型与任职资格都是人才标准，两者既有联系也有不同。

首先，两者所涉及的内容有交叉，主题有涵盖。胜任力模型是能够区分绩优人员的标准，它既包括了显性的能力又包括了隐性的深层素质，从这个意义上来说，胜任力模型比任职资格所涉及的内容要深入、广泛。任职资格体系除了考虑胜任素质外，更侧重于任职资格的各项条件，从这个意义上来讲，胜任力仅是任职资格体系的一部分。在实际运用时两者又会相互结合、融入整体。任职资格体系更侧重于将胜任力标准与工作行为、工作结果的评价标准融为一体，一般以 4~6 项关键行为与结果要求作为界定标准。评价的门槛（最基本的）条件，以 5~10 项核心工作技能、职责、指标或目标值作为评价的标准。

胜任力模型和任职资格在起源、功能、关注点、评价侧重点、实际应用等方面不同。

两者起源不同。胜任力模型起源于美国麦克利兰教授的一系列研究；任职资格起源于英国国家职业资格标准体系。

两者功能不同。胜利力模型是用来区分表现优秀的员工和表现平平的员工；任职资格的功能是鉴别员工是否达到某个岗位的合格标准，是否会做这个岗位的工作，是否可以从事这个岗位。

两者关注点不同。胜任力模型关注的是优秀员工应该具备的，更偏向于深层次的素质，包括动机、个性特点、自我认知、社会角色等；任职资格关注的重点是合格员工应具备的、相对较浅层次的素质，包括知识、技能、经验、学历等，以及少量深层次的胜任素质。

两者评价侧重点不同。胜任力模型侧重于对发展能力、潜力的评价，这些胜任力虽然不会直接影响工作绩效，但却能有效预测工作绩效；任职资格与工作绩效紧密相连，注重评价那些能够达成绩效指标的关键性的行为、经验等。

两者在实际应用中存在不同。胜任力模型作为优才线来使用,用来选拔在某个岗位上能够表现优秀、取得高绩效的人员。达到这个标准之后,说明员工取得高绩效的可能性较大,可以重点培养和发展。任职资格在实际应用中,是作为及格线来使用的,是员工从事特定岗位工作的门槛,只有达到门槛标准之后,才能从事这个岗位的工作。胜任力模型不仅适用于企业内部人才的评估、培养和发展,还适用于外部招聘场景的人员评估和选拔。任职资格只适用于企业内部各类人才的培养和发展,在企业内部由任职资格标准、资格认证、培养发展等一系列的内容自成一体。另外,胜任力模型适合于工作任务比较复杂的管理类岗位以及专业人才。任职资格更适用于技能型的人才,界定一些门槛性的、硬性的标准。越是基层员工对知识技能和学历的考核比例越大,一般基层岗位胜任力和知识技能经验的比例是3:7,而对于高层,两者的考核比例通常会倒过来。

二、适合构建胜任力模型的场景

第一种场景,当企业快速扩张,需要招聘大批人员时,采用胜任力模型可以不拘泥于某种资历、知识、经验,而是更加关注对绩效产生重要作用的胜任力素质。另外,在这种情况下,符合专业、学历、知识、技能等任职资格门槛性标准的人员较多,可以采用胜任力模型,在众多人员中选拔可能产生高绩效的员工。

第二种场景,当企业人才良莠不齐,培养发展较慢时,通过构建胜任力模型,统一价值观,可以针对性地选拔和培养有发展潜力、有可能产生高绩效的优秀人才,打造高绩效团队。

第三种场景,胜任力模型的构建成本偏高,且对人力资源专业人员和管理者的要求都很高,计划构建胜任力模型时,必须全面评估企业的管理能力和管理成本。因此,小规模企业和发展速度过快的企业通常不适于建立胜任力模型,成熟期的大型企业更适合建立胜任力模型。

三、适合构建任职资格的场景

第一种场景,如果企业知识和技能类的培训较多,就需要构建任职资格。针对员工的培训一般包括两类:一类是知识、技能方面的培训,另一类是胜任力模型相关的培训。知识、技能的培训比较常见，操作难度较小，是培训工作的基础。胜任力模型相关内容的培训操作难度较大、见效时间长，需要采取多种措施积极推进。企业的人才培养工作可以从知识和技能类的培训开始，然后逐步向胜任力模型培养转变。

第二种场景，当企业的人才培养工作遇到困难，或现有的培训体系运作无效，特别是培训需求不明确、培训组织不健全时，建立关键岗位的任职资格体系，可以让企业的培训需求变得系统化、规范化、有序化。

第三种场景，当企业关键技术岗位的人员缺乏晋升通道，只有管理通道时，需要通过开通其他职业通道来留住人才，这时企业应选择建立任职资格体系。任职资格体系的重要作用之一就是建立晋升通道，成熟的任职资格体系确保了技术岗位人员既可以走技术通道也可以走管理通道。

总体上来说，任职资格体系是企业的基本管理体系，适用面非常广，无论什么性质、什么规模的企业都应当建立。

第五章
胜任力建模的方法

胜任力模型的构建方法大致可以分为两种。

第一种是自上而下的构建方法，来源于企业的上层架构。金字塔顶层的企业愿景、使命、战略目标和价值观，第二层的产品与服务，第三层的组织核心竞争力，形成企业的核心胜任力，是企业对所有员工的要求，它保证了胜任力模型能够推动企业战略的实现，员工的工作能够与组织愿景、使命及目标结合在一起，是一种自上而下的、以企业的上层建筑为基础进行演绎的建模方式，称为演绎法。

第二种是自下而上的构建方法，从金字塔底层向上构建。金字塔底层主要包括个人的能力素质和部门的能力。这部分体现了员工和部门的个性化内容，不同的部门或岗位会有不同的胜任力要求，保证了员工能够胜任某个岗位的工作，取得较好的绩效。这种自下而上的、对部门或岗位工作任务完成过程需要的素质进行分析归纳的建模方法，称为归纳法。

胜任力建模一般是这两种方法的综合应用，如图 5-1 所示。

除了这两种经典方法，本章第三节还介绍了一些新型的胜任力建模方法，可供参考使用。

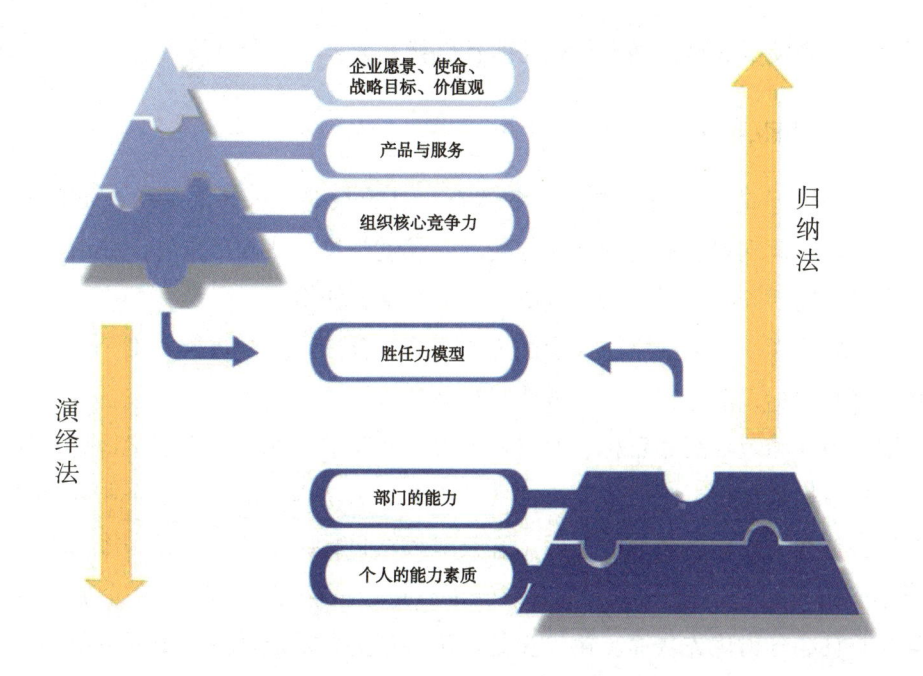

图 5-1　胜任力建模的常用方法

第一节　演绎法

演绎法是通过成立专家组，依据资料研读、头脑风暴等多种手段进行集中研讨和开发，从企业使命、愿景、战略、价值观以及企业文化中推导出特定岗位、层级群体所需要具备的核心素质。演绎法的基本假设是，胜任力模型作为对任职者的一套个人特质的要求，其终极目的是有益于愿景、战略等组织根本性目标的实现，并体现组织的核心价值观。其优点是基于组织的战略目标和企业文化，强调胜任素质与组织根本目标的关联，推导的逻辑非常明确，而且很完整，有利于发掘组织中适合未来跟着组织长期发展的员工。其缺点是胜任力推导依据的主要材料决定了它缺乏详尽的行为细节，在相当程度上依赖于个人经验和认知水平等主观因素，缺乏行为事例的有效佐证。

演绎法建模通常可以使用战略演绎、文化演绎、高管访谈、岗位说明书解析、外部标杆对标这几种方法。这些方法既可以单独运用，也可以采用专家小组讨论的方式开展研究。总体上来说它们都是基于企业面临的外部宏观环境与未来发展战略，确定组织需要什么样的人才。

一、战略演绎

战略演绎是通过对企业的业务战略、品牌战略、人才战略等方面的解析，明晰企业现状、遇到的问题与挑战、关键举措、成功因素等，并由此得出完成当前任务、应对未来挑战所需要的必备胜任力。

战略演绎一般以战略研讨会的方式开展，分三个步骤进行。第一步需要厘清战略目标，清楚"企业的战略目标是什么"这个基本问题，包括企业的长期、中期和短期战略目标。对目标的描述要精简干练，一目了然地让人知道战略目标是什么。第二步要澄清成功因素。成功因素的含义是企业内部必须具备什么，才能达成战略目标。它是对战略目标的说明、解释和澄清，对于最终结果起到过渡作用。一般情况下，每个战略目标都有2~4个成功因素，并且会分出优先次序。第三步是确定胜任力，从成功因素中提取出相应的胜任力，再说明每项胜任力的含义和关键行为表现，最后再整合胜任力信息，形成胜任力模型。某企业战略演绎过程示例如表5-1所示。

表5-1 某企业战略演绎过程示例

目标	目标分解	关键成功因素	胜任力
力争实现800亿的销售额	1.力争实现A产品销量300万吨、460亿元销售额。 2.加快西部基地建设，力争实现B产品销量60万吨、250亿元的销售额。 3.三款新产品的开发与销售，实现1200亿元销售额	重视市场、客户需求，提高产品质量	关注品质
		抓住产业机遇，提升市场能力，与核心客户形成整体解决方案、业务与应用规划、市场销售等多层次的战略合作关系，扩大产能	关系建维
		增强客户服务意识，规范考核管理，加大激励力度	客户导向

二、文化演绎

企业文化是企业对全体员工价值观、行为方式的倡导，如果企业文化与员工的价值观和工作方式相吻合，将有助于员工更好地融入企业、融入部门团队。胜任力是企业文化的呈现和落地，企业文化既可以通过胜任力匹配适合企业的人才，也可以借由胜任力宣传企业文化。文化演绎是根据企业的使命、愿景、价值观、精神等组织文化演绎出胜任力的过程。文化演绎过程示例如表5-2所示。

表 5-2 某企业文化演绎过程示例

组织文化		胜任力
使命	提升公司的创新能力，进而提升产业竞争力	创新能力
愿景	通过企业化运作，经过持续奋斗，打造国内知名的A产品创新制造企业	追求卓越
价值观	服务为本：服务是企业的核心能力与优势	服务意识
	集聚资源：集聚资源，整合创新制造链条，促进融合发展	资源整合
	加速开发：以客户需求为导向，通过产品开发及产业化加速成长	客户导向
	合作共赢：整合外部资源、激活内部动力，利益共享，风险共担	协同合作
精神	实干，坚持，稳步推进	执行能力
	机制、产品、管理等方面全面创新	创新能力
	团结，融合，包容，合作	协同合作

注：由企业文化推导出的胜任力，创新能力和协同合作出现两次，可以列入重点考虑的胜任力。

战略演绎给了胜任力方向，企业员工都需要朝着这个方向努力工作。文化演绎给了胜任力灵魂，让企业员工在工作中有信念、有原则，知道什么样的行为是企业鼓励和倡导的，可以作为企业的核心胜任力，要求所有员工都必须具备。

三、高管访谈

高管访谈是采用访谈的方式，对企业战略目标进行梳理，通过请教高管对企业具体战略目标的考虑，包括其对经营战略、人才战略的基本观点，从中提取出成功因素，然后再探讨引导战略目标实现所需要的胜任力素质。

高管访谈通常会准备访谈提纲，根据访谈提纲推进访谈，访谈提纲主要集中在组织发展的要求以及具体胜任力的确认。常见的问题有三类。

第一类，对战略目标进行澄清。例如，企业的战略目标是打造中国绝对领先的职业发展平台，请问绝对领先的标准是什么？具体是什么样的职业发展平台？……

第二类，提取出成功因素。例如，具体需要在哪些方面进行创新和拓展？哪些方面存在较大的短板？哪些业务需要重点关注？……

第三类，对胜任力的确认。例如，为了实现企业的战略目标，您对总经理／总监的要求和期望是什么？总监团队目前应该提升哪些方面的能力？您刚才提到的培养接班人的意识，可以理解为培训下属的能力吗？……

在高管访谈的过程中需要注意，初次见面时，要通过肢体语言、语音、语调等方式表现出访谈人对访谈的投入和重视，体现出对高管的尊敬。因为高管的时间非常紧张，所以要注意把握每一句话，注意营造良好的氛围。跟高级别的领导（如董事长、总经理）沟通时，需要注意，他们特别擅长讲话，一讲话可能就会停不下来，这时千万不要怕打断他／她，要根据自己的专业判断适当打断，避免话题跑偏、浪费时间。此外，高管看问题一般都很有高度，往往会脱离企业本身，从行业或者是社会的角度来看待问题。需要访谈人根据自己的知识储备、对行业的理解和判断来领会高管的话外音。访谈人对于自己实在不清楚的地方，也要敢于向高管做澄清和确认，确保能够完全理解高管的主要思想。

高管访谈是非常考验专业能力的工作，通过与高管的对话，可以判断访谈人的业务水准处于何种层次。如果完全搭不上话，属于初等水平；如果能正常沟通和插话，属于中等水平；如果能够影响到对方，获得其认可，属于高级水平。

四、岗位说明书解析

岗位说明书是企业对特定岗位的工作职责、职权、任职资格、工作资源与环境、所需能力素质等要求的说明性文档，胜任力建模过程中可以从岗位说明书中提取出"能够顺利完成岗位工作，取得优异绩效"的部分关键胜任力。某岗位说明书示例如表 5-3 所示。

表 5-3　某岗位说明书示例

基本信息	岗位名称、所属部门、岗位级别、直接上级、直接下属……岗位分类、岗位设置目的、岗位在部门架构图中的位置……	
岗位关键绩效指标	KPI指标、权重、目标值……	
岗位职责	制订公司培训计划	参与制定人力资源发展规划
		组织制订年度培训课程计划
	建立并实施培训体系	制定培训管理的相关制度、流程、计划
		监督、管理培训的实施
	开发及整合培训资源	组织开发通用性课程，编写相关教材
		管理和培养公司内外部讲师
职权范围	权限关系、协作关系……	
任职资格	年龄、学历、专业、资格证书、工作经验……	
	专业知识	熟练将本专业知识应用于工作中
	操作技能	熟练操作Word、Excel等办公软件
	沟通能力	能与部门以外的人员建立良好的沟通关系
	其他	认真负责、创新突破、团队精神

一般情况下，岗位说明书包含基本信息、岗位关键绩效指标、岗位职责/职权范围、任职资格等内容。建模项目组可以从岗位职责、任职资格里提取出相应的胜任力。例如，岗位职责中"制订公司的培训计划"，需要员工具备计划制订能力；"建立并实施培训的体系"这一职责中包含的"监督、管理培训的实施"，需要员工具备监督指导能力。任职资格中也明确地提出了沟通能力、认真负责、创新突破和团队精神等要求，可以推导出沟通能力、责任担当、创新突破和团队合作等胜任力。

这种胜任力解析的方法适用于岗位说明书、绩效评估表等信息来源有具体依据的规范性文档。如果企业没有规范性的岗位说明书，可以以岗位序列为单位，梳理序列岗位的工作职责，结合中短期的业务重心，确定实现业务重心的关键挑战，梳理出员工克服关键挑战所需要具备的胜任力。具体示例如图 5-2 所示。

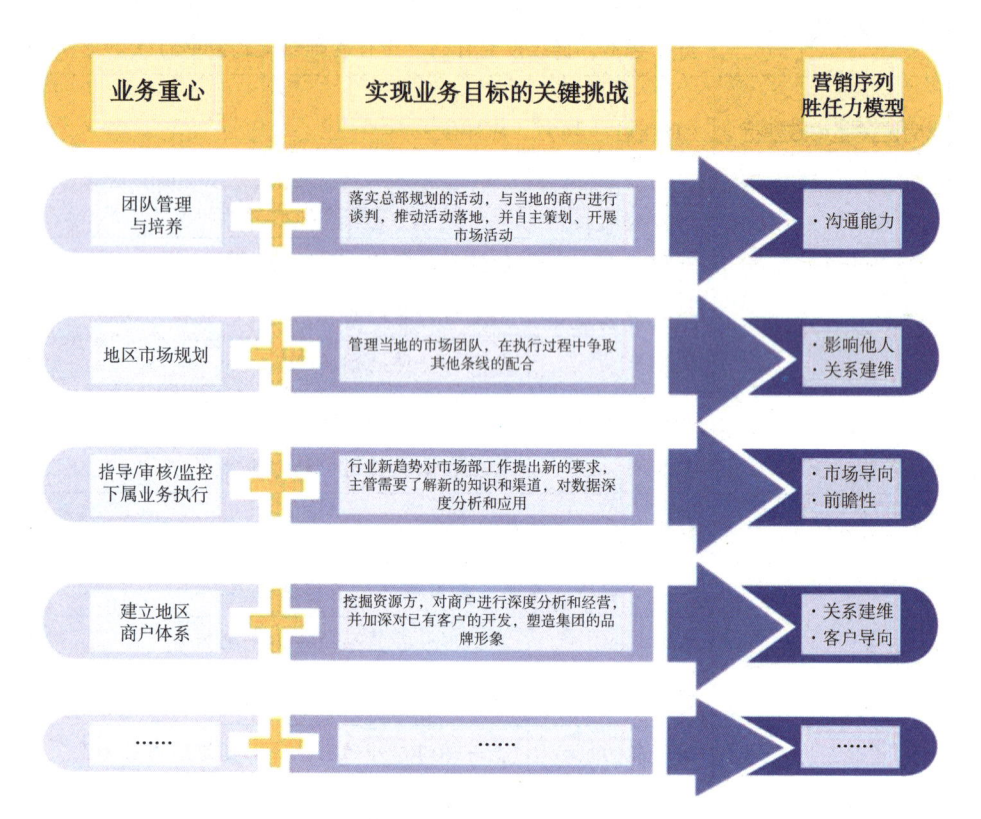

业务重心	实现业务目标的关键挑战	营销序列胜任力模型
团队管理与培养	落实总部规划的活动，与当地的商户进行谈判，推动活动落地，并自主策划、开展市场活动	·沟通能力
地区市场规划	管理当地的市场团队，在执行过程中争取其他条线的配合	·影响他人 ·关系建维
指导/审核/监控下属业务执行	行业新趋势对市场部工作提出新的要求，主管需要了解新的知识和渠道，对数据深度分析和应用	·市场导向 ·前瞻性
建立地区商户体系	挖掘资源方，对商户进行深度分析和经营，并加深对已有客户的开发，塑造集团的品牌形象	·关系建维 ·客户导向
……	……	……

图 5-2 某企业营销序列业务素质解析示例

五、外部标杆对标

外部标杆对标是通过收集同行业、同性质的企业已公开的胜任力模型，加以借鉴。标杆企业需要选择与自身企业高度同质的企业，即企业规模、组织结构、岗位职责、人员要求等没有明显的差异，在市场、产品、客户定位等战略方面保持高度相关。

对标的目的之一是检验胜任力模型的针对性。一般在对标过程中会发现，类似规模、相同层级与职能的岗位，胜任力模型的相似度通常在 60%

以上，20%~40% 的胜任力是自家企业特有的。所以也要避免全盘接受标杆企业的胜任力，要在分析自家企业、岗位特点的基础上，加以取舍。另外，可以多选取几家标杆企业进行对比，寻找行业共性的胜任力。

通过图 5-3 可以看出三家标杆企业都非常重视全局思考、果断决策、勇担责任，因此，企业可以优先考虑这些胜任力素质。另外，一些胜任力并不完全一致，例如果断决策和决策能力、勇于决策，可以采纳相似的胜任力进行对标。

企业胜任力项	标杆企业1	标杆企业2	标杆企业3
全局思考	√	√	√
果断决策	√决策能力	√	√勇于决策
市场意识	√市场导向		
前瞻思维			
监督指导		√指导下属	
成果把控	√		
勇担责任	√	√	√
进取精神			√
识人用人		√	
激励他人	√		
	执行能力	自律性 创造意识	沟通协作 团队合作

图 5-3　外部标杆企业胜任力对标示例

第二节　归纳法

归纳法是一种从组织的底层出发、自下而上的建模方法。具体来说，归纳法是通过对绩优员工群体的个人特质的发掘和归纳，形成胜任力模型的方法。归纳法具备充分的理论依据，既有质性研究也有量化的数据分析，对个人特质的研究比较切合实际。研究发现，用纯粹的归纳法构建的胜任力模型，应用效果是最好的，对员工业绩区分的预测作用也是最强的。

但是，归纳法对专业技术的要求很高，需要访谈者、主持人具有深厚的专业功底，数据分析的过程也比较复杂，因此导致胜任力模型构建的成本较高、工作周期较长。此外，由于归纳法是依据绩优人员过去的行为事例来提取胜任素质，所以归纳法建立的胜任力模型往往难以反映出组织对员工未来发展方面的素质要求。因此，归纳法比较适合处于发展成熟、相对稳定阶段的企业和组织。

常用的归纳法有三种，分别是行为事件访谈、问卷调研和焦点小组访谈。

一、行为事件访谈

行为事件访谈法（Behavioral Event Interview，BEI）是一种开放式的行为回顾探察技术，是揭示胜任力特征的主要工具。通过一系列的"是什么""怎么样""为什么"等问题挖掘完整的行为事件，收集访谈对象在代表性事件中的具体行为和心理活动的详细信息。基于访谈对象对以往工作事件的描述，提取访谈对象在以往工作中所表现出的能力素质，以此来推测具备哪些素质的人能够比较好地完成岗位任务。对岗位绩优人员展开的行为事件访谈，一般收集、获取三类信息：了解目标岗位的主要工作职责及岗位特点；收集目标岗位的核心工作内容及典型行为事例；了解访谈对象所在岗位的能力素质要求。

（一）行为事件访谈的步骤

行为事件访谈一般分四步开展，需要40~50分钟。

第一步，访谈前的破冰。告知访谈对象访谈的目的、所需时间、步骤和流程，以及参与访谈人员的分工。另外，需要征求访谈对象的意见，在其同意的情况下，对访谈进行录音。

第二步，了解访谈对象的工作经历、岗位的具体职责、日常的时间分配、上下级关系、近期的绩效信息等。在此过程中，需要注意控制访谈时间，因为针对这些访谈对象非常熟悉的客观信息，访谈对象可能说的内容比较多，要适当打断，将时间控制在5~10分钟。

第三步，案例收集和胜任力求证。这是行为事件访谈的核心部分，需要30~40分钟。一般需要访谈对象分享近两年内的成功或失败的故事，收集2~4个事例。在收集事例的过程中可以利用相关技术，确保事例的完整性和有效性。最后，需要对胜任力进行再次确认，确认通过刚才的访谈梳理、总结出来的胜任力与访谈对象的理解是一致的。

第四步，结束访谈，对访谈对象表示感谢，并且解答其疑问。

（二）行为事件访谈的核心技术——STAR技术

如何在行为事件访谈过程中通过提问和追问收集完整有效的行为事件是决定行为事件访谈效果好坏的重要因素。因此，需要利用 STAR 技术，对访谈对象进行针对性追问，挖掘具体的行为细节，将事件结构补充完整。

1. STAR 技术的概念

STAR 技术是一种广泛应用于人才测评与人力资源管理领域的面试技巧，主要用于评估候选人在特定情境下的行为和能力。STAR 是 Situation、Task、Action 和 Result 的首字母缩写。接下来进行具体介绍。

S—情景（Situation）指的是特定工作情景和背景，是访谈对象列举的这项工作任务的前提和背景。情景信息有助于判断访谈对象开展这项工作的难度，以及任务最终的成果有多少与访谈对象个人相关，有多少与市场状况、行业特点相关。常用的问题包括："当时的情形是怎样的？""这个工作都涉及哪些人员？"等。

T—任务（Task）指的是在特定工作情景中，访谈对象的具体任务以及要达成的目标。任务信息有助于了解访谈对象为了完成这项工作，都有哪些任务，每项任务的具体内容是什么，最后的工作目标是什么。常用的问题包括："当前需要完成的任务有哪些？""要解决什么问题？""这个工作最后想要达成什么样的目标？"等。

A—行动（Action）指的是为达到目标所采取的行动，需要了解访谈对象为了完成这些任务所采取的行动，也就是了解他/她是如何完成工作的，都采取了哪些行动。通过这些描述可以进一步了解他/她的思维和行为方式，这是非常重要的信息，大多数的追问也会发生在这个环节。常用的问题包括："在这个过程中你是怎么想的、如何做的？""你是如何推进的，采取了哪些措施与方法？"等。

R—结果（Result）指的是行动的结果，包括积极的结果和消极的结果。这个部分主要关注每项任务在采取了行动之后的结果是什么，同时可以询问访谈对象对这项工作后期的思考与评价。常用的问题包括："这个任务的结果如何？""产生了怎样的影响""你认为取得这样的结果原因是什么？""你如何评价你自己在这个过程中的表现？"等。

2. 正弦曲线原则

正弦曲线原则指的是对事例中的行为部分进行提问时，提问过程呈现出正弦曲线的形状。行为情境描述为起始，失败之处为波谷，成功之处为波峰，结果描述为终结。

对行为事例中与行动有关的部分，可以按照正弦曲线原则进行提问。根据正弦曲线原则，行动过程中有四个追问的起点，如图5-4所示。

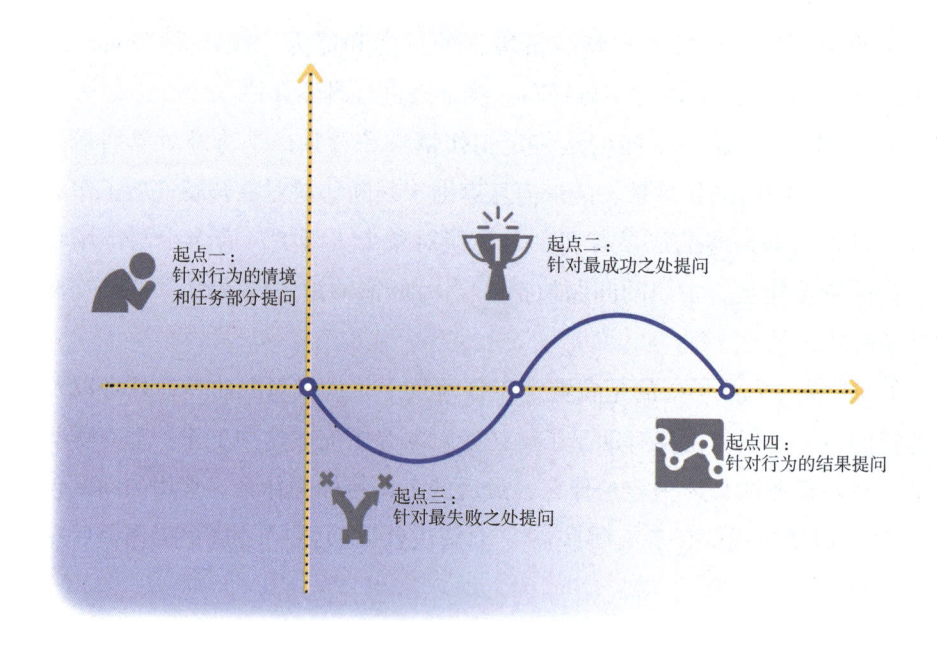

图5-4 正弦曲线原则的四个提问点

起点一，针对行为的情境和任务部分提问。如"领导为什么要你代表公司与客户进行谈判？""这次谈判的目标是什么？""你当时对该谈判有什么准备？"等。起点二，对最成功之处提问。如"你觉得在这次谈判中最成功的地方在哪里？"等。起点三，对最失败之处提问。如"在这次谈判中，你遇到的主要困难是什么？""你又是如何克服的？"等。起点四，针对行为的结果提问。如"对方答应了你方哪些具体的条件？""公司对你谈判结果的评价怎样？"等。采用正弦曲线原则的提问方式，可以对整个行为事例有更加具体和清晰的了解。

3. 需要追问的状况

进行行为事件访谈时，基于 STAR 结构，可能会出现一些结构不完整或不理想的状况，主要有以下几类。

第一类，模糊的叙述。访谈对象虽然侃侃而谈，但是并没有说明实际的行动。例如"我发现临近截止时间不能顺利完工时，我便带领小组成员全力投入工作，终于在最后一天完成了任务"。在此表述中，关于情景、任务、行动、结果的描述都比较简单和模糊，需要进一步追问。

第二类，不完整的 STAR 结构。例如"我参与策划了双 11 期间的产品推广促销活动，活动结束后，我们的利润比去年同期增加了 20%"。在此表述中，只有结果，缺少了具体的情景、任务和行动，需要再次追问。

第三类，个人的观点、信念和想法，而没有行为事例。例如"我认为团队中的每位成员都应该积极思考，承担本职工作"。在此表述中，仅有访谈对象的观念和想法，并没有代表性的事例，此时需要让访谈对象举例说明自己的代表性事例。

第四类，理论性的或者还没有做的事情。例如"如果我来做这件事情，我会先征求团队成员的意见，再开始制定规则"。在此表述中，访谈对象只是对某一件事情发表了自己的看法，此时，需要访谈对象举例说明类似事件中自己的做法。

4. 常见的访谈技巧

为了避免 STAR 结构的不完整或不理想，可以在访谈过程中运用以下五种常见的技巧。

具体化。把访谈对象理论性的表述拉回到现实中，例如，可以说"我对您说的……很感兴趣，能详细谈谈吗？""请具体说说您当时实际上的做法""请举一个您经历的实际例子"。

打断。访谈对象扯远了之后要适当打断，把话题收回来。例如，在停顿的时候可以说"对不起，打断您一下，您刚才谈了好几件事，我想可以先就前面谈到的那个事情展开……"。

澄清。对模糊的用词进行澄清，尤其是"假如""应该""将要"这些词。例如,可以说"您是说假如,实际上这件事后来没发生?""您刚才说应该这么做,那您当时是怎么做的?""这是您当时的想法还是现在回头的总结呢?"。

打补丁。对STAR结构不完整之处进行追问。例如,可以说"请您补充一下这件事情中关于……的细节""后来怎么样了?""之后呢?"。

归纳。对访谈对象的表述进行归纳,确认的关键信息。例如,可以说"您觉得这个事情之所以做得好的关键是……这些吗?""在这件事中您主要做了……,是这样吗?"。

应用STAR技术可以收集到完整的、有代表性的行为事例,用于提取胜任力素质,STAR技术也可以应用到面试中,它是一项非常实用的技术。

(三)行为事件访谈的胜任力编码

通过行为事件访谈,可以收集到大量、一手的行为事例,但并不是所有的行为事例都可以进入编码阶段,首先需要判断收集到的信息是否具备编码的基本条件:行为事例是不是访谈对象的亲身经历、是否真实可靠、是否已经完成、是否具体完整,只有具备这些条件的行为事例,才具有编码价值。

具体的编码过程分两步进行。第一步由访谈人员在访谈结束后,通过自己的记录和回忆梳理出胜任力,或根据自己的经验抓取重点胜任力。第二步由其他人听访谈录音,从录音中挖掘胜任力。第二步是对第一步的查漏补缺,确保能够通过具体的行为事例提取出全部的胜任力。

对行为事例进行编码需要不断地学习和练习,要了解胜任力,找到胜任力和行为表现之间的关联,反之也能把行为表现和胜任力关联起来。如果访谈对象说"设置有挑战性的工作目标",要能联系到"追求卓越",如果说"把客户的需求放在第一位"要能联系到"客户导向"。

行为事例编码示例如下:

"从今年4月份起,我开始负责兼并业务,其中最大的困难是税务方面需要为该业务申请特殊的税务处理。为此,我要学习税法,并告诉税务人员怎么做。刚接手的时候,我觉得非常有挑战性,很愿意去尝试和挑战;被兼并的公司,有一笔税务交在A区,需要得到B区的认可,但是B区这边一直没有明确的回复。在这个过程中,我不断咨询同行,反复与税务人员沟通,发现这不是靠关系可以解决的。最终,我通过总结同行的经验和结合相关的税法规定，整理成材料提交给税务局，于7月份解决该问题，为公司省了20多万元。"

通过这段话，可以提取出完整、具体的STAR结构。

S：企业兼并时税务方面的工作难度大。

T：要申请特殊的税务处理。

A：愿意尝试和挑战；不断咨询同行，通过总结同行的经验和相关的税法，提交给税务局。

R：已经解决，省了20多万元。

通过STAR的信息，尤其是具体的措施和行动，可以提取出相应的胜任力：学习能力、追求卓越、沟通能力和责任心。

对某岗位所有访谈人员的访谈内容进行编码后，可以汇总出访谈人员提到了哪些胜任力，这些胜任力出现的频率是多少，然后重点考虑将高频率的胜任力加入岗位胜任力模型中。

二、问卷调研

问卷调研是通过发放纸质或电子问卷的形式，让建模岗位相关人员依照自己的工作经验和对岗位的认识来进行评判，获取建模信息。

在调研问卷中，通常会先说清楚调研的目的是什么，调研对象应该如何作答这些题目，然后会出现正式的胜任力以及胜任力的具体含义，最后请调研对象在不同的重要程度上进行评分。调研问卷中一般除了给出这些固定的、可供选择的胜任力之外，还会设置开放性的问题，比如"除了问卷中给出的这些维度，您认为还有哪些维度对××岗位人员的绩效表现具有重要影响"。调研问卷样例如图5-5所示。

××集团××岗位胜任力模型建构素质指标重要性调查表

亲爱的同事，您好：

　　这是一份针对××岗位人员所做的测评调查表，主要目的在于收集本公司××岗位人员应该具备哪些胜任素质，包括能力特征和性格特征等。请依照您的工作经验和对该类岗位的认识来进行评判，主要的评判依据是胜任力指标对××岗位员工取得优秀的绩效是否重要以及重要的程度，以便于我们获取宝贵的信息，从而构建××岗位人员的胜任力模型。

　　您所提供的数据仅供研究之用，因此所有内容绝对保密，敬请放心作答，非常感谢您的热心协助，谨致上万分谢意！

答题说明：下面列出了××岗位人员可能应具备的胜任力指标以及对指标的解释，依照您认为的每个指标对××岗位员工绩效表现的重要程度，进行选择。

	胜任力指标	指标内涵	非常不重要	比较不重要	一般程度	比较重要	非常重要
1	决策能力	能够合理分析和预测环境特点，并决定最优行动方案的能力	1	2	3	4	5
2	战略规划	根据企业内外部环境，把握企业战略经营方向、确定战略目标的能力	1	2	3	4	5
3	监督指导	对下属的工作及时监督并指导的能力	1	2	3	4	5
4	影响他人	为了使他人赞成或支持自己的态度、观点或行为，采取说明、示范等方法使他人信服、赞同的能力	1	2	3	4	5
5	授权能力	将工作职责与职权赋予员工，使其对组织产生承诺、归属感和参与感，提升员工贡献率	1	2	3	4	5

	胜任力指标	指标内涵	非常不重要	比较不重要	一般程度	比较重要	非常重要
1			1	2	3	4	5
2			1	2	3	4	5
3			1	2	3	4	5

图 5-5　调研问卷样例

　　收集到调研数据后，需要对数据进行详细的分析。不仅可以通过统计各维度被评价为"非常重要"的百分比，来筛选重要的胜任力，还可以计算各项胜任力维度的标准分，标准分不同说明胜任力维度对岗位的重要程度不同，可以作为胜任力的权重参与岗位胜任力模型总分的计算。

　　问卷调研一般作为胜任力建模的补充工具，起到支持、验证的作用。虽然它的效果可能不如行为事件访谈，但是覆盖人群多、范围广，调查涉及的胜任力素质比较全面，而且执行成本低，耗时比较短，所以常常应用在大中型企业的胜任力建模工作中。需要注意的是，想要收集到大量真实可信的有效调研结果，需要提前做好宣导工作，争取调研对象的配合。

三、焦点小组访谈

焦点小组访谈是一种市场调研方法，是一种定性调研和评估的方法，可以收集员工的反馈（包括建议、意见、想法等）。焦点小组访谈用在胜任力建模工作中，是将建模岗位相关的人员组织在一起，围绕"岗位绩效的关键促进素质及行为"这一主题展开小组访谈，收集相关的典型行为案例，在观点碰撞中识别出关键绩效的促进因素，归纳出核心胜任力。

开展焦点小组访谈一般有四个步骤。

第一步，前期准备。需要确定访谈的目标、被访谈的对象，访谈对象必须是属于建模的同一目标群体，最好选择较为开放、善于交流、有一定归纳总结能力的对象，提前预约好时间。访谈过程中需要一位主持人来引导小组讨论，一名记录员记录大致的访谈内容，需要提前准备主持提纲或与主题相关的资料。

第二步，有效引导。首先，要向访谈对象介绍清楚此次会议的目的、议程和发言规则等。然后，引导访谈人员归纳取得高绩效的原因或促进因素，并收集典型的行为事例。收集事例的时候要确保收集到完整的、具体的、真实的事例。

第三步，推进收尾。需要充分征询访谈对象的意见，确保他们都充分表达了自己的观点，确保小组人员对最终归纳出来的胜任力达成共识，对每一项胜任力的理解是一致的。

第四步，结束访谈。对参与访谈的人员表示感谢，并解答相关疑问。访谈结束后对访谈信息进行分析整理，总结出关键胜任力。

焦点小组访谈与行为事件访谈相比，可以一次性接触多名员工，获取到更多的信息，成本比较低。焦点小组访谈跟问卷调研相比，小组人员在讨论过程中可以互动碰撞，澄清一些模糊的信息。同时，也能获取更广泛和有深度的数据，收集到典型的行为事例。

但是这种方式容易受到群体性思维的影响，容易忽略单个人的内驱力和思维方式。采用小组讨论的形式，容易受到个别人员的引导从而出现一致性的观点，因此，主持人需要发挥专业能力和影响力，把控讨论进度、保证话题不跑偏，同时要有一定的深度，带动小组人员充分地发表观点和想法。由此可知，主持人的水平对会议质量的影响较大。

第三节　新型方法

演绎法和归纳法是传统的、常规的建模方法，随着人工智能的发展和建模技术的深入探索，目前涌现出了非常多的新型建模方法，其中以 AI 建模、卡片式建模和辅导式建模为代表。传统的、常规的建模方法有效性非常高，但投入的人力、物力比较多，而且流程复杂，花费的时间较长，比较适合发展较为成熟的大中型企业。新型的建模方法，相对来说投入的时间、人力和物力比较少，更加快速、高效，所以更适合一些快速发展的中小型企业。

一、AI建模

AI 建模是 AI 系统根据 AI 智能算法来推荐生成具体岗位的胜任力模型，是一种基于岗位能力树算法的胜任力建模工具。使用 AI 系统构建岗位胜任力模型一般只需要四个步骤：选择岗位、设置岗位职责、确定岗位胜任力指标、生成岗位胜任力模型。相比于传统的胜任力建模方法，AI 建模更加智能、科学、高效和便捷。只要确定了目标岗位的工作职责，AI 系统就可以根据岗位职责，自动匹配和推荐相应的胜任力，人工只需筛选和调整即可。

第一步，选择岗位（见图 5-6）。不同行业的不同岗位，工作职责与工作任务有巨大的差异，不同行业的相同岗位，工作内容也可能会有很大的差异，如汽车销售和房产销售。选择好特定的行业和行业下的岗位后，AI 系统通过解析海量的该行业该岗位的职位说明书，分析出岗位的工作职责和任务事项，进行彼此独立地穷尽列举。

请选择要创建的岗位

图 5-6　选择岗位

第二步，设置岗位职责（见图 5-7）。本章第一节介绍的演绎法中有岗位说明书解析这种建模方法，就是依据岗位的工作职责和任职资格要求来推导胜任力的。AI 建模的第二步与演绎法的岗位说明书解析方法有点类似。建模人员可以从 AI 系统自动解析出的特定行业下特定岗位的大量工作职责中，根据自己企业该岗位的工作特点，选择相应的岗位职责。虽然岗位名称一样，但不同行业、不同企业针对某个岗位可能会有自己的独特要求，会有不同的工作职责侧重点，所以这一步需要结合自身企业岗位的特点来选择。也就是说，AI 系统可能会推荐呈现该岗位的二三十项工作任务，但建模人员根据对自身企业该岗位进行分析后，可能只需选择其中的十项左右。然后 AI 系统会结合建模人员选择的岗位职责和深度学习的大量该岗位的胜任力模型，依据 AI 智能算法，生成岗位胜任力指标，供建模人员参考和选择。

请选择「银行 / 客户经理」的岗位职责

开发、维护客户，提供服务，维持合作 ☑
- 不定期约见、拜访客户，维持长期合作
- 寻找挖掘客户资源，与客户建立人际联系和信任关系

完成交易操作，提供售前售后服务，处理投诉 ☐
- 分析客户投诉和建议，协调人员和资源解决
- 操作系统完成相关交易，提供优质服务

跟进市场动态，制定营销方案，协调团队落实 ☑
- 跟踪研究市场、政策、同业动态
- 组织进行网点金融产品的创新设计与营销推广

图 5-7　设置岗位职责

第三步，确定岗位胜任力指标（见图 5-8）。AI 系统给出的胜任力指标一般包括胜任力名称、胜任力含义、关键行为指标、关键行为指标的含义。

通过这些内容，这项胜任力的具体内涵和外延让人一目了然。建模人员可以直接使用 AI 系统提供的这些胜任力指标，也可以结合企业原有的岗位胜任力模型，或者问卷调研等的结果、外部标杆企业的胜任力模型等相关信息，对 AI 系统推荐的胜任力指标进行勾选和调整。

请选择 「银行 / 客户经理」 的岗位指标

根据已选岗位职责，AI为您匹配到以下重点关注的岗位指标，此指标基于2,635,767岗位分析得出

沟通能力
指个体主动与人沟通的意愿，且根据沟通情境使用沟通技巧以达成理想效果的能力。

沟通倾向
指个体在人际交往过程中与人交流，主动采用沟通的方式来解决问题的倾向。

沟通技能
指个体通过对沟通中人物及情境的分析，运用沟通技巧进行有效沟通的能力。

分析判断
指个体对事物进行观察和分析，并做出判断的能力。

思维缜密
指个体在思考问题、做出判断时，是否细致、全面、谨慎。

逻辑分析
指个体在分析问题时，是否能把握事物本质、是否符合逻辑。

图 5-8　确定岗位胜任力指标

第四步，生成岗位胜任力模型。下方给出的示例（见图 5-9）是某银行客户经理岗位的胜任力模型，经过前期的选择，确定了五个胜任力维度，每个胜任力维度又包含了 1~3 个关键行为指标。并且还有对胜任力维度的详细解释（见图 5-10），包括胜任力维度的含义、关键行为指标及其含义，以及五个等级的具体行为描述，可以很清楚地了解这项胜任力的代表性行为，以及高效的行为表现是什么样的、低效的行为表现是什么样的。

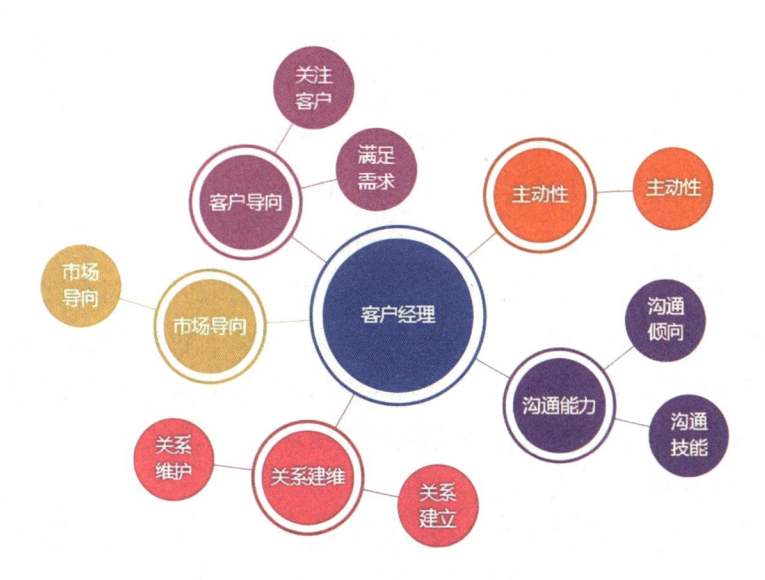

图 5-9 某银行客户经理岗位胜任力模型

沟通能力

指个体主动与人沟通的意愿，且根据沟通情境使用沟通技巧以达成理想效果的能力。

| 指标关键词 |

沟通倾向	沟通技能
指个体在人际交往过程中与人交流，主动采用沟通的方式来解决问题的倾向。	指个体通过对沟通中人物及情境的分析，运用沟通技巧进行有效沟通的能力。

| 评价等级 |

等级	描述
A+2	重视沟通，善于通过沟通的方式促进人际理解与支持，能够灵活调整沟通方式与技巧来达到理想的效果。
A+1	会积极主动与人沟通，能够理解他人，及时回应对方的疑问，并选择有效的沟通方式与技巧，沟通效果较好。
A	一般会主动与人沟通，懂得聆听，愿意理解别人，会注意选择不同的沟通方式，但缺乏成熟的沟通技巧。
A-1	平时不注重沟通，较少主动与人沟通，习惯简单、常用的沟通方式，缺乏有效的沟通方式与技巧。
A-2	一般不会主动与人沟通，缺乏通过沟通解决问题的意识，也欠缺有效沟通的方式和技巧，沟通效果不佳。

图 5-10 对胜任力维度的详细解释

使用AI系统进行建模，从开始操作到生成胜任力模型，大概每个岗位只需要花费1~5分钟，能够大幅提高岗位胜任力建模的效率。它的优点显而易见，智能、高效和操作简单便捷。如果建模的AI系统能自动链接测评系统，建立完岗位胜任力模型后可以自动匹配测评工具，实现对受测者的岗位胜任力测评，那么就能够直接打通"建模和测评"，更加方便快捷。

AI建模的缺点主要集中在，它主要是依赖岗位的职责进行胜任力解析，需要岗位职责比较明确的岗位或企业，而岗位职责比较多元化或者变化快速的岗位则不太适合。另外，基于岗位职责的解析，也难以体现出企业特有的战略和文化等要求，模型使用的语言也是相对标准化的表述，难以体现企业特有的语言风格。

所以，相对来说AI建模比较适用于大中型的、发展相对成熟的、岗位职责比较稳定的传统岗位，花几分钟时间得到一个样式精美、内容全面的参考模型，是非常值得尝试的。

二、卡片式建模

卡片式建模通过对胜任力指标库进行抽取，将胜任力建模从问答题变成了选择题，是最近几年比较流行的一种敏捷建模方法。

胜任力卡片通常有三种。第一种是胜任力卡片和行为卡片的组合，一张胜任力卡片包括若干张行为卡片。比如，学习能力包括学习意识、学习策略和学以致用这三张行为卡片。使用的时候，需要先找到胜任力卡片，再进一步确定行为卡片。第二种是行为卡片和等级卡片的组合，也就是胜任力卡片对应描述重要性的等级卡片，等级卡片可以分为"重要、比较重要、不重要"三个等级。比如，协调能力，对应等级卡片分别是重要、比较重要和不重要。在使用过程中，也是先找到胜任力卡片，然后再确定它的重要性。第三种是只有胜任力卡片，胜任力卡片的描述中包括了行为特征。所以操作起来比较简单，直接使用卡片就可以了。

在实际操作中，可能也会有一些变化。第一种和第二种方式可以结合起来使用，既有行为卡片，也有等级卡片。等级卡片会变成对胜任力卡片的评价卡片，也就是分为初级、中级、高级这三类，评价卡片的目的是确定目前团队中人员所能达到的等级。

（一）胜任力卡片的结构

一般情况下，胜任力卡片会按照一定的结构进行分类，常常会划分为战略、文化、团队、业务、岗位、个性这六类。针对不同的使用情景和对象，也可以再进行其他方式的划分。比如，按内容的模块可以划分为能力、性格、动机和胜任力。能力、性格、动机三个层面由表及里地洞察人才基本潜质，是人才所具备的底层要素，可以用来评估人才未来发展的潜力和可能性，同时也是培养和提升胜任力的基础和根本。胜任力与实际工作行为结合更为紧密，是实际从事具体岗位工作的素质水平。多数的岗位模型都更看重受测者与实际岗位工作相关的能力素质，可以重点选择胜任力，辅助选择性格、能力、动机类的卡片。

针对管理人群，可以划分出经营管理、自我管理、团队管理和任务管理四类胜任力。经营管理常见的维度有战略管理、决策能力、市场导向、前瞻性等与企业长期发展相关的胜任力。自我管理维度有压力管理、进取精神、主动性、责任心等自我提升方面的胜任力。团队管理有识人用人、授权能力、激励他人等团队人员管理相关的胜任力。任务管理维度有计划制订、结果导向、执行能力、成果控制等保障任务顺利完成的胜任力。不同的管理层次在这四类胜任力上会有不同的侧重点。针对高层管理者，建议重点从经营管理、团队管理模块选择胜任力，再加上少量的任务管理和自我管理。针对中层管理者，建议重点从团队管理和任务管理中挑选胜任力，再加少量的经营管理和自我管理。基层管理者建议重点从任务管理和自我管理模块挑选胜任力，再加上少量的团队管理和经营管理。这样做可以大幅度地缩小卡片选择的范围，可以把重点放在某一类卡片上，减少对卡片的理解和选择时间。

（二）卡片式建模的步骤

卡片式建模在实际操作时通常以工作坊的形式展开。一般需要经历六个步骤。

第一步，准备工作。此阶段最重要的工作是建模意义的宣贯。业务人员往往对建模的作用认识不足，不清楚它的意义，导致参与度不高。相关人员可以采用开会、发邮件、海报、公众号宣传等方式进行宣传，向所有目标人员分享整个项目的意义和价值，争取目标人员能够参与到工作坊中。同时，需要确定参加的人员必须是高绩效的员工或者是经验丰富的员工，如果不是对本岗位有深刻认识的员工，很难对卡片建模做出贡献。

第二步，现场宣贯和介绍。宣贯主要是在工作坊当场再次介绍项目的意义，突出胜任力和企业选人、育才、战略文化的关联，可以重点突出领导的讲话，不仅可以推动项目的执行，也可以传递领导的信念、动力和价值。然后介绍胜任力卡片有哪几类，卡片上的具体内容，如何根据不同岗位的层级和特点有侧重地选择卡片，卡片式建模的具体操作流程等。

第三步，让参与者自由选择胜任力卡片，可以以单人独立的形式进行，也可以以小组合作的方式进行。

第四步，将大家选择的胜任力放在一起进行集中筛选。这个阶段需要深入业务层面展开讨论，确保筛选出与高绩效相关的胜任力。在这个阶段可能会出现两种比较极端的情况：一种是过于集权、一言堂，这时要多鼓励其他参与者勇于发言；一种是过于民主，无法达成一致，此时要适当地撮合彼此的意见。主持人在整个过程中需要密切地注意，并进行适当干预。

第五步，将筛选后的胜任力，按照胜任力卡片的结构进行分类，结合目标岗位的层级、特点，确定各个模块的维度之间是否均衡。

第六步，按照业务逻辑对胜任力卡片进行排序和组合，形成岗位胜任力模型的初稿。

（三）卡片式建模的优点和缺点

卡片式建模的优点主要体现在三个方面。一是参与人员比较广泛和精准，集中在目标岗位的绩优人员，而且在组织过程中也会适当宣贯胜任力建模的意义和价值，便于胜任力建模的落地。二是这种方法可以将胜任力建模、岗位业务探讨、岗位人员的能力发展这三个方面有机地结合起来。能够深入探讨业务逻辑，依据业务逻辑筛选胜任力卡片，也可以根据胜任力卡片提供后续的人才发展和培训方向。三是它的组织形式比较灵活、建模速度快、成本低、流程简单、操作方便。

其缺点表现为胜任力卡片容易千篇一律，缺乏企业特色和新近流行的胜任力。例如，有的企业喜欢用"狼性文化"来形容员工敢闯、敢拼；某些企业喜欢用"传道授业"或"授人以渔"来描述重视对下属的培养。"匠人精神""互联网思维"等这些词在常用的胜任力卡片中并不多见。另外，卡片式建模采用工作坊的形式开展，容易受群体思维的影响，从而忽略个人层面的思维或者内驱力方面的胜任力。

在使用卡片式建模时,要结合企业文化、社会环境重新审视胜任力卡片的名称,可以进行适当修改、补充,添加具有企业特色的胜任力卡片。另外,要重视高管的意见,卡片式建模从绩优人员中归纳胜任力,在一定意义上偏向于自下而上的归纳法,需要适当结合高管层面的意见,融入高管团队对特定岗位的要求。

(四)卡片式建模的组合应用

近几年,很多企业在单独使用卡片式建模时,发现存在一定的不足,开始逐渐丰富卡片式建模与传统建模方法的组合应用。

第一种常用的组合是"焦点小组访谈+卡片式建模"。焦点小组访谈主要是针对高管和目标岗位的相关领导,请他们针对某个岗位的胜任力提出自己的观点,并在观点碰撞中逐步提炼胜任力,这种方式也常被称为小规模的战略研讨会,是一种演绎法。

第二种常用的组合是"问卷调研+卡片式建模"。以往的项目经常会出现高层和中基层对某个岗位胜任力的理解有很大区别的情况,最后确定的胜任力模型往往是以高层为主,难以反映出中基层的想法。针对这种情况,先做问卷调研,然后再做卡片式建模,就能比较好地结合各个层级的意见和看法。

这些建模方式的组合,比单独使用卡片式建模效果更好,所用时间也不长,近几年比较常用,不同企业也可以根据自身擅长的建模方式进行其他组合。

三、辅导式建模

以往做建模项目,很多企业都是外包给专业的咨询公司,企业内部人员只提供协助,如进行访谈人员的安排、调研问卷的分发和回收等。但是近年来越来越多的企业开始进行辅导式的建模。辅导式建模,顾名思义,就是在外部第三方顾问的培训、指导、把关的过程中进行胜任力建模。建模过程中,以企业内部人员为主,咨询公司的顾问主要进行技术指导和辅助。

辅导式建模与外包式建模相比,有很大的不同。

在方案思路方面,辅导式建模项目中,外部顾问会通过培训、辅导的方式给企业人员传授具体的建模方法，手把手地指导企业人员完成模型的构建。而外包式建模则是由外部顾问独立完成胜任力建模，在这个过程中可能会对企业人员进行培训，或者通过共同研讨，使企业人员掌握建模的部分基本方法和理念。

在质量监控方面，辅导式建模只需要外部顾问把关各个建模阶段的过程性文件和阶段性的成果，进行审核和修订。这个过程会受到企业人员建模水平的影响，质量控制的难度会比较大。而外包式建模，完全依靠外部顾问的专业技术和丰富的经验进行建模，能有效控制模型的质量。

在进度监控方面，辅导式建模需要对各个阶段的操作方法、实施步骤、技巧、成果进行培训和研讨，修订更改的次数比较多，所以对时间的把控难度较大。而外包式建模，专业的外部顾问独立操作，会严格把控项目进程。

在建模技术的掌握方面，辅导式建模能够让企业人员切实操作，执行一遍胜任力建模的全过程，能够让企业人员充分地掌握胜任力建模的具体方法和技术，以后可以独立进行其他岗位和层级的建模。而外包式建模，外部顾问仅仅通过培训和研讨的方式教授建模的理论和方法，企业人员对建模技术的掌握程度非常有限。

在项目成本花费方面，辅导式建模要比外包建模的成本更高，企业人员投入的精力和花费的时间也比较多。对于外部顾问来说，教会他人方法，比自己使用这种方法将事情做完，需要更多的时间和精力。

在实际操作过程中，企业人员可以和外部顾问协商好具体的分工和合作方式，既能参与到建模工作中，全面地学习建模的方法和技术，又能为建模提供符合本企业特色的建议，使最终形成的胜任力模型更符合企业的特点，后续得到更好的应用。

第六章

人才标准的落地运用

第一节 任职资格的构建流程

任职资格的构建包括六个步骤，如图 6-1 所示。

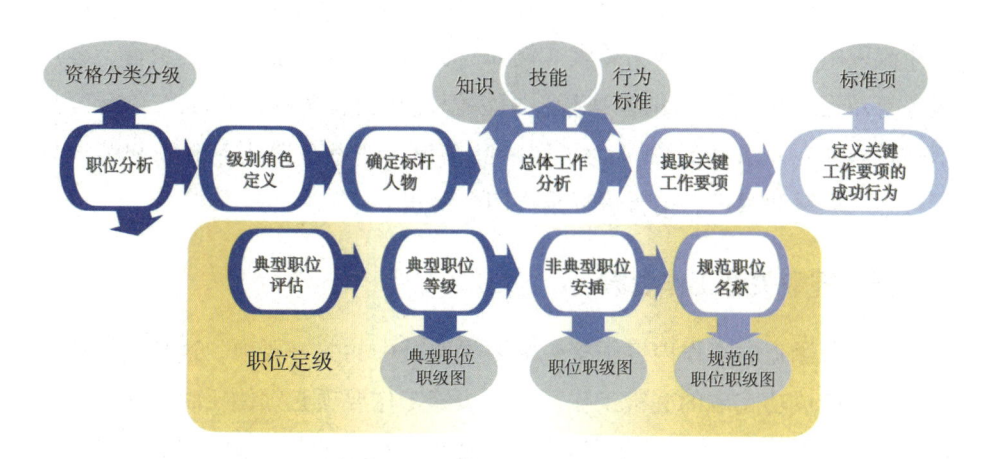

图 6-1 构建任职资格的步骤

一、职位分析

任职资格体系设计必须首先对企业内部职位体系进行系统梳理。将职位划分为不同的专业类别，然后在一个类别中初步划分不同的级别。企业的职位一般包含两类，即典型职位和非典型职位，一般以典型职位为主，对非典型职位进行安插设计，然后建立规范的职级图。

二、级别角色定义

由专业部门根据统一的级别角色定义，结合本专业的特点，制定相应专业级别的角色定义。

三、确定标杆人物

根据本专业级别角色定义，选取多个级别的标杆人物，标杆人物要有典型性，可以在一个级别内选取多名人员作为标杆人物。

四、总体工作分析

对标杆人物的工作进行分析，确定此级别的人员所从事工作的几个主要方面，进行概括总结，形成单元内容。然后对每个单元进行分析，确定单元工作流程中的几个要点即为要素。例如，营销职位族包括资源、销售、客户服务等单元，销售包括销售执行、销售管理和销售监控三个工作单元，其中，销售执行单元可以细分为了解产品知识、熟悉企业业务流程和销售政策、客户联系和跟进、销售进程推进四个要素。

五、提取关键工作要素

要素所涵盖的工作内容很多，需要提取其中的关键要项，这是决定这个要素是否能成功完成的关键工作环节。关键工作要项必须能反映从业人员的业务能力高低，其只要完成了这个关键要项，就说明他/她能完成要素规定的工作内容。例如销售族，针对不同级别的销售人员要求不同，1级人员需要了解产品知识，3级人员则需要顺利推进销售进程。

六、定义关键工作要项的成功行为

关键行为要项规定"做了些什么""做到什么程度""是否达成了预定目标"等。

建立任职资格标准的每一步都是一项细致化的工作，标准建立后可以再逐步建立任职资格认证与应用相关的制度和流程。一旦建立全面的任职资格体系，将对企业人力资源管理工作起到很大的促进作用。

第二节 胜任力模型的构建流程

胜任力建模的流程分为七步，如图 6-2 所示。

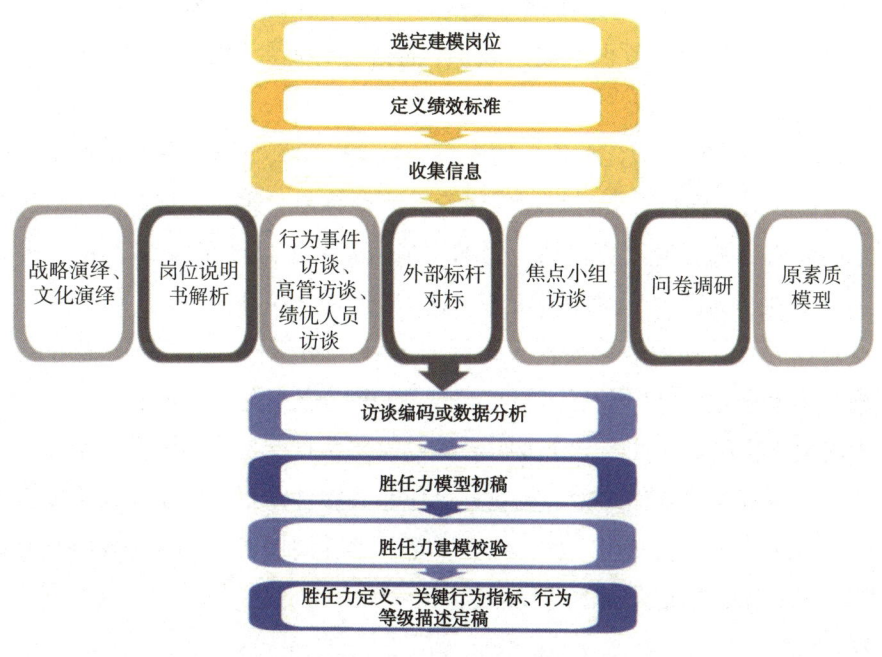

```
选定建模岗位
    ↓
定义绩效标准
    ↓
收集信息
    ↓
┌──────┬──────┬──────┬──────┬──────┬──────┬──────┐
│战略演绎、│岗位说明│行为事件│外部标杆│焦点小组│问卷调研│原素质│
│文化演绎 │书解析 │访谈、 │对标   │访谈   │      │模型 │
│       │      │高管访谈、│      │      │      │     │
│       │      │绩优人员 │      │      │      │     │
│       │      │访谈   │      │      │      │     │
└──────┴──────┴──────┴──────┴──────┴──────┴──────┘
    ↓
访谈编码或数据分析
    ↓
胜任力模型初稿
    ↓
胜任力建模校验
    ↓
胜任力定义、关键行为指标、行为
等级描述定稿
```

图 6-2 胜任力建模的流程

一、选定建模岗位

企业中的岗位很多，针对所有岗位都进行胜任力建模的必要性不大，企业可以先对岗位进行梳理，将工作职责一致或相近的岗位放在一起，构建相同的胜任力模型，也可以参考任职资格体系中的职位族，以职位族为单位构建岗位胜任力模型。针对同一类型的岗位进行胜任力建模，不仅可以减少建模岗位的数量，而且模型体系也会更加精简，后期使用起来也会更加方便。

另外，一般选取高绩效水平与平均绩效水平差异较大的岗位建立胜任力模型。像普通的蓝领、办事人员、事务性管理人员，这些群体高绩效人员与平均绩效人员的差异比较小，而专业技术人员和销售人员，高绩效和平均绩效的人差异比较大。

此外，企业还可以选取工作任务复杂程度较高的岗位建模。工作任务复杂度越低，岗位越需要与任务相关的知识和技能，如产品知识、操作技能。随着任务复杂度的增加，胜任力的重要性越来越高，更需要关注人员的坚韧性、影响力、自信心等深层次的特质。所以企业在进行建模时，可以重点选取高层次知识和技能、工作任务复杂的岗位建立胜任力模型，会取得事半功倍的效果。另外，企业也可以选取1%的核心管理者、20%~25%的核心员工建立胜任力模型。

总的来说，在选取建模岗位时，可以从岗位重要性和工作难度两个方面进行考量。对于岗位重要性，通常有三个判断标准。第一，这个岗位对实现企业的战略目标有着重要作用。例如，某企业今年打算布局AI产品，那么AI技术相关人才对于战略目标的实现非常重要。第二，这个岗位的业绩好坏对企业的目标和效益影响很大。例如，AI产品研发负责人的业绩将直接影响今年该企业的AI产品效益。第三，这个岗位在企业政策控制、程序运行中起关键作用。例如，某企业需要与政府体系打交道，而该岗位负责人在政府层面有深厚的合作经验，对双方合作起关键性作用。对于工作难度，主要是指该岗位所需的知识广泛、经验丰富、培养周期长，或者需要特殊专业技能，因此很难找到合适的替代人选。

二、定义绩效标准

绩效标准一般采用工作分析和专家小组讨论的办法来确定。采用工作分析的各种工具与方法明确工作的具体要求，提炼出鉴别工作优秀的员工与工作一般的员工的标准。专家小组讨论是由岗位的直属领导、人力资源专业人员组成的专家小组，就某个岗位的任务、责任和绩效标准进行讨论，得出最终的结论。如果客观绩效指标不容易获得，或经费不允许深入地研究和定义，一个简单的方法就是采用"上级提名"。由上级领导直接给出的工作绩效标准虽然较为主观，但如果是公平公正的优秀领导层，则是一种快捷且有效的方法。企业应该根据自身的规模、目标、资源等条件来选择合适的绩效标准定义方法。

三、收集信息

确定好绩效标准后，需要运用多种胜任力建模的方法去收集信息、提取信息。具体可以使用演绎法和归纳法收集岗位信息，演绎法有战略演绎、文化演绎、高管访谈、岗位说明书解析、外部标杆对标等方法，演绎虽然重要但难度较大，要做好并不容易。尽管使用演绎法的工作量比绩优人员的访谈要少，但是论绝对难度，很多人认为要高于绩优人员访谈。建议难易方法相互结合，简单的方法能有效降低整个项目实施的难度，同时也可以对其他方法得到的结果进行佐证，可以参考图 6-3 中对不同建模方法的难度和重要性进行定位，选择最合适的方法。另外，群体参与的方法也要和单个员工参与的方法做补充，如焦点小组访谈可以和行为事件访谈做补充，问卷调研可以和高管访谈做补充。这些不同类型的方法可以有效地弥补彼此的弱点，从而提高整体项目的质量。

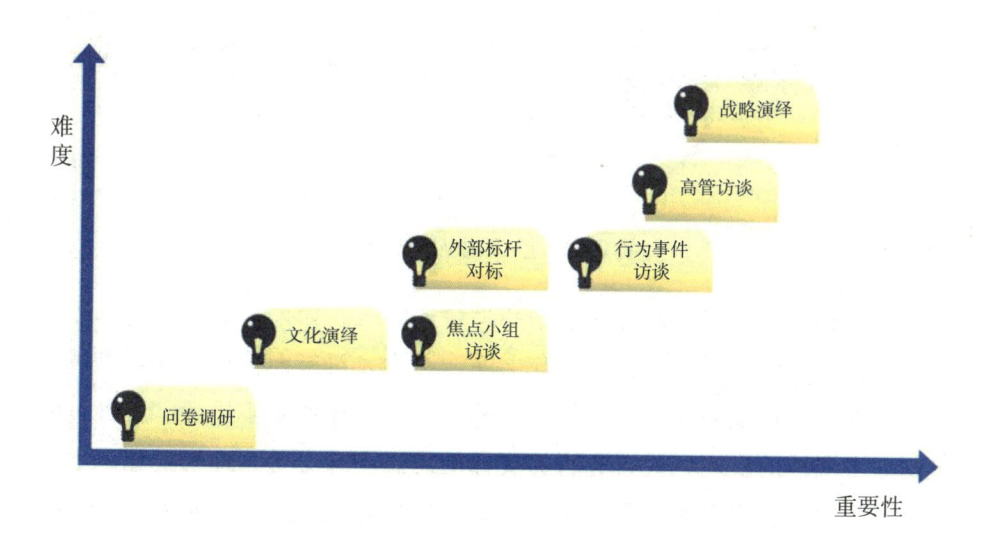

图 6-3 胜任力建模信息收集的常用方法

针对不同层级的人员，建议对高层管理者进行建模，主要使用战略演绎这种方式。对中层管理者建模，以战略演绎和行为事件访谈为主，以问卷调研为辅。对于基层员工，可以以问卷调研为主，以文化演绎为辅。另外，在取舍胜任力维度时，层级越高，在使用演绎法得出的胜任力维度中选择的比

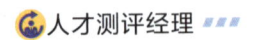

例越高，比如在演绎法中选取 60% 的胜任力，在归纳法中选 40% 的胜任力。因为管理层级的胜任力需要紧密地结合公司的战略，如果两者不能有效地结合，那么胜任力同长期绩效的关联度就会下降。

四、访谈编码或数据分析

通过前期的行为事件访谈收集到大量的信息和资料后，需要进行编码，通过编码提取和统计素质指标。编码的过程，首先需要定位找到可编码的访谈内容，将访谈内容转化为素质指标，最后再基于素质指标归纳行为，描述行为，编辑典型的素质指标行为案例，如图 6-4 所示。

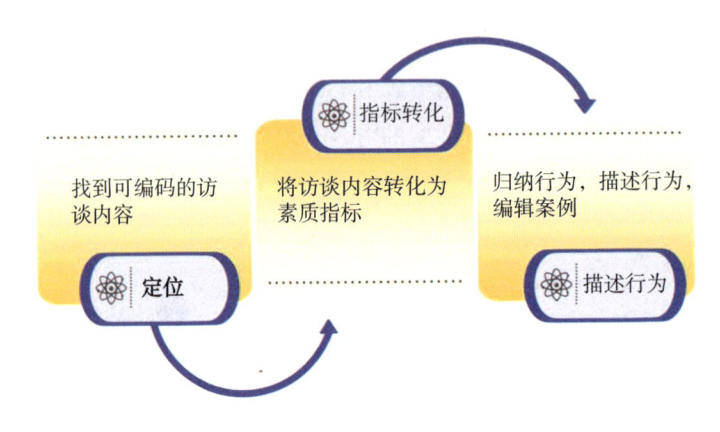

图 6-4 胜任力编码过程

编码有两种方式：行为式编码和理解式编码。如果被访谈者的具体行为与指标库中的指标有直接的对应关系，行为直接指向指标，就可以进行行为式编码，包括被访谈者以第一人称（我）描述的所主导的、所做过的事情，习惯性的反应，或者有行为支撑的思想和理念等。理解式编码则主要是基于对被访谈者的一贯行为模式和典型管理风格的整体理解进行编码，即不要求指标与行为一一对应，更强调总体性的归纳和理解。样例详见表 6-1。

表 6-1　胜任力编码样例

行为描述	编码方式	对应指标
站在更高一层看问题，站在其他部门的立场考虑问题，不局限于自己部门的利益	行为式编码	全局思考
结合供应商生产原料和运输的周期等多种因素来确定订单计划	行为式编码	计划管理
面对工作问题，与其他部门的同事进行充分沟通，通过协商找到大家都满意的解决方案	行为式编码	沟通协调
持续关注与工作相关的重要信息，通过多个渠道对信息进行收集，在团队里进行分享	行为式编码	信息收集
经常思考未来环境可能存在的风险和变化，有意识地提前采取应对措施，对风险做到事前控制	理解式编码	风险管理
即使受到流程、标准不完善的影响，也会坚决执行，落实自己的工作职责	理解式编码	执行能力

这些是可以编码的材料，还有许多信息是不能编码或不需要编码的，具体包括以下方面。

（1）没有意图的行为，如纯粹的过程或步骤描述。

（2）没有行为或足够证据支持的想法、理念。

（3）被访谈者事后的总结和反省（我后来想我应该……就更好了）。

（4）以第一人称复数（我们）出现，无法判断被访谈者在其中所起作用的集体行为描述。

（5）用规范性语言进行的表述，且缺乏具体行为支撑的主观判断（我应该……）。

（6）前后明显存在矛盾的干扰信息。

编码一般会分几个组同步进行，在正式编码前需要进行预编码或试编码，不同的小组将试编码的结果进行对比，对分歧点进行充分讨论，统一编码人员对编码原则的认识理解。对拿不准的信息可重复编码，如同一情境既编为团队管理又编为沟通协调，需要注明可能的原因，并进行探讨，达成统一。

正式的编码最好能两人一组，分成第一编码人和第二编码人。第一编码人进行完整地编码，确定指标与等级，填写行为描述（该行为案例反映出的典型行为）。第二编码人就同一份材料对第一编码人的编码结果进行判断、补充，从不同角度进行分析、讨论，同时校正第一编码人的编码结果。

对于访谈内容主要是通过编码提取素质指标，针对问卷调研则主要是通过数据分析来进行素质指标的重要性排序。计算出各指标的重要性评分（非常重要计 5 分，比较重要计 4 分，一般程度计 3 分，比较不重要计 2 分，非常不重要计 1 分）的平均值，平均值越高说明大家认为该项素质越重要。指标之间的相对重要性是后期设定测评权重的重要参考依据。

五、胜任力模型初稿

收集到岗位信息之后，对信息进行编码、统计，通过频次统计、重要性统计、标准分的权重计算、差异分析等方法来构建岗位初步的胜任力，然后再通过外部标杆对标、专家问卷调研、专家研讨的方式进行胜任力的梳理和确认，形成各岗位序列的胜任力模型初稿，如图 6-5 所示。

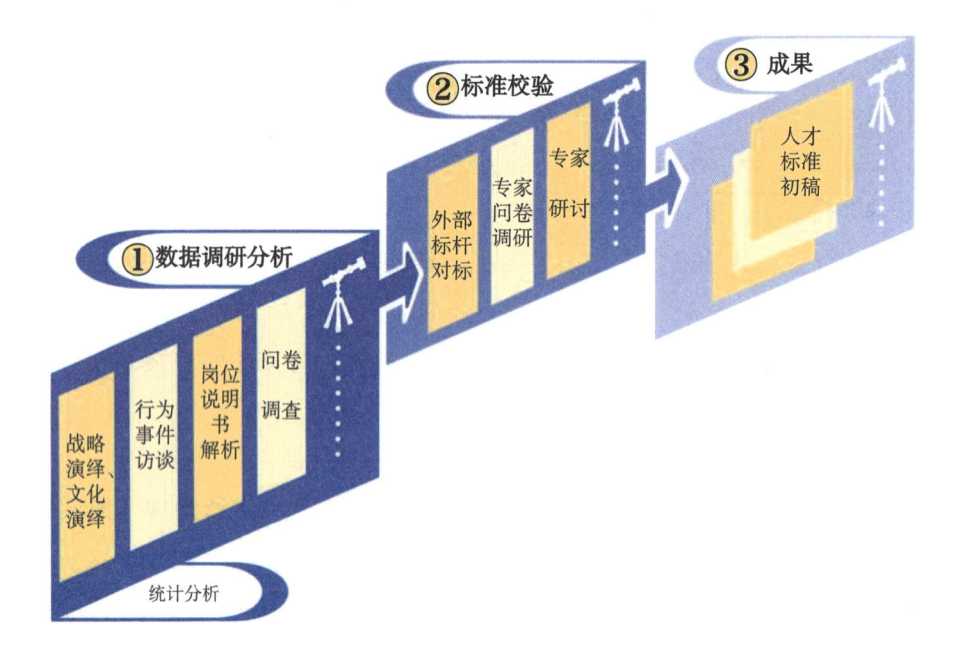

图 6-5　胜任力模型初稿构建过程

收集到岗位的胜任力后,可以进一步确定胜任力模型的框架。胜任力模型的框架有三种。第一种是 N+X 结构,其中,N 是各岗位序列通用的、都需要具备的素质,体现的是企业总体战略和文化的通用要求;X 是专业性的、岗位性的胜任力,不同的业务条线会有不同的胜任力,它体现的是岗位的特殊性和差异性。第二种是 N+X+Y 结构,除了上述的通用胜任力 N 和专业胜任力 X 之外,再加上针对各个不同的管理层级所定制的层级胜任力 Y。第三种是递进式结构,以销售主管和销售经理的胜任力模型为例,销售主管的胜任力模型是资源协调、关系建立、营销策划、积极进取等,销售经理的胜任力模型是资源整合、关系管理、商业敏锐、成就导向等,如表 6-2 所示。

比较资源协调和资源整合、关系建立和关系管理、营销策划和商业敏锐、积极进取和成就导向,可以发现这四对胜任力之间有一定的递进关系,销售主管这四项胜任力是销售经理四项胜任力的基础,销售经理四项胜任力是销售主管四项胜任力的升级。

表 6-2 不同层级的胜任力模型差异

销售主管	销售经理
资源协调	资源整合
关系建立	关系管理
营销策划	商业敏锐
积极进取	成就导向
……	……

胜任力是否要有一个明确的递进关系,取决于层级之间的职责是否类似,是否有明确的梯队关联。如果三个层级是销售顾问、销售主管、销售经理。由于这三种职责差距不大,而且是梯队关系,就可以采用递进的方式。如果三个层级是基层员工、部门总监、事业部总经理,这个职责和职级的差距比较大,不适合用递进式结构。另外,如果使用递进式结构,在胜任力的定义、关键行为指标、行为等级等方面也必须有严格的递进关系。

六、胜任力建模校验

确定了胜任力框架后，并不代表岗位的胜任力模型就建好了，可以直接使用了，还需要通过试测来判断建立的岗位胜任力模型是否有效。试测可以选取一组绩优员工和一组一般绩效的员工同时进行，基于试测数据结果筛选出能有效区分这两组人员的胜任力，如图 6-6 所示。绩优组人员在世故性、学习能力、压力管理、团队合作和进取精神这几个胜任力上的得分显著高于一般绩效的员工，而在敢为性上差异不明显。此时，可以剔除敢为性，保留其他五个差异明显的胜任力。

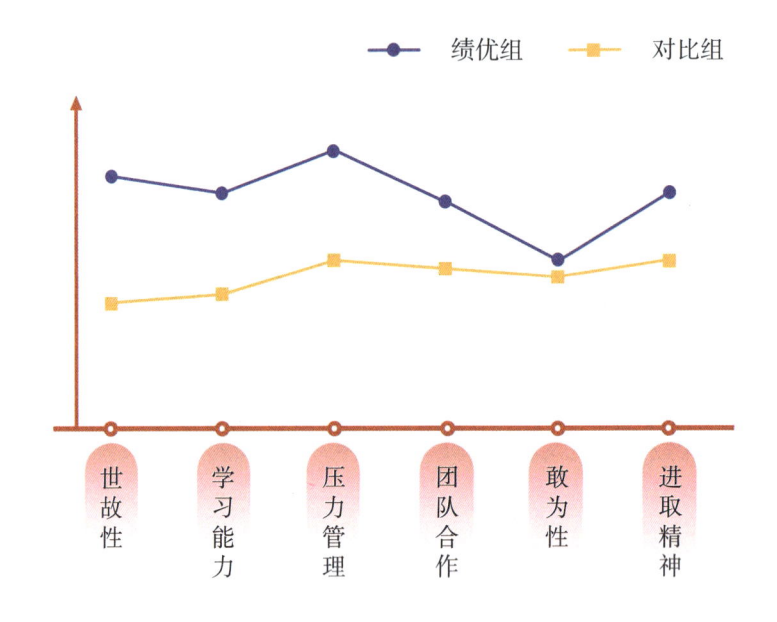

图 6-6 绩优组与对比组的胜任力对比

另外，也可以根据试测结果，初步确定达标人员的分数线、优秀人员的分数线。胜任力模型在实际应用时是否有效，还可以看测评结果与受测者的面试成绩、现有员工的绩效结果是否相关。如果相关性显著，那么说明模型的有效性较高；反之，如果相关性不显著，则说明模型的有效性较低。

七、胜任力定义、关键行为指标、行为等级描述定稿

胜任力建模的最后一步需要对胜任力的定义、关键行为指标、行为等级

描述等内容进行丰富和细化，形成标准性的文档资料。胜任力的定义要准确、清晰，符合规范，避免使用模糊、有歧义的语言。关键行为指标要与胜任力的定义相匹配，必须是能衡量个体是否具备该胜任力的关键要素。行为等级描述要详尽、具体，并与关键行为指标相对应，不同等级的行为应该具有明显的差异，以便于评估和比较。要避免使用主观性强的语言，而要使用客观、具体、可衡量的语言描述行为。

第三节　人才标准的具体应用

对于当前的企业来说，人力资源已经超过自然资源和物质资本，成为第一战略资源。如何有效地建立并发挥人力资源的竞争优势，是现代企业管理者特别关心的问题。人力资源从业者如果想要提高自己在企业中的发言权和地位，必须切实承担起为企业显著增效提能的职责。然而，仅仅依靠传统人事管理的职能远远无法达到这个要求。

传统的人力资源管理，以工作分析和岗位描述为基础开展工作，以组织结构图来划分员工等级，为员工分配任务，使员工各司其职。它只是明确了员工应该做哪些工作，而没有说明为了保持企业的成功，员工的工作产出或结果是什么。而且在工作内容变动频繁的情况下，也会面临很快过时的风险。

基于人才标准的人力资源管理，无论是在理念上，还是在方法上，都有别于传统的人力资源管理。它首先关注的是人，然后才是人的产出和结果，是从人员导向的视角，而不是从工作导向的视角来看待所需要的产出、企业的工作角色和要求。它以人才的识别、建模、测评和培养为基础，希望能揭示那些具有优异绩效的员工的特质，从而识别、选拔和培养更多能取得优异绩效水平的人才。虽然对人才标准的理解和建模的过程比较费时费力，但能使企业更好地应对变化，对于身处迅速变化环境中的企业尤为重要。因此，基于人才标准的人力资源管理已成为企业的必选项。

基于人才标准的人力资源管理，最终目标是将组织能力转换为组织绩效。企业仅有部分绩优人员和人才机制是远远不够的，这只是企业发展的基础。企业需要识别和培养更多的绩优人员，引导绩优人员的行为改变，进一步发展和提升，这些都需要引入人才标准。在健全的人才标准基础上，企业可以客观、有效地考查人才，识别高绩效人员；可以公开、透明地评价人才，为人才晋升提供依据；可以针对性、有目的地培养人才，使人才培养有方向、有目标。这些考核、评价、培养的内容，包括员工的知识、技能、素质和管理能力等，这些都是人才标准的内容。所以，引入人才标准后，可以让组织中的人才、人才机制真正运作起来，使人才招聘有标准、使用有依据、考核有尺度、培训有目标、个人努力有方向。最终将组织能力转换为组织绩效，提升竞争力。

人才标准在人力资源管理工作中的应用，主要集中在人力资源规划、人才招聘配置、绩效管理、培训体系设计、职业生涯规划、人才盘点六个方面。

一、基于人才标准的人力资源规划

企业要实现使命和目标，离不开业务的发展和员工的推动。企业的发展需要制定相应的战略目标，依据战略目标，规划业务开展和人才管理。规划要实现战略目标需要什么样的人才、需要多少人才、如何获取这些人才、如何激励和发展人才。明确了具体的人才战略和规划之后，在招聘配置、绩效管理、培训体系设计、职业生涯规划、人才盘点等工作中就可以有的放矢，有针对性地制定人才管理的技术、制度、机制和流程。

在具体工作中，构建基于人才标准的人力资源规划体系（见图6-7），首先需要明确企业的愿景和发展战略，然后对业务发展战略进行详细解析，明确企业未来的业务重点、发展方向与关键成功因素，以及战略对人力资源提出的要求，进而明确企业成功所需要的关键岗位和核心人才。在明确这些之后，企业需要进行人力资源的需求分析，通过定性与定量相结合的方式，明确为实现企业战略所需的人力资源结构、质量与数量。在人才质量需求预测中引入人才标准，可以使人才质量更加明确。

在进行需求分析和规划后，需要对企业的人才现状进行盘点，明确存量和增量。存量是指企业中支持现有业务发展所需要的管理层和员工层的结构、质量和数量。在现有人员中，可能会有部分人在部分能力上跟人才标准有差距，需要对他们进行培养。增量是指为了支持业务发展和新兴业务，需要增加的新员工的结构、类型与数量。针对这部分人员需求要开展外部招聘，明确招聘的数量、素质要求等。在整个人力资源规划过程中，从人力资源需求分析阶段开始引入人才标准，接下来的人才现状盘点、人才培养、人才招聘等工作都需要依据人才标准来展开。

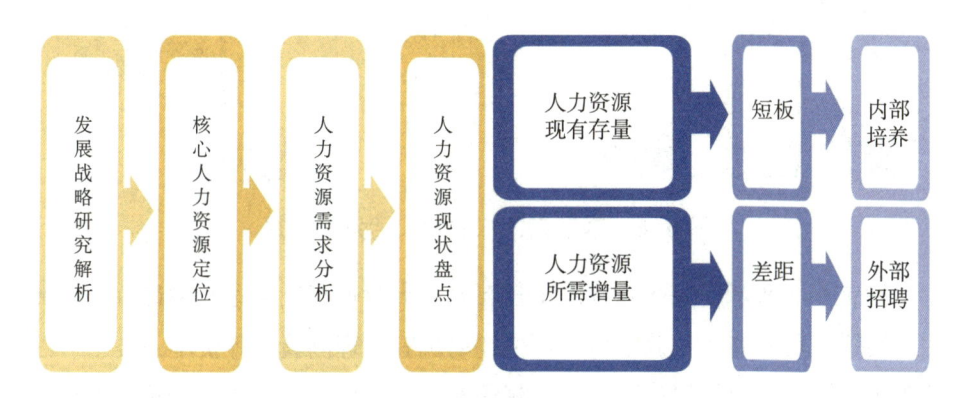

图 6-7　基于人才标准的人力资源规划体系

二、基于人才标准的人才招聘配置

人才标准在人才招聘工作中的应用是最普遍的、最常见的，如图 6-8 所示。首先，人才标准可以使选人依据和选人标准更加科学有效，招聘时除了考查学历、知识、技能、经验外，进一步考查冰山模型水面以下的、真正让人产生高绩效的胜任力，能够有效筛选出入职后可能产生高绩效结果的员工。其次，可以提高招聘要求描述的精准性，在招聘广告中可以明确清晰地描述"要什么"和"不要什么"，介绍清楚相关的标准和要求。精准的描述能够聚焦目标人群、吸引他们的关注，降低无效应聘者的数量。另外，可以利用人才标准明确各甄选环节的考查侧重点。例如，在初步电话沟通时可以一边确认基本情况，一边宣贯企业全员的胜任力。在初步筛选时，可以重点考查受测者与企业价值观的匹配程度；在深度评估时，重点评估受测者的岗位胜任力；在决策时，可以整合多人、多种评估方法的结果，对比岗位胜任力的要求综合决策。最后，还可以依据人才标准设计有效、可靠的甄选工具/方法。

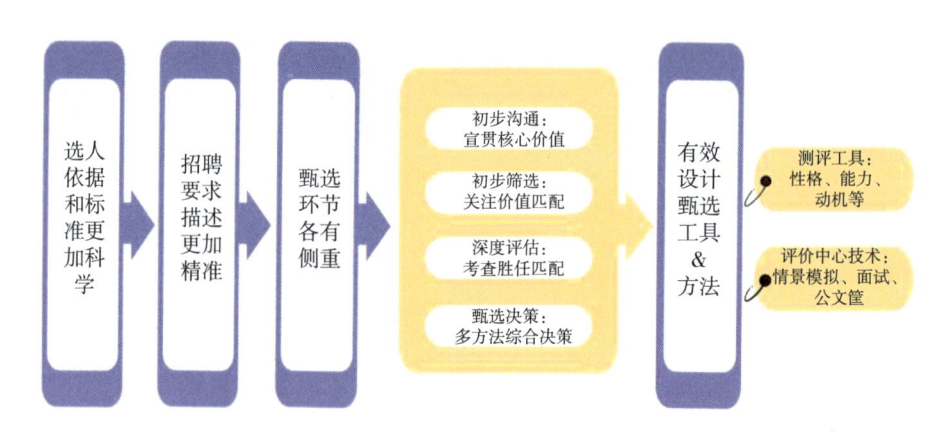

图 6-8 基于人才标准的人才招聘配置

如表 6-3 所示，人才甄选的工具和方法大致包括测评工具和评价中心技术。测评工具有能力、胜任力、性格、动机等心理测验，评价中心技术可以分为单组讨论、分组讨论、体验式测评和一对一评价这几类评价技术。针对不同的胜任力素质，适合采用的评价工具有所不同。例如，位于冰山模型最底层的成就动机最适合使用动机类的心理测验，人际沟通适合使用情景模拟类的评价中心技术。

表 6-3 某企业人才甄选方法选取示例

胜任力素质	测评工具				评价中心技术				
	通用能力测验	胜任力类测验	性格类测验	动机类测验	综合案例分析	情景模拟	小组讨论	团队游戏	半结构化面试
言语表达	☆☆☆						☆		☆☆
前瞻思维		☆☆			☆☆☆	☆			
人际沟通		☆☆				☆☆☆	☆		
动手操作		☆☆						☆☆☆	☆
成就动机				☆☆☆		☆			☆☆
创新能力					☆☆☆	☆☆			☆
抗压能力			☆☆☆				☆		☆☆
诚信正直			☆☆☆			☆☆			☆

三、基于人才标准的绩效管理

构建基于人才标准的绩效管理体系，可以将员工个人目标和企业目标相结合，不断激励和提升员工的胜任力，提高员工绩效，进而实现企业发展目标。在这个过程中，关键在于理清企业的绩效目标，构建关键岗位的胜任力模型，依据胜任力模型制定绩效考核体系对员工进行评估。绩效考核体系包括绩效计划、绩效执行、绩效评估和结果应用四个环节（见图 6-9）。

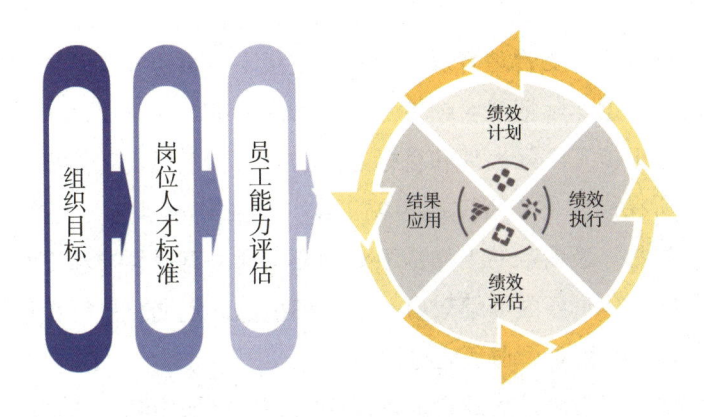

图 6-9　基于人才标准的绩效管理

绩效计划是绩效管理的起点，绩效考核表中的绩效指标需要以岗位胜任力为主。例如，绩效指标是挫折应对，绩效考核表中需要给出指标定义、权重、行为指标和评价标尺，如表 6-4 所示。权重是每条绩效指标对考核结果的影响程度。行为指标用于描述绩效指标应该完成的程度，行为指标之间的含义要求不能交叉。评价标尺要能够区分行为发生的频率，通常采用七点或五点量表进行打分。在绩效计划环节，还有一项重要工作是直属领导要与下级员工进行沟通，对绩效考核表达成一致，这样员工后续的工作会更有方向。

表 6-4　某企业绩效考核表（以挫折应对指标为例）

绩效指标	指标定义	权重	行为指标	权重	评价标尺
挫折应对	面对挫折，是否能承受并保持积极的心态加以应对	30%	在遭遇挫折时，能积极地看待和面对	10%	1/2/3/4/5
			在遭遇挫折时，保持意志坚定，坚持面对、不放弃	10%	1/2/3/4/5
			在遭遇挫折时，寻求他人帮助或不断采取新的方式应对处理	10%	1/2/3/4/5

绩效执行环节需要管理者及时观察、记录下属员工在工作中的关键事件和绩效数据，根据实际情况对绩效考核表做出调整，对下属员工的工作给予支持，并且修正员工实际表现和目标之间的差异。下属员工需要根据绩效考核表，结合所在岗位的职责完成相关工作，达成绩效目标。在这个过程中，最关键、最重要、最困难的工作是绩效辅导沟通，直属领导和下级员工在共同工作过程中，分享各类与绩效有关的详细信息。定期、持续性地辅导可以帮助员工识别工作困难，避免走弯路。

绩效评估环节是对员工的价值做出判断，可以采用测评工具评估员工的胜任力是否有提升。针对管理者可以采用 360 度评估，针对基层员工可以采用直接上级评价，直接上级是最熟悉下属工作的人，对评价的内容比较熟悉，并且也能为上级提供一种引导和监督员工行为的手段。

结果应用环节需要直属领导分析员工的绩效考核结果，找出绩效不佳的原因，然后针对存在的问题与下属员工进行沟通，一同制订出合适的绩效改进计划。企业也可以根据实际情况，采用业绩加胜任力的绩效考核，既包括业绩结果考核，也包括胜任力行为考核，根据实际情况设置两者的权重。

四、基于人才标准的培训体系设计

企业建立系统的人才标准后，可以依据人才标准建立体系化的培训课程。例如，企业首先建立全员通用胜任力模型和基层、中层、高层管理者的胜任力模型，然后通过胜任力测评，发现员工的实际胜任力水平与岗位要求存在差距，可以针对有差距的胜任力项，制定相应的培训课程体系，如员工通用培训课程体系，基层、中层、高层管理干部领导力培训课程体系等。最后要求在胜任力上有明显短板的员工，通过参加培训提升短板胜任力。

在设计具体的培训课程时，可以根据胜任力的特点选择有效的培训方式、设计个性化的培养方案，促进员工在认知、态度和行为方面进行针对性改善。以表6-5为例，模型中的每一项胜任力都设置了多门课程，员工可以根据自己的状态是"在岗"还是"后备"，选择必修还是选修。另外，培训的方式多种多样，但针对不同的维度，不同方式的培训效果是不一样的。一般集体授课的效果相对较弱，仅在认知层面起作用，但难度低，好实施。行动学习的效果不错，可以在态度、认知和行动三个层面起作用，而且难度适中。教练辅导相对是效果最好的，难度也是最大的，一般用在核心管理人员的培养中。在具体操作过程中，可以根据胜任力的特点、培养对象的特点，选择不同的方式进行组合，制定个性化的培养方案。

表6-5 某企业基于人才标准的培训体系搭建示例

核心能力素质培训课程		培训对象及课程性质				培训方式						学时
胜任力	管理课程名称	后备		在岗		集体授课	工作坊	案例讨论	行动学习	岗位轮换	教练辅导	
^	^	必修	选修	必修	选修	^	^	^	^	^	^	^
团队管理	识人用人	高效面试与精准选才	☆		☆		☆	☆	☆				5
^	^	性格理论与识人选人			☆		☆						3
^	影响他人	沟通与影响技巧	☆		☆		☆		☆				4
^	^	跨部门资源协调		☆	☆		☆	☆		☆	☆		4
^	培养下属	绩效反馈与辅导			☆		☆		☆			☆	4
^	^	教练技术					☆	☆		☆	☆		2
^	激励团队	下属激励策略	☆				☆	☆	☆				5
^	^	员工动力激发		☆			☆	☆				☆	5

五、基于人才标准的职业生涯规划

前面的"任职资格"一节中曾提到,任职资格相当于一把梯子,可以为员工提供发展路径和成长空间。通过任职资格认证、任职资格培训,推动员工向更高的任职资格标准努力、向更高级别的职位晋升。基于人才标准的职业生涯规划,可以使员工自主选择下一步努力的目标职位,知道要做到什么程度,才能够达到目标职位的要求。当员工按照职业通道上的职位要求进行职业生涯规划,将自己的个人职业发展融入企业发展之中,就可以实现员工个人发展和企业绩效提升的双赢。

基于人才标准的职业生涯规划,如图6-10所示。首先需要开辟职业发展通道,明确员工职业发展的路径。然后通过建立任职资格标准,确定各层级、各序列岗位需要具备的素质要求。再通过有效的测评方法和工具、资格评定流程和制度,帮助员工发现自身不足,为员工量身打造提高任职能力的规划,通过导师制的员工辅导、个人发展计划(IDP)或个人发展面谈,帮助员工补足短板、提升能力,向目标岗位努力。

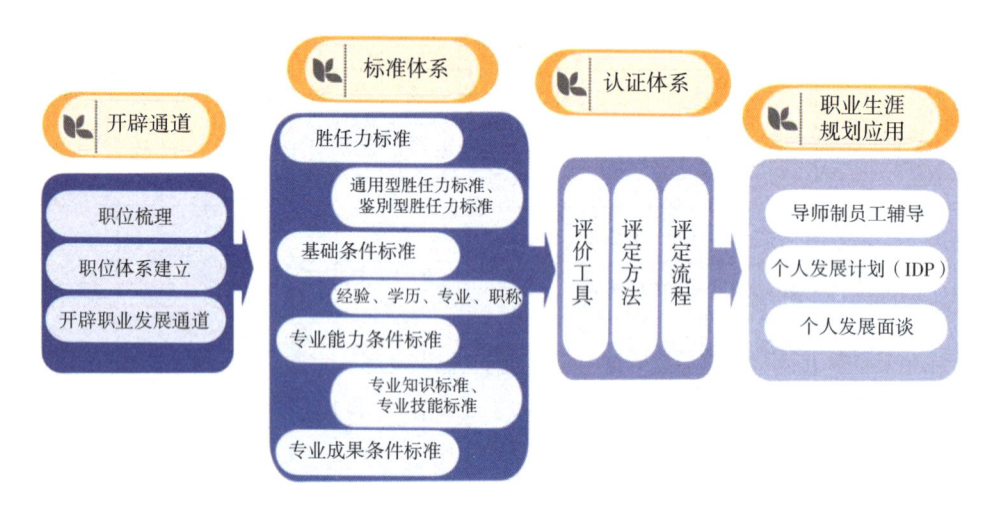

图6-10 基于人才标准的职业生涯规划

六、基于人才标准的人才盘点

企业要开展人才盘点,需要做好三方面的准备。首先,需要通过人力资源规划确定企业未来发展的人才缺口。其次，需要确定进行人才盘点的关键岗位。最后，需要有盘点岗位的胜任力模型，确定岗位人才的评定标准。胜任力模型为衡量人员能力提供了标尺和工具，建立了统一的人才评估标准，确保每一位被盘点的员工都能够获得公平、公正的评价，提高了人才盘点的准确性。

做好这三点准备工作后，就可以开始组织具体的人才盘点工作，收集绩效数据信息、进行胜任力测评。取得盘点结果后，需要对结果进行整理，对参与盘点的员工给予反馈，为下一步盘点结果的应用打好基础。在人才盘点的结果应用方面，企业需要针对不同状况的员工做好进一步的发展规划。还需要建立人才盘点体系的持续更新系统，以便对人才发展的状况进行动态监控，建立动态的人才蓄水池，如图 6-11 所示，根据人才盘点结果，将表现优秀的员工纳入上一级岗位的后备人才库，也就是岗位的人才蓄水池。出现晋升机会时，及时从人才蓄水池中选择合适的员工进行考核，考核合格后给予晋升。另外，也需要定期对蓄水池的员工进行盘点，淘汰不合格的员工，保持人才蓄水池的活力。

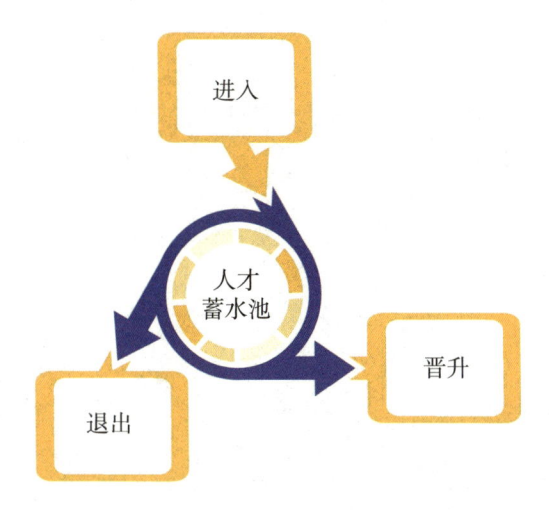

图 6-11　人才蓄水池动态管理机制

第三部分

人才测评怎么测

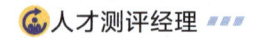

第七章

笔 试

笔试，顾名思义，是指以纸笔填答方式进行的考试，可用于考查个体对知识和技能的掌握情况以及文字表达的能力。说起来，大家对此应该并不陌生，从步入学校到走进职场，我们每个人都要经历许许多多的考试，如数学科目的期末考试、语文科目的中考、大学英语四级笔试、考研初试等，均是对笔试形式的充分运用。而在人才招聘与选拔中，笔试也发挥着很大的作用，比较常见的有行政职业能力测验、专业知识笔试、材料写作等形式。

第一节 行政职业能力测验

行政职业能力测验，也就是我们通常所说的行测，是国家机关单位选拔非领导职务公务员的必考科目之一，通过客观题笔试考查报考人员的基本能力要素，其测评结果可以预测个体在行政职业领域中未来可能取得的成就高低。自1989年至今，行政职业能力测验已有30余年的发展历史，其应用场景不仅是公务员招考，也广泛应用于企业员工的招聘与选拔中。

一、考查方向与内容

所谓基本能力要素，指的是个体从事任何活动都必须具备的底层基础能力，主要包括言语理解、判断推理、数学运算、资料分析、常识判断五个方面，如图7-1所示。

图 7-1　行政职业能力的五大基本能力要素

（一）言语理解

言语理解，是指个体运用语言文字进行思考和交流、迅速准确地理解和把握文字材料内涵的能力。在许多工作任务的完成过程中，言语理解能力都起着不可或缺的作用，例如，准确理解领导的工作指示和要求，并进行有效的上传下达；正确理解文字材料表达的中心主旨，并根据要求撰写相关内容；具备基本的文学素养，能够对文字材料的行文措辞、语法运用进行校验、检查等。

言语理解可以从词语、语句、段落等方面设置不同的考查侧重点。

1. 选词填空

要求个体选择恰当的词语填入语句中的空白处，以使语句所表达的含义完整而正确。

例题展示

技术作为社会结构与形态的重要影响因素，具有改变社会结构、社会资源分布及社会关系的作用。数字技术环境具有自由、开放、分享、协作、高效、丰富的属性，在技术高速发展的推力下，新业态的形成条件不断（　　），使得以去中介化、以用户为中心、远距离协作等为特征的移动互联环境得以产生，并正在（　　）传统业态。

根据上下文的意思，选择合适的词语填写在括号处（　　）。

A. 完善　重塑　B. 加强　颠覆　C. 健全　强化　D. 成熟　消灭

2. 语句判断

要求个体甄别各语句是否存在语病以及语句的句意是否明确。

例题展示

下列选项中，没有语病且句意明确的一项是（　　）。

A. 清明前后，××部队派了八百多人次参加郊区植树劳动

B. 凡事要依靠群众，否则单靠自己，什么事也做不成

C. 他只关心孩子的学习，至于思想品德方面，就不以为然了

D. 他工作特别忙，夜以继日地干，以至于累倒了

3. 阅读理解

要求个体阅读段落内容，概括归纳段落的中心思想，并合理推断其中隐含的意思和思想等。

例题展示

光荣的背后是汗水浇灌的长征路。作为验证优化列车各项性能的最后一道关卡，整车试验是必不可少也不容疏忽的环节。为了确保复兴号安全性优，参与复兴号工作的铁路职工们依次在铁科院环行试验线、长吉客专、大西综合试验段、郑徐客专、哈大客专进行试验，历时16个月，其间在中国标准动车组上布置测点近3000个，在地面60个工点布置测点上千个，运用考核试验考核里程超过60万公里，是迄今为止试验周期最长、试验项目最多的高速动车组综合试验。郑徐客专高速试验更是完成了时速420公里两车交会及重联运行高速综合试验，创造了高铁列车交会、重联运行速度的世界最高纪录。

下列论述中最能体现、说明上述整车试验复杂程度的是（　　）。

A. 此类试验属首次，没有先例可以借鉴

B. 单项试验花费时间过长

C. 整车性能参数过于庞杂，所需试验项目较多，花费时间较长

D. 我国整车研制技术尚不成熟

（二）判断推理

判断推理，是指个体进行推理论证的能力，例如在工作中我们需要根据当前的状况以及已掌握的信息，去分析事情发生的原因并预测未来的发展趋势，又或者根据以往的发展规律和情况推论类似事件的大概情况，从而提前做好准备，采取应对措施等。

根据判断推理的内容性质不同，可以分为逻辑推理、图形推理、定义判断、类比推理。

1. 逻辑推理

考查个体对各种事物关系的分析推理。

例题展示

某电器集团下属的三个公司A、B、C，它们既是同一集团的二级单位，也是市场上的竞争对手。在市场需求的五种电器中，公司A擅长生产电器1、电器2和电器4；公司B擅长生产电器2、电器3和电器5；公司C擅长生产电器3和电器5。如果两个公司生产同样的电器，一方面是规模不经济，另一方面是会产生恶性内部竞争。如果一个公司生产三种电器，在人力和设备上可能也有问题。为了发挥好地区经济合作的优势，集团领导召集了三个公司领导对各自的生产电器做了协调，做出满意的决策。

以下哪项可能是这三个公司的电器选择方案？（　　）

A. 公司A生产电器1和电器2，公司B生产电器3和电器5

B. 公司B生产电器2和电器3，公司C生产电器4

C. 公司B生产电器2和电器5，公司C生产电器3和电器4

D. 公司C生产电器3和电器5，公司B生产电器2

2. 图形推理

考查个体对图形的观察、抽象、推理能力等。

例题展示

下列选项中，符合所给图形变化规律的是（　　）。

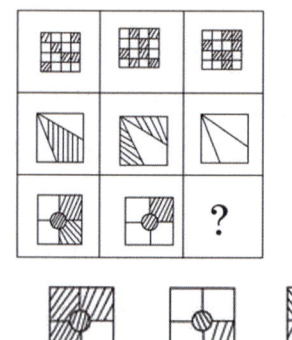

3. 定义判断

考查个体从一般定义到特殊案例的演绎推理能力。

例题展示

霍桑一词是美国西部电气公司坐落在芝加哥的一家工厂的名称，是一座进行实验研究的工厂。"霍桑效应"，是指那些意识到自己正在被别人观察的个人具有改变自己行为的倾向。

根据以上定义，下列现象不符合霍桑效应的是（　　）。

A. 小李被同事、老板误解，工作不达标，离工作目标渐行渐远

B. 小张在班级被老师表扬后学习更加努力

C. 小赵得到公司销售冠军后，再接再厉又蝉联销售冠军

D. 小刘虽然只是普通员工，但始终保持极高的工作热情

4. 类比推理

考查个体对事物间相同或相似属性的分析和推理能力。

例题展示

学生：大学生，相当于（　　）。

A. 国民党：政党　B. 树木：梧桐树　C. 空军：陆军　D. 飞机：火车

（三）数学运算

数学运算，是指个体理解、把握事物间量化关系和解决数量关系问题的能力。例如，仓库管理员在工作中需要盘点各类物品的消耗量、剩余量等库存数据；数据运营人员需要定期整理、汇总业务部门的签单数据，制作月度、季度报表等。这些工作任务都对个体的数学运算能力有较高的要求。

例题展示

一次抽奖活动中，抽奖箱中有一等奖 4 个，二等奖 15 个，三等奖 40 个。最少从中抽奖（　　）次，才能保证能抽到一等奖（抽出的奖不再放回）。

A. 15　　B. 59　　C. 56　　D. 55

（四）资料分析

资料分析，是指个体对各种形式的文字、图表等资料的综合理解与分析加工能力。具备这项能力的财务人员可以基于对财务数据的详细分析，得出能够反映企业财务状况的结果和结论。具备这项能力的市场人员可以根据收集到的有效信息，对行业与业务的变化趋势做出分析。

例题展示

2016 年 6 月份，我国社会消费品零售总额 26857 亿元，同比增长 10.6%，环比增长 0.92%。其中，限额以上单位消费品零售额 13006 亿元，同比增长 8.1%。2016 年 1~6 月，我国社会消费品零售总额 156138 亿元，同比增长 10.3%。其中，限额以上单位消费品零售额 71075 亿元，同比增长 7.5%。按经营单位所在地分，2016 年 6 月，城镇消费品零售额 23082 亿元，同比增长 10.5%；乡村消费品零售额 3775 亿元，同比增长 11.2%。2016 年 1~6 月，城镇消费品零售额 134249 亿元，同比增长 10.2%；乡村消费品零售额 21889 亿元，同比增长 11.0%。按消费类型分，2016 年 6 月，餐饮收入 2907 亿元，同比增长 11.1%；商品零售 23951 亿元，同比增长 10.6%。2016 年 1~6 月，餐饮收入 16683 亿元，同比增长 11.2%；商品零售 139455 亿元，同比增长 10.2%。2016 年 1~6 月，全国网上零售额22367亿元,同比增长28.2%。其中,实物商品网上零售额18143亿元,同比增长26.6%。

关于社会消费品零售情况,能够从上述资料中推出的是(　　)。

A. 2016年1~6月,限额以上单位消费品零售额增速同比下滑

B. 2016年1~6月,乡村消费品零售额增速慢于城镇

C. 2015年1~6月,商品零售额超过餐饮收入的7倍

D. 2015年1~6月,网络零售额呈较慢增长的态势

(五) 常识判断

常识判断,是指个体应知应会的基本知识以及运用知识进行分析判断的能力。个体在社会活动中需要具备的基本常识,通常需要涵盖经济、政治、法律、历史、地理、科技等各个方面。

例题展示

17岁的中学生小强未经其父母同意,将家中的苹果手机送给好友小丽,该行为是(　　)。

A. 有效民事行为　　　　B. 无效民事行为

C. 效力待定的民事行为　D. 可撤销的民事行为

小贴士　行政职业能力测验题型

行政职业能力测验中的题目均为单选题。

【知识运用】试试运用学习的知识来解决下面这个问题吧!

Q:以下是某企业秘书岗位的工作职责,如果采用行政职业能力测验对该岗位受测者进行测评,应侧重考查什么维度?

• 协助总经理协调公司内外部及重要客户关系、督办落实总经理布置的各项工作。

• 协助总经理处理商务信件,起草文件、报告、计划书等各类综合性文件。

• 协助总裁统筹市场、客户及科技应用服务的拓展管理工作。

- 研究国际政治、外交及敏感热点事件对国家大政方针及外交政策的走势影响分析。
- 完成总裁交办的其他工作，并及时汇报。

二、工具特色与发展现状

行政职业能力测验之所以深受企业青睐，被广泛应用于校园招聘、社会招聘、内部竞聘等人才招聘选拔场景中，主要是因为其在以下四个方面展现出了突出的优势。其一，测评维度较全面，能够考查个体的基本能力水平，即完成工作活动的行政职业能力。其二，施测方式相对高效，组织众多受测者同一时间参与测评考核，不仅能节省测评题目的采购成本，而且能节约时间成本。其三，测评结果易于理解和应用，类似于学校考试的成绩，其分数结果直观明了，能够快速完成劣汰择优。其四，测评效度高，行政职业能力测验已在公务员招考中应用多年，经久不衰，在一定程度上证明了这种测评形式的可靠性。

世界上没有任何一种测评形式是完美无缺的，行政职业能力测验在其发展过程中也遇到了一些困难。当前全球经济面临挑战，就业压力加剧，人们对稳定的渴望变得更为强烈，越来越多的求职者转向公务员、事业编等岗位，报考人数逐年递增，各类培训辅导机构竞相争夺市场利益。这种专项突击式的应试辅导，可以让考试成绩在短时间内快速提高，使得行政职业能力测验的信度和效度受到了一定影响。另外，随着科技发展，不良考试行为层出不穷，如借助高科技设备在考试前、考试中实施泄题、作弊，给行政职业能力测验的考试公平性和公正性带来了较大的冲击。

为此，测评专家们做出了不懈的努力和实践，促进行政职业能力测验在招聘选拔中的广泛应用。从测评题目上，出具原创性的高质量题目，持续推出新鲜题目，构建大型题库；从测评媒介上，由传统的纸笔测验发展出线上化的机考测验，加入随机抽题、乱序呈现、全程监考等功能，有效降低作弊行为的发生；从测评策略上，推出计算机自适应测验，根据个体对题目的不同反应，自动调整后续题目的难度和数量，做到因人施测。

三、应用案例

某国的一家通信公司的地方分公司面向各大高校中 3T 类专业毕业生开展秋季校园招聘，拟招聘一批具有专业背景的技术岗位员工。在简历投递阶段，企业收集到上千份简历，HR 面临巨大的工作量，希望能够高效、快速地完成人员初筛，因此选择行政职业能力测验进行测评考核。

图 7-2 是该公司应用行政职业能力测验的具体情况。

确定测评工具——行政职业能力测验

确定通过淘汰比
通过比例：70%　　通过分数：60分

分析求职群体
院校水平：以本院校为主　院校所在地：以西南地区为主　生源地：西南地区　学历水平：本科及以上

确定试卷信息
需要考查的能力维度：各维度均要有所考查　重点关注的能力维度：判断推理、数学推算　考试时长：60分

出具试卷
共计60题，难、中、易的题量占比为 2∶5∶3，各维度题量占比为言语理解 1.5、判断推理 3、数学运算 3、资料分析 1.5、常识判断 1

正式考试
线下施测，集中考试，实到700人

进入初面
平均分62分，通过淘汰比7∶3，约490余人进入面试环节

图 7-2　某公司应用行政职业能力测验完成初筛

第二节　专业知识笔试

在介绍专业知识笔试之前，先来说说它的本家——学绩测验。所谓学绩测验，是指个体在经过一个阶段的学习或训练后，对其知识、能力的发展

水平进行评估的一类测试工具。根据应用目标的不同，学绩测验可以分为评定学习结果的考查性测验和分析学习困难的诊断性测验两种。学校中比较常见的期末测验、期中测验、课堂测验以及职业资格评定中的注册会计师、注册建筑师、中高级经济师等，都是出于特定考查目的开发的测验。将这类考查方式和考查内容迁移到人力资源领域，便发展出了用于人才招聘选拔场景的专业知识考试。

> **小贴士** 🔍 专业知识笔试和大学中的专业课考试差别不大，还有再次考查的必要吗
>
> 心理学中的遗忘曲线描述了人类大脑对事物遗忘的基本规律，遗忘在学习之后立即开始，而且遗忘的速度先快后慢。习得的知识和技能也会发生遗忘，并且如果没有经常复习和巩固，会遗忘得更快。因此，在招聘环节进行专业知识笔试可以帮助企业掌握受测者在当前阶段的知识储备情况。

一、考查方向与内容

专业知识笔试，通常是为了招聘某个岗位的受测者，而进行的相应专业知识的考查，可用于评估个体对专业知识掌握的广度和深度。

专业知识笔试主要考查两方面内容：其一是个体进行特定工作所必须具备的理论知识；其二是在工作中会直接用到的专业技能。从专业类别的角度出发，目前我国大学设有的 14 个学科门类、800 多个本科专业、700 多个专科专业，均可以出具相应的专业知识考查题目。

以招聘技术岗位员工为例，考虑到岗位受测者应具备计算机相关专业的学习背景，因此可以采用专业知识笔试进行测评考核。但技术岗位的工作方向多种多样，所运用的技术也不尽相同，需注意合理设置考试重点。例如，对于信息安全工程师，应注重考查计算机系统与网络安全技术、网络防御与对抗、操作系统安全等方面的内容；对于 DBA 工程师，应注重考查操作系统、数据库等方面的内容。除此之外，技术岗位受测者实际的编程能力如何，也需要重点考查，企业可以借助线上编程考试平台，选择自身企业偏好的编程语言对受测者进行考核。

> **小贴士**　🔍 专业知识笔试题目的更新换代
>
> 知识不是一成不变的，因此考查题目也需要不断更新，以确保时效性、准确性。例如，法学类专业主要研究法律、法律现象、法律相关问题等方面的基本知识和原理，包括宪法、刑法、民商法、经济法等。而随着社会的进步，基于当前社会现状制定的法律条文会进行修正与修订。因此，法学专业的笔试题目要紧跟变化做出优化更新。

二、考查题型与难度

在考查题型上，专业知识笔试既可以设置客观题，也可以设置主观题，而其下又分别包含作答要求和难度不同的多种题型，如图7-3所示。

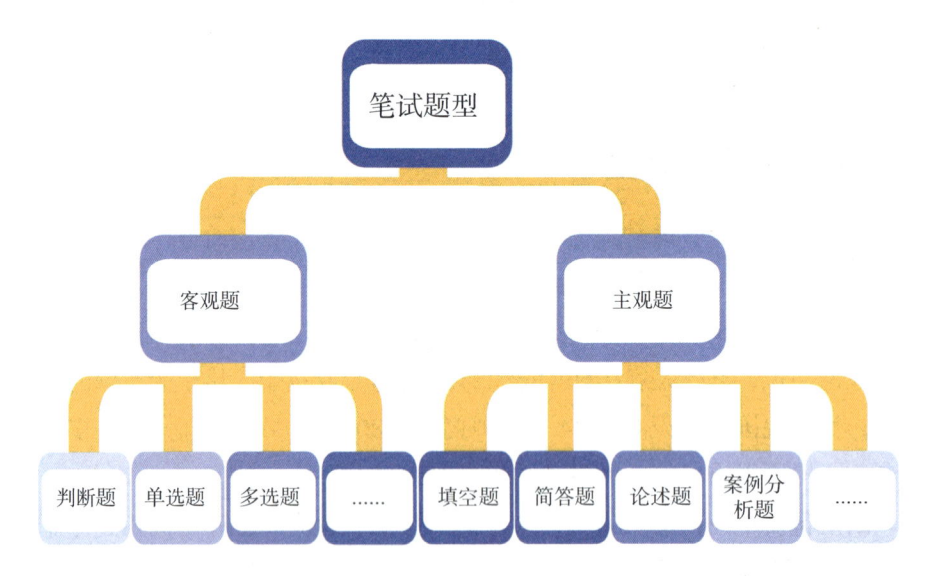

图7-3　专业知识笔试考查题型

（一）客观题

客观题是指具有固定答案的题目，其题型有判断题、单选题、多选题等。

其中，判断题最简单，因为这种题型仅需要受测者对题目表述内容做出正确或者错误的判断；单选题通常需要受测者在若干个选项中选择一个正确答案，难度水平中等；而多选题则要求受测者在若干个选项中选出全部正确的答案才能得分，相对于判断题和单选题而言，其难度较高。

因答案标准化程度极高，客观题展现出了独特优势，能够完全避免评分者主观因素的不良影响，并且在实际应用时可以采用机读答题卡的方式阅卷，能够大幅提升评分效率。

> **例题展示**
>
> 1.请判断下题表述内容是否正确。
>
> （判断题）从本质上看，企业为了有效盈利，就必须合理配置各种资源，不断提升自己的核心竞争力。（　　）
>
> 　　A.正确　　B.错误
>
> 2.请从下题的四个选项中选出一个正确答案，并将其写在括号内。
>
> （单选题）解决上下级行政组织冲突的常见方式是（　　）。
>
> 　　A.谈判　　B.调处　　C.服从权威　　D.冷处理
>
> 3.请从下题的多个选项中选出所有正确答案，将其写在括号内。多选、漏选、错选均不得分。
>
> （多选题）影响组织集权与分权程度的因素有（　　）。
>
> 　　A.组织所处的成长阶段　　B.决策的影响面　　C.管理哲学
>
> 　　D.决策的数量　　E.组织的规模

（二）主观题

相对于客观题而言，主观题大多没有唯一标准的答案，可以让作答者结合题意、所学知识及个人见解，进行有理有据地表达陈述，其题型有填空题、简答题、论述题、案例分析题等。

填空题通常要求受测者根据已知信息补全空缺内容，在难度上比单选题这种提供选项的题型略高一些；简答题通常要求受测者回答若干问题点，作答难度在主观题的各种题型中不是很高；论述题要求受测者提出论点并进行阐述，作答难度中等；案例分析题要求受测者结合案例内容进行分析、判断或者计算，是专业知识和技能的综合运用，其作答难度最高。

鉴于主观题具有不同程度的自由发挥空间，目前评分方式仍以人工评分为主。不可避免地，评分者的主观性、评分者之间的差异性会对评分结果的公平性带来一定的影响。针对这一不足，在使用主观题进行测评考核时，采取一定的措施降低评分误差是非常必要的，如制定详细化的评分标准、实行双评机制等措施。

例题展示

1. 请阅读题目，并在下方横线处填写正确答案。

（填空题）通过组织明文规定的渠道进行的信息交流是 _____。

2. 请阅读题目，并用简洁的语言回答下列问题。

（简答题）简述人员配备的重要性。

3. 请阅读题目，并展开详细论述。

（论述题）试论述企业信息工作的重要意义。

4. 请阅读背景材料，进行分析并回答下列问题。

（案例题）背景材料：某地方生产传统工艺品的企业，伴随着我国对外开放政策，逐渐发展壮大起来。销售额和出口额近十年来平均增长15%以上。员工也由原来的不足200人增加到了2000多人。企业还是采用过去的类似直线型的组织结构，企业一把手王厂长既管销售，又管生产，是一个多面全能型的管理者。

最近企业发生了一些事情，让王厂长应接不暇，其一……，其二……，其三……

问题：结合案例中的资料，请从组织工作的角度说明企业存在的问题，并提出改进建议。

小贴士 🔍 专业知识笔试的实施方式

专业知识笔试除了采用纸笔作答的方式实施以外，还可以借助在线考试平台组织考核。目前，在线考试平台能够提供的服务基本上覆盖了考试全流程，如考前邀请、考中监考、考后阅卷与成绩导出等，能够辅助开展考务管理工作，但这种方式对网络、系统的稳定性要求较高。

三、适用场景

专业知识笔试在校园招聘和社会招聘两大场景中已有较为成熟的应用。面向应届毕业生群体进行招聘选拔时,可将专业知识笔试与行政职业能力测验搭配使用,既能对受测者的专业知识掌握情况进行摸底,又能考查其基本能力素质。而在社会招聘场景中,求职者通常具备一定的工作经验,相比于校园招聘的应届毕业生而言有着更多的专业实践和应用经历,因此,仅仅考查理论知识不足以选拔出专业素质较好的受测者,企业还应重点考查受测者对专业知识的理解和运用。

从岗位类别的角度看,对于技术类、工程类、语言类、金融类等专业壁垒较高的岗位,从业人员所具备的专业知识和技能是其开展工作的必要条件,因此更应该考查受测者的专业能力水平。而对于行政类、销售类、客服类等不限制从业人员专业的岗位,企业可依据自身情况确定是否设置专业知识笔试这一环节。

四、应用案例

某大型房地产企业计划招聘多名具有工作经验的土建工程师,经简历筛选后,有近 30 名受测者进入测评考核环节。为全面考查受测者的专业知识和技能,该企业 HR 在测评专家的建议下,选用了专业知识笔试。双方深入沟通后,确定考试范围涵盖工业与民用建筑、工程管理等方面的知识,考试时长为 120 分钟,考试难度中等,具体试卷结构如表 7-1 所示。

表 7-1 某企业专业知识笔试试题结构

题型	题量	分值
单选题	40题	1分/题
多选题	20题	1分/题
简答题	2题	5分/题
论述题	2题	10分/题
案例分析题	1题	10分/题

第三节　写作

笔试中的写作是指结合材料内容，按照写作要求，运用语言文字反映客观事物、传递知识信息、表达思想感情的一种考查形式，不仅可以考量个体的文字表达能力，还能反映其在阅读理解、综合运用、提出问题、解决问题、思维逻辑性等方面的表现。

一、考查形式与方向

常见的考查形式有申论、公文写作、材料写作等，每种形式各具特色。

（一）申论

申论，即申而论之，"申"意为申述、申辩、申明，"论"则是议论、论说、论证，所以申论考查的是以议论、论证的方式对给定资料进行有针对性申述、申明的过程。与行政职业能力测验一样，申论也是国家机关单位选拔公务员的必考科目之一。上传下达、下情上报，及时发现问题、提出并论证解决问题的对策，是公务员的日常工作，这都离不开语言文字，因此可以借助申论这一形式，充分地考查报考人员是否达到基本素质要求。

根据考查的能力侧重不同，申论题目可以分为归纳概括题、综合分析题、提出对策题、贯彻执行题、申发论述题五类，如图7-4所示。

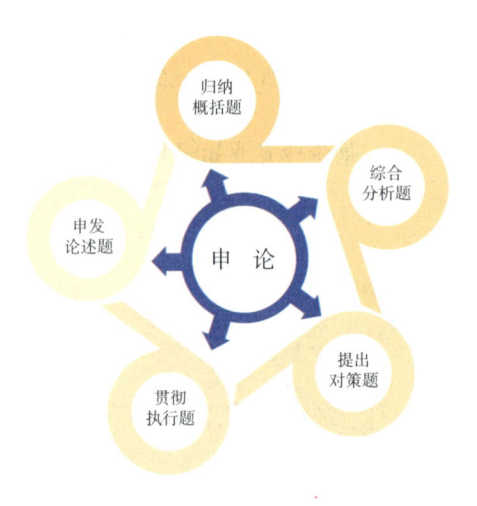

图7-4　申论题目类型

归纳概括题，要求个体对给定资料的内容要点、精神主旨、主要问题或思想含义进行提炼，掌握要点并建立对资料内容、本义和引申意义的概括性认识，以简明的语言进行概述。给定资料通常为反映问题、说明现象、陈述过程、介绍结果等内容。这类题目可以较好地考查个体的阅读理解能力。

综合分析题，要求个体能够准确把握题目要求，条理清晰地从多个角度分析问题，揭示问题本质，并能发表独立思考的观点。给定资料通常为揭示原因、评价影响等内容，相应地可以设置含义阐述、现象评论、经验总结三种写作要求。这类题目不仅可以考查阅读理解能力，还能够较好地考查个体的分析能力。

提出对策题，要求个体针对所有资料反映的主要问题或资料中涉及的具体问题提出对策思路或解决方案。给定资料通常是领导、专家学者的建议或者政府、企业的具体做法等内容，可以设置提出对策或者先分析原因再提出对策两种写作要求。这类题目可以较好地考查个体提出和解决问题的能力，即概括出蕴含在资料中的问题，并想办法处理、化解出现的各种矛盾与问题。

贯彻执行题，要求个体能够准确理解工作目标和组织意图，遵循依法行政的原则，根据客观实际情况拟写文书。给定资料通常是中央或地方政府的工作报告、规章制度或专项工作部署文件等，可以设置宣传演讲、总结说明、方案建议、观点主张四种写作要求，涉及的文种也比较丰富，如公开信、宣传稿、发言提纲等。这类题目可以较好地考查个体在贯彻执行方面的能力表现。

申发论述题，要求个体在一定字数范围内，针对特定的社会现象和社会问题，在分析的基础上提出对策建议，全面阐述、论证自己的观点。可以设置命题作文、半命题作文、自拟题作文三种写作要求。这类题目既可以对个体的综合素质进行考核，又能很好地考查个体的文字表达能力。

一般而言，职级和职位类别不同，能力评估的焦点也有所区别。对于省级以上（含副省级）综合管理类职位，其申论考试主要集中在评估个体的阅读理解能力、综合分析能力、提出和解决问题能力、文字表达能力。对于市（地）以下综合管理类和行政执法类职位，其申论考试更偏重于评估个体的阅读理解能力、贯彻执行能力、解决问题能力和文字表达能力。

在公务员考试中，申论题目给定的资料一般有 4~5 则，字数大约在 7000 字，要求结合资料回答多个问题，总体写作字数在 1200 字以上。通常归纳概括题要求的写作字数较少，难度相对较小，申发论述题要求的写作字数较多，难度相对较大。考试时长为 180 分钟。

例题展示

本题选自 2023 年度国家公务员录用考试申论试卷。

给定资料

1. 翻开 A 市地图，仿佛能看到苍翠林海、潺潺流水，一幅美丽的画卷徐徐展开，跃然眼前。今天，当清新的空气和清澈的溪流也能"卖"上大价钱时，GEP 正成为 A 市缩小与省内其他地区发展差距的一个突破口。

2018 年，习近平总书记在深入推动长江经济带发展座谈会上强调，要选择具备条件的地区开展生态产品价值实现机制试点……

2. "您的配送订单已送达。"H 市金禾区的陆先生日前网购水果，打来电话的是一位特殊的"配送员"——无人配送车"小暖"。"受疫情影响出门少了，加上年纪大了，行动不方便，这无人配送车真是太贴心了！"……

3. "你们这个'巢'是繁体字。根据国家通用语言文字法，招牌、广告用字应该使用规范汉字，这种简体字和繁体字混用是不规范的。"今年 2 月份，D 市城管执法队联合市语言文字工作委员会、市场监管局等部门，对部分不规范的招牌、广告用字进行纠错，并劝导商家进行整改……

4. "随着我国创新型国家建设和知识产权战略实施的不断推进，政府知识产权工作的着力点，已从知识产权制度的构建转变成为推动市场主体对知识产权制度的有效运用。"知识产权领域一位资深专家表示，"在我国知识产权制度从建立到不断完善的过程中，这将是我国知识产权事业发展的新方向。"……

作答要求

1. GEP 反映了生态系统产生的直接、间接或潜在的经济效益。请你根据"给定资料 1"谈谈 A 市是如何利用 GEP 核算实现生态产品价值的。（10 分）

要求：全面、准确、有条理，不超过 200 字。

2. H市计划召开关于促进本市"无人经济"新业态健康发展的座谈会，假如你是市场监管部门的参会代表，将在座谈会上发言，请根据"给定资料2"写一份发言提纲。（20分）

要求：（1）紧扣资料，内容具体；（2）层次分明有逻辑性；（3）不超过450字。

3. D市语言文字规范化联合整治工作组拟向上级汇报实施整治工作的思路。请你根据"给定资料3"，草拟一份汇报提纲。（20分）

要求：（1）内容全面，重点突出；（2）层次分明，条理清晰；（3）不超过450字。

4. 有关部门正在征集知识产权服务优秀案例，计划编印《知识产权服务案例汇编》。假如L市知识产权信息服务中心的相关实践入选为优秀案例，请你根据"给定资料4"撰写一篇案例摘要。（15分）

要求：（1）紧扣资料，内容全面，突出做法和意义；（2）表述准确，条理清晰；（3）不超过300字。

评分要点

1. 观点立意：评估文章的观点是否明确、独到、有深度。考查考生对问题的理解和思考能力。

2. 论证逻辑：评估文章的论证过程是否合理、严密，是否能够提供充分的证据和合理的推理来支持观点。考查考生的逻辑思维和分析能力。

3. 文章结构：评估文章的结构是否清晰、有条理，包括开头引入、主体段落组织和结尾总结等。考查考生的组织能力和写作结构的合理性。

4. 语言表达：评估文章的语言表达是否准确、得体，是否具备较高的语言水平和文采。考查考生的语言运用能力和表达技巧。

5. 文章连贯性：评估文章各部分之间的衔接是否流畅、自然，是否能够形成一个整体的逻辑关系。考查考生的写作连贯性和过渡能力。

6. 规范性与准确性：评估文章的书写规范性、语法准确性和用词恰当性。考查考生的语言规范意识和文字功底。

7. 规定字数：评估文章是否符合规定的字数要求，是否能够在限定的篇幅内完整表达观点。

（二）公文写作

公文是指用于组织、机构或政府部门之间信息传递、沟通协调、行动决策的正式文书，其本质是文字信息，出发点和落脚点均是为了推动工作。而公文写作其实是为角色代言，把握公文发布者的身份，站准其所代表的位置，撰写角色该说的话与想说的话。

公文从应用领域上可以分为通用公文和专用公文两类（见图7-5）。专用公文是指在专门领域内应用的书面材料，如司法文书、外交文书等。通用公文可以分为行政公文和事务公文，行政公文一般有命令、决定、公告、通知、请示、意见等种类，事务公文则包括计划、总结、调查报告、讲话稿等种类。

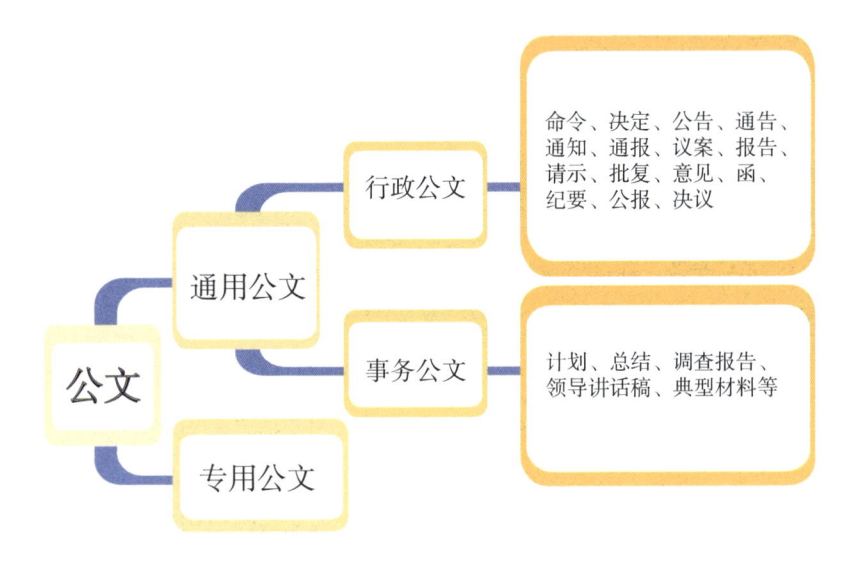

```
公文 ─┬─ 通用公文 ─┬─ 行政公文 ── 命令、决定、公告、通告、
      │            │              通知、通报、议案、报告、
      │            │              请示、批复、意见、函、
      │            │              纪要、公报、决议
      │            └─ 事务公文 ── 计划、总结、调查报告、
      │                           领导讲话稿、典型材料等
      └─ 专用公文
```

图 7-5　公文写作常见类型

公文写作主要用于考查个体对公文文体的熟悉程度，如是否知晓各类文体的格式特点和应用场景，同时可以考查个体表述内容的清晰度和逻辑性，如是否能做到目的明确、词语恰当、语法正确、促进工作开展等。题目的背景资料通常只有1则，字数在100~300字不等，要求写作的字数大约200字，考试时长10~20分钟。

> **例题展示**
>
> 企业性质：高校　　适用岗位：教师岗、行政岗
> 题目难度：易
>
> **背景资料**
>
> 公文写作是工作中必不可少的技能之一，也是提高工作效率的重要环节。为了规范行文习惯，提升学校老师在实际工作中的公文写作水平，A大学商学院将于2018年12月19日16时，在学院三楼职工之家会议室举办"公文写作培训"讲座。
>
> **写作要求**
>
> 请协助A大学商学院行政办公室撰写一份通知，将上述内容传达到本院所有老师。
>
> **评分要点**
>
> 1.内容完整性：评估通知中是否包含了所有必要的信息，如时间、地点、具体操作步骤等。确保通知内容清晰明了，没有遗漏关键信息。
>
> 2.表达准确度：评估通知的语言表达是否准确、清晰，能够准确传达所需信息，避免歧义和误解。
>
> 3.格式规范性：评估通知的排版格式是否规范，包括字体、字号、段落结构等方面。确保通知易于阅读和理解。
>
> 4.逻辑连贯性：评估通知中各项内容之间的逻辑关系是否连贯，信息之间是否有合理的衔接和顺序。
>
> 5.细节准确度：评估通知中涉及的细节是否准确无误，如日期、时间、操作要求等。确保通知中提供的信息是准确可靠的。
>
> 6.整体效果：评估通知的整体效果和可读性，包括语言流畅度、吸引力和专业性等方面。确保通知能够引起读者的注意并产生预期的效果。

（三）材料写作

材料写作需要个体基于材料背景提炼观点，围绕观点进行阐述。材料通常在300~1000字，写作字数要求500~800字。材料写作主要考查个体的阅读理解、逻辑思维、文字表达能力，考试时长一般在30~60分钟。

例题展示

企业性质：国企　　适用岗位：综合管理岗

题目难度：易

背景资料

中央农村工作会议中，习近平总书记指出……

写作要求

对于习近平总书记提出的……，你有怎样的认识？请阐述你的理解，字数 500 字左右。

小贴士　写作是一种主观性极强的考查形式，怎样才能做到评分公正、客观

要做到写作评分的公正性、客观性，除了要保证题目有具体明确的评分标准，还应对评分者进行严格把关。评分者通常是具有相关专业背景和经验的教师、考试专家或行业专家，在评分前需要对其进行培训，选拔出表现优秀的评分者组成评分小组。另外，在评分时还可以采用双评机制，即两位评分者同时对一份写作内容进行评分，取两者的平均分为最终分数。当两个分值差异较大时，须由评分组长介入，再次进行评分。如有必要，还可在结果公布前，进行质量抽查和分数复核。

二、适用场景

写作可以充分表达个人的思想情感、见解认识。作为人才测评经理，可以将写作这一笔试形式应用于校园招聘、社会招聘、内部竞聘等场景中，辅助企业做好人才的劣汰择优。

从岗位类别来看，在招聘对文字表达能力要求较高的岗位时，写作是一个有力的测评工具。例如，秘书岗位，要求员工能够协助上级处理商务信件、起草文件、报告、计划书等各类综合性文件；行政岗位，需要员工能够撰写面向企业内部全体员工的公告、通知等；新媒体的运营或编辑岗位，需

要员工能够胜任内容策划、文案输出、软文撰写等与文字内容密切相关的工作。这些岗位都要求员工必须具备深厚的文化功底和娴熟的文字表达能力。

在设置考查题目时,应充分考虑适用场景、招聘岗位、求职群体的特点。在校园招聘场景中,申论题目应重点考查大学生求职者的阅读理解能力、贯彻执行能力、解决问题能力和文字表达能力。在社会招聘、内部竞聘场景中,求职者的职级越高,越需要重点关注其综合分析能力、提出和解决问题的能力。

另外,企业在实际应用中可以适度降低申论的考查难度,选择内容较简短或者数量较少的背景资料,要求更为精简的写作字数。如此设置主要出于三方面的考虑。其一,企业对求职者文字表达能力的要求并不及公务员录用水平那样高,适当简化题目可以使考查难度更加适合求职者的能力水平。过难的题目会带来"地板效应",即所有人的分数结果集中于较低的水平。其二,降低求职者对题目的认知负荷,缩短考试时长,能够为求职者带来比较愉快的作答体验。其三,降低招聘工作者的时间和精力消耗,提高笔试考核的效率。

对于公文写作,企业应针对招聘岗位在实际工作中应知应会的公文文种,设置相应的题目,使得测评的生态效度更高,测评结果更加精准、可靠。

> **小贴士** 🔍 写作虽然可以较好地考查个体的文字表达能力,但是不建议大规模施测
>
> 目前,写作这种主观题仍以人工评分为主。当作答者数量庞大时,会对评分环节造成巨大的压力,一方面要寻找更多具有丰富经验的评分者,另一方面评分工作量较大,时间周期会相应变长,进而拉长整个招聘周期。因此,不建议大规模施测。

三、应用案例

XYZ 企业是一家全球性的公关和传媒公司,提供包括品牌策划、市场营销、危机管理等多元化服务。随着企业业务的不断扩展,急需招聘一批经

验丰富的内容策划专员,以增强团队实力,满足客户日益增长的需求。企业希望这些内容策划专员参与到各类项目中,负责撰写和编辑高质量的文案,为客户的品牌塑造和市场推广提供支持。因此,选择用写作这种方式考查受测者在写作能力和创新思维等方面的能力表现。

具体考查题目如下。

例题展示

适用行业:传媒　　适用岗位:内容策划专员

题目难度:中

背景资料

　　A科技公司是一家位于美国硅谷的新兴环保科技公司。自2016年成立以来,A科技公司一直致力于开发和推广可持续性、高效的清洁能源解决方案。其产品和服务包括太阳能电池板、风力发电设备,以及智能能源管理系统等。其使命是通过创新的科技手段,帮助人们减少对化石燃料的依赖,从而降低碳排放,保护地球。其目标是成为全球领先的环保科技公司,引领绿色革命,推动建设一个更加可持续的未来。该公司的团队由一群富有激情、专业知识丰富的科学家、工程师和市场营销专家组成。他们相信,只有通过集体的创新和努力,才能实现其愿景:构建一个绿色、清洁、健康的地球。

写作要求

　　为一家新兴环保科技公司设计并撰写一篇博客文章,主题为"如何通过我们的绿色解决方案改变世界"。请确保文章引人入胜、信息准确,并有效地展现公司的品牌形象。同时,也要考虑SEO优化,合理地使用以下关键词:"可持续性""清洁能源"和"环保科技"。

评分要点

　　1.内容质量:文章是否提供了准确、有价值的信息,是否能够清楚地解释A科技公司的产品和服务如何帮助改变世界。

　　2.品牌塑造:文章是否成功地传达了A科技公司的品牌形象,是否能够引发读者对公司和其使命的积极感受。

　　3.创意和吸引力:文章是否有趣、引人入胜,是否使用了生动的语言和有力的论据来吸引和保持读者的注意力。

4. SEO 优化：文章是否妥善地使用了指定的关键词，这些关键词是否自然地融入文本中，既满足搜索引擎的需求，又不损害文章的可读性和吸引力。

5. 结构和组织：文章是否有明确的开头、主体和结尾，各段落是否有逻辑顺序，易于理解。

6. 语法和拼写：文章是否遵循了标准的英语语法规则，是否有拼写错误。

第四节　多种招聘场景下的笔试内容组合

招聘工作按照招聘场景，可以大致划分为校园招聘、社会招聘和内部竞聘。这三个招聘场景有共同之处，也互有区别。校园招聘的特点是招聘岗位通常比较基层，受测者人数众多，更注重对综合素质的评估。社会招聘对受测者专业能力的要求更高，岗位覆盖层级也更广泛。内部竞聘则对受测者的岗位匹配度和企业文化认同有更高的要求。鉴于三种招聘场景在测评要求上的区别，企业在设置测评内容时，需要有相应的调整。本节将介绍如何使试卷的设置更加科学严谨，从而更好地实现对受测者相应素质的评估。

一、校园招聘

校园招聘场景下，根据不同的招聘需求，试卷的组合主要有三种形式：行政职业能力测验、行政职业能力测验和专业知识笔试的组合试卷、行政职业能力测验和写作的组合试卷。

（一）行政职业能力测验

行政职业能力测验适用于招聘岗位类别比较多或专业跨度比较大，受测者比较多，需要进行集中筛选的场景。这种形式重点考查受测者的综合素质，对于全体受测者来说更为公平公正。

考试时长建议 60 分钟或者 90 分钟，这两种时间设置，既可以保障考查维度比较全面，又便于考试整体的时间规划。

> **方案展示**
>
> 方案1：考试时长60分钟，60题
> 该方案将考试时间控制在一个小时，可以快捷高效地完成对受测者综合能力的考查。
>
> 方案2：考试时长90分钟，100题
> 该方案将考试时间控制在一个半小时，可以详细准确地完成对受测者综合能力的考查。

（二）行政职业能力测验和专业知识笔试的组合试卷

这种组合形式适合针对某一类岗位且有专业考查要求的招聘场景，通过行政职业能力测验考查受测者的综合素质，通过专业知识笔试考查受测者在特定专业上的知识和技能水平。

考试时长建议60~120分钟，其中行政职业能力测验占比一半左右，专业题部分可以设置为单选题、多选题、判断题、简答题、论述题等多种题型。

> **方案展示**
>
> 方案1：考试时长90分钟，行政职业能力测验40题+专业单选40题+专业多选10题+专业判断10题。
>
> 方案1采用纯客观题设置。其中，行政职业能力测验占比为40%，对受测者的综合素质进行基本的考查；专业知识笔试由单选题、多选题和判断题组成，通过多种题型和难度梯次分布，对受测者的专业理论掌握程度进行考查。本方案能够更加客观地评价受测者的综合能力和专业能力，同时本方案题型设置更便于通过机考等形式快速得出成绩。
>
> 方案2：考试时长90分钟，行政职业能力测验30题+专业单选30题+专业多选10题+专业简答2题+专业案例分析1题。
>
> 方案2采用客观题和主观题组合设置。其中，行政职业能力测验占比为30%，对受测者的综合素质进行基本的考查；专业知识笔试由单选题、多选题、简答题和案例分析题组成，由客观题来考查受测者的专业理论掌握情况，由简答和案例分析来考查受测者的理论知识理解及应用能力。本方案通过设置多元化的考查形式，能够更全面地考查受测者在专业方面的理解和应用，比较适合应用到对专业要求比较高的岗位的招聘场景中。

（三）行政职业能力测验和写作的组合试卷

这种组合形式适用于秘书、行政、新媒体运营或编辑等对文笔有要求的岗位招聘场景，以行政职业能力测验考查受测者的综合素质，以写作考查受测者的文笔功底、语言表达、措辞运用的水平。

考试时长建议90分钟或120分钟，这两种时间设置可以保障考查维度比较全面，同时又给受测者预留了比较充分的时间，能展示出自身的写作水平。

方案展示

方案1：考试时长90分钟，行政职业能力测验60题+600字写作1题。

方案1兼顾考查受测者的综合素质和写作能力，适合对综合素质要求较高，同时又要具备一定写作能力的岗位人员招聘场景。

方案2：考试时长120分钟，行政职业能力测验40题+公文写作1题+800字写作1题。

方案2侧重考查受测者的写作能力，更适合需要撰写材料、对写作文笔要求较高的岗位人员招聘场景。通过设置40%的行政职业能力测验，考查受测者的基本素质，通过公文写作的设置，考查受测者对公文行文理解和掌握情况，通过写作题的设置，考查受测者理解材料、提炼观点、构建框架、阐述观点的能力，也能通过语言运用、表达技巧这些方面，考查受测者的写作文笔。

二、社会招聘

社会招聘场景下，根据不同的招聘需求，试卷的组合主要有五种形式：行政职业能力测验，专业知识笔试，行政职业能力测验和专业知识笔试的组合试卷，行政职业能力测验和写作的组合试卷，行政职业能力测验、专业知识笔试和写作三者的组合试卷。

（一）行政职业能力测验

这种形式的运用，在校园招聘和社会招聘中没有明显的差异，不再重复介绍。需要注意的是，校园招聘项目中使用行政职业能力测验的试卷难度一般会高于社会招聘。

（二）专业知识笔试

这种形式适合针对某一类岗位且对专业素养有较高要求的招聘场景，全部设置为专业题，实现对受测者在特定专业上所具备能力的全方位考查。

> **方案展示**
>
> 方案1：考试时长90分钟，单选50题+多选30题+判断20题。
>
> 方案1采用纯客观题设置。专业知识由单选题、多选题和判断题组成，通过多种题型和难度梯次分布，对受测者的专业理论掌握程度进行考查。本方案能够更加客观地评价受测者的专业能力，同时本方案题型设置更便于通过机考等形式快速得出成绩。
>
> 方案2：考试时长90分钟，单选40题+多选20题+判断10题+简答2题+案例分析1题。
>
> 方案2采用客观题和主观题组合设置。通过单选题、多选题等客观题来考查受测者的专业理论掌握情况，通过简答题和案例分析题等主观题来考查受测者的理论知识理解及应用能力。本方案通过设置多元化的考查形式，能够更全面地考查受测者在专业方面的理解和应用，比较适合应用到对专业要求较高的岗位的招聘场景中。

（三）行政职业能力测验和专业知识笔试的组合试卷

这种组合形式侧重考查专业能力，兼顾考查综合素质，适合针对某一类岗位且有专业考查要求的招聘场景，通过行政职业能力测验考查受测者的综合素质，通过专业知识笔试考查受测者在特定专业上的能力水平。考试时长建议90分钟。

> **方案展示**
>
> 方案1：考试时长90分钟，行政职业能力测验40题+专业单选40题+专业多选10题+专业判断10题。
>
> 方案1采用纯客观题设置。其中，行政职业能力测验占比为40%，对

受测者的综合素质进行基本的考查；专业知识笔试由单选题、多选题和判断题组成，通过多种题型和难度梯次分布，对受测者的专业理论掌握程度进行考查。本方案能够更加客观地评价受测者的综合能力和专业能力，同时本方案题型设置更便于通过机考等形式快速得出成绩。

方案2：考试时长90分钟，行政职业能力测验30题+专业单选30题+专业多选10题+专业简答2题+专业案例分析1题。

方案2采用客观题和主观题组合设置。其中，行政职业能力测验占比为30%，对受测者的综合素质进行基本的考查；专业知识由单选题、多选题、简答题和案例分析题组成，由客观题来考查受测者的专业理论掌握情况，由简答题和案例分析题来考查受测者的理论知识理解及应用能力。本方案通过设置多元化的考查形式，能够更全面地考查受测者在专业方面的理解和应用，比较适合应用到对专业能力有一定要求的岗位招聘场景中。

（四）行政职业能力测验和写作的组合试卷

这种组合形式适合秘书、行政、新媒体运营或编辑等对文笔有要求的岗位人员的招聘场景，以行政职业能力测验考查受测者综合素质，以写作考查受测者的文笔功底、语言表达、措辞运用水平。考试时长建议90分钟或120分钟。

方案展示

方案1：考试时长90分钟，行政职业能力测验60题+600字写作1题。

方案1兼顾考查受测者的综合素质和写作能力，适合对综合素质要求较高，同时又要具备一定写作能力的岗位人员招聘场景。

方案2：考试时长120分钟，行政职业能力测验40题+公文写作1题+800字写作1题。

方案2侧重考查受测者的写作能力，更适合需要撰写材料、对写作文笔要求较高的岗位人员招聘场景。通过设置40%的行政职业能力，考查受测者的基本素质；通过公文写作的设置，考查受测者对公文行文理解和掌握情况；通过写作题的设置，考查受测者理解材料、提炼观点、构建框架、阐述观点的能力，也能通过语言运用、表达技巧等方面考查受测者的写作文笔。

（五）行政职业能力测验、专业知识笔试和写作三者的组合试卷

本组合形式适合对文笔有要求的专业类岗位，如技术部门的综合管理岗位等，以行政职业能力测验考查受测者的综合素质，以专业知识笔试考查受测者的专业水平，而写作可以考查受测者的文笔水平。考试时长建议 120 分钟。

方案展示

考试时长 120 分钟，行政职业能力测验 30 题 + 专业单选 30 题 +600 字写作 1 题。

该方案将行政职业能力、专业知识和写作能力在试卷中的占比进行均匀分配，对受测者的综合素质、专业掌握和文字功底进行全面且综合的考查。

三、内部竞聘

内部竞聘场景下，根据不同的招聘需求，试卷的组合主要有四种形式：专业知识笔试，行政职业能力测验和专业知识笔试的组合试卷，行政职业能力测验和写作的组合试卷，行政职业能力测验、专业知识笔试和写作三者的组合试卷。

这些形式的试卷组合，在校园招聘和社会招聘项目中都有所介绍，不再重复。在正式的项目中，根据竞聘岗位的性质、层级，竞聘人员的构成等特点，设置相应的考查内容和试题难度即可。

第八章

面　试

面试，即通过面对面交流的形式进行测评考核，与笔试形式互补，是人才招聘与选拔最常用的工具。面试最大的优势在于考核过程可以进行互动交流，受测者可以尽情展示自己，同时面试官能够直接观察到受测者的一言一行。因此，面试一直以来都被认为是最可靠的人才测评方式。从人数多寡上，面试可以分为群体面试和个体面试，群体面试以无领导小组讨论最为著名，而个体面试中结构化面试、半结构面试较为常见。

第一节　无领导小组讨论

作为一种经典的面试形式，无领导小组讨论在招聘场景中有着非常成熟的应用。它将多位受测者集中起来组成小组，要求小组就某一问题开展指定或不指定角色的自由讨论，面试官通过观察受测者在讨论中的言语及非言语行为，对小组成员做出素质评价。借助无领导小组讨论这一面试形式，企业可以通过观察个体的行为举止、言语表达来测评其沟通表达、人际影响、灵活应变、理解分析等方面的能力表现。

一、实施流程

一场无领导小组讨论面试的时长在 25~60 分钟，顺利实施需要经历六个环节。

（一）准备环节

在开始无领导小组讨论前，需要对面试场地进行布置，其中最需要重点关注的是座位摆放。无领导小组通常以 6~8 位受测者为一组，受测者座位应采用马蹄形桌或圆桌进行摆放，如图 8-1 所示，间距不宜过远。而面试官小组应根据受测者人数配置相应人员,面试官应坐在受测者正对一侧,或者分散坐在受测者周围几个方向,以便清晰地观察到受测者的行为举止。另外,每位受测者座位前都应摆放一个数字号牌,从 1 开始按顺序依次摆放。受测者按场外候考的顺序对应入座,由此面试官小组也开始了面试的观察和记录工作。

面试官小组桌面上应放置面试题目、面试评分表,便于其把控面试流程、记录受测者面试表现

考官席
由7~9位面试官组成,组长为主考官

工作人员桌面上应放置计时器,以便提醒各环节用时。若没有配备专门的计时员,则应将计时器放置于主面试官或者主持人桌面上

监督席

工作人员席

考生席

考官席

受测者桌面上需放置试题、文具、白纸,便于受测者在面试过程中记录要点

图 8-1 马蹄形或圆桌形座位摆放

(二)导入环节

主面试官或者主持人需要向受测者宣读指导语,说明本次面试的形式、要求、内容、时间、注意事项等,以促进受测者进入角色。该环节的时间应控制在 1 分钟左右。

(三)阅读与陈述环节

在受测者正确理解面试要求和规则,并表示无异议后,主面试官或主持人需要引导受测者阅读材料,并逐个进行个人观点陈述。一般阅读 5 分钟,每人陈述 1 分钟。

（四）小组讨论环节

在所有受测者的个人观点陈述完毕之后，主面试官或主持人需要引导受测者进入小组讨论环节，说明注意事项，并提醒讨论用时。此环节是无领导小组讨论的核心环节，面试官小组需认真仔细观察受测者的表现，并做好记录，整体时间控制在 20~25 分钟。

（五）总结陈述环节

讨论结束后，或者规定的讨论时间结束后，主面试官或主持人应要求小组成员推荐一名小组发言人，对所讨论的问题进行总结性发言。该环节的时间设置一般为 3 分钟。需要注意的是，在总结陈述完毕后，应组织受测者有序退场，方可开启下一环节。

（六）面试官评价环节

面试官小组需要参照评分说明中各维度的评分要点、要点说明及评分等级等内容（样例见图 8-2），对受测者在讨论过程中的发言情况及行为表现进行合议，给出最终的面试评价。另外，面试官小组还需填写完成无领导小组讨论评分表（样例见图 8-3），包括维度分数、面试最终分数、录用建议、评语等内容。

维度（权重）	主动适应（10%）	踏实稳定（20%）	人际沟通（15%）	团队协作（20%）	逻辑思维（15%）	学习领悟（20%）
评分要点	1. 合理定位 2. 积极应对	1. 追求稳定 2. 严谨细致	1. 外向主动 2. 情景洞察 3. 表达反馈 4. 说服影响	1. 目标导向 2. 开放容纳 3. 主动响应 4. 人际和谐	1. 原因分析 2. 数字预算 3. 演绎推理 4. 判断决策	1. 学习意识 2. 经验总结 3. 触类旁通 4. 持续改善
要点说明	*对自己的发展有清晰认识并根据现实情境来探索明确自己的角色定位 *接纳变化并积极采取适宜的方式进行调整和改变，保持与环境良性互动	*切实稳定，喜欢有秩序的、安稳环境 *思路严谨有条理；做事细致有耐心	*性格偏外向，具有主动积极的沟通意识，愿意采用沟通的方式来促进理解和问题解决 *善于洞察沟通情境，积极倾听并准确理解语言与非语言的沟通信息 *善于根据沟通情境把握时机并进行清晰有力的表达，进行及时澄清和反馈 *善于用合理的方式排除异议，与他人建立和谐的关系	*始终以团队目标为导向关注团队整体任务的完成 *善于从他人的立场和角度思考问题，理解和尊重他人的需求和感受，容纳不同 *支持并按照团队目标行动，主动帮助和配合团队成员完成任务 *亲和，包容，与他人保持良好人际关系	*能通过观察、比较、分析、判断，识别问题，抓住事物本质 *考查对数字规律、基本数量关系的理解，具备对数字关系的分析、运算、判断、推理的能力 *考查对各种事物关系的理解、比较、组合、演绎和归纳等判断推理能力，即得出结论的能力 *能够从整体角度形成正确合理的判断，并权衡各种因素，形成解决方案	*有旺盛的求知欲和强烈的好奇心，从而能不断接受新事物的出现，及时学习，更新自己的知识，提高自己的个人能力 *善于总结成功和失败的经验，以寻找提高自己能力的途径 *善于将各方面知识的精髓融为一体，得到问题的关键要诀，找出规律，解决不同问题 *善于发现工作的问题并灵活转换思路，提出新颖的问题解决方法

图 8-2　无领导小组讨论评分说明样例

无领导小组讨论评分表

推荐建议说明：卓越：90~100分；优秀：80~89分；合格：60~79分；不合格：59及以下

评委签字：_____ 日期：_____

基本信息		评分维度								面试评价		
编号	姓名	主动适应(10%)	踏实稳定(20%)	人际沟通(15%)	团队协作(20%)	逻辑思维(15%)	学习领悟(20%)	总分(100分)	推荐建议	突出优势	明显不足	备注
1	张三	9	13	18	16	12	16	84	优秀	主动积极，有耐心，有良好的包容性，能积极配合他人，思路清晰，务实，考虑问题比较全面，是团队主要观点的贡献者，有较好的沟通主动性	语言组织能力一般，表达缺乏条理性	
2	李四	8	12	13	9	11	9	62	合格	观察仔细，能适当提出意见	比较被动，团队融入慢，没有找到合适的机会进行自我展示，沟通比较被动，木讷，有些固执，心态不够乐观	
3												
4												
5												

图 8-3　无领导小组讨论评分表样例

小贴士：影响面试官评分准确性、公平性的因素有哪些

影响面试评分准确性的因素有很多，这里仅从面试官的角度进行阐述。

其一，趋中效应，面试官错误地将受测者划为接近平均或中等水平，使有正当依据的过高分数或过低分数被抹杀掉，评分难以反映真实水平。其二，疲劳效应，面试官长时间地进行面试导致其产生疲劳感，进而使面试官出现工作懈怠，比如受测者的某些行为未被观察到而给了高分或者低分。其三，相似效应，面试官发现受测者与自己在某些方面有相似性，因此会对其产生好感，进而给出高分。其四，光环效应，面试官了解到受测者出自名校而认为其一定很优秀，进而给出高分。其五，首因效应，指的是第一印象或者先入为主，导致面试官给出高分或者低分。其六，刻板印象，面试官具有的某种刻板印象，影响了评价结果，比如认为男生逻辑思维天生比女生好，而导致男生评分高、女生评分低的现象。

面试官应尽力避免这些负面影响，秉持公平、公正、客观的原则认真对待每一场面试。

二、考查题型与题目编制

无领导小组讨论的核心是讨论，讨论的激烈程度、充分程度，以及每位受测者在讨论中的参与度，都会影响到面试官能否获得足够的信息，进而对受测者做出准确的评价。若要解决这个问题，除了确保受测者人数适宜之外，更重要的是要有一道"好"的无领导小组讨论题目。

（一）考查题型

无领导小组讨论题目从问题类型上可以分为五种，分别是开放式问题、两难问题、多项排序问题、操作性问题、资源争夺问题。

1. 开放式问题

这种问题通常不指定具体的方向和思路，能够给予小组充分发挥的空间。

例题展示

某企业发展面临一些问题，你们有哪些解决措施？

2. 两难问题

这种问题通常包含两个选项，每个选项各有优劣，需要小组选择其一并说明理由。

例题展示

你们认为能力和合作精神对于事业的成功，哪个更重要？

3. 多项排序问题

通常在背景资料中会给出若干个选项，要求小组进行排序与决策。

例题展示

某个市场研究部门收集到了10条关于市场动态的信息，你们只能向主管经理上报5条，请讨论出结果。

4. 操作性问题

这种问题要求小组进行动手操作，利用实物完成任务。

例题展示

给你们一些材料，通过相互配合，构建一座房屋的模型。

5. 资源争夺问题

这种问题要求小组成员对有限的资源进行良性竞争、合理分配。

例题展示

请你们担当各个分部门的经理，并就有限的资源进行分配。

相对而言，开放式问题的难度略高一些，不像两难问题或者多项排序问题在一定程度上给出了提示或回答的方向，是完全需要个体深入分析并自主提出观点的题型。而操作性问题和资源争夺问题因为有实物操作、合作与竞争等因素的加入，使得个体之间的互动更丰富，也更有趣味性。

> **小贴士** 无领导小组讨论考查题型的发展
>
> 伴随着游戏化的发展浪潮，人才测评专家也对无领导小组讨论形式进行了创新性改良，尝试加入可操作的实物或者趣味性元素，不仅使测评过程变得更加有趣，也丰富了考查角度和维度。例如，由操作性问题发展出来的"PIN"世界，以乐高积木为载体，让受测者在拼积木的过程中进行讨论、合作，展示个人素质特点。又如由资源争夺问题发展出来的"地王争霸"，要求多支队伍在沙盘上进行竞争性投资和贸易，以此来测评个体在统筹规划、沟通谈判、决策判断等方面的能力表现。更多创新题型，参见第八章第三节。

（二）题目编制

科学严谨的编制程序，是好的无领导小组讨论题目的重要保障。测评专家往往要经过工作分析、信息收集、整理筛选、题目评估、题目修正、题目定稿六大步骤，才能产出一道主题适宜、讨论性强、表述清晰、信效度良好的无领导小组讨论题目，如图 8-4 所示。

图 8-4 无领导小组讨论题目编制

第一步，工作分析。其目的是明确拟任岗位所需人员应具备的能力素质。不仅需要对考察岗位所要从事的工作内容和承担的工作职责进行清晰界定，同时还需确定拟任岗位所要求的任职资格，如学历、专业、年龄、技能、工作经验、工作能力、工作态度等。要想获得准确的信息、进行充分的分析，可以根据可行性选择访谈法、问卷法、战略文化演绎法等多种方法。这些方法的具体运用，在胜任力建模章节有详细介绍，在此不再赘述。

第二步，信息收集。其目的是储备可用于题目编制的背景资料。可以采用文献研究、专家讨论、电子资料查询等多种途径收集考察岗位的相关案例，所收集的案例需要能充分代表考察岗位的特点。

第三步，整理筛选。需要对收集到的原始案例和资料进行分析、整理，并经多位专家深入讨论后筛选出难度适中、内容合适的无领导小组讨论背景资料，以便后续编制题目、撰写讨论要求。

第四步，题目评估。题目编制完成需要进行初次测试，以检查题目的质量，是否存在逻辑上的漏洞或描述不清的地方，是否能够达到预期的目的。需要注意的是，要保证初次试测的结果具有较高的参考性，在选择测试人员时，应考虑与考察岗位的受测者具有相同特征的人员。例如，考察岗位的受测者大多是来自华北地区985高校的应届毕业生，那么初次试测的人员也应当从华北地区985高校中寻找，若选择了同一地区普通本科或专科学校的应届毕业生，可能会出现试测时题目难度适中，而正式面试时发现题目相对简单的情况，难以测得真正的能力表现。

第五步，题目修正。根据初次试测得到的结果和反馈信息，对题目进行修改、完善。可以采用交叉校对法，两人为一组，先单独对题目进行修改，然后对彼此的修改内容进行比较和讨论。这种方法可以提高校对的可靠性，减少错误和疏漏的可能性，并且能够充分吸取和结合他人的有效观点。

第六步，题目定稿。经过上述修正和讨论后，对题目进行完善，形成定稿的题目。此外，还需确保企业性质、行业类别、适用岗位、题目类型、题目难度等信息准确无误。

例题展示

企业性质：国有企业　　适用岗位：通用管理岗
题目类型：排序类　　　题目难度：中

背景材料

党的二十大专门部署了深化国资国企改革。国资委将以提高国有企业核心竞争力……

有专家指出，在当前的国有企业改革发展中，应该重点关注以下问题：

（1）市场拓展与培育关系问题……

（2）推动产业发展……

（3）处理好现代企业的扁平化组织架构……

（4）国有企业的政策支撑……

（5）国有企业人才合理化关系……

（6）国有企业管理目标选择……

任务要求

请阅读上述材料，将上述建议按照影响程度进行排序，说明排序理由。

讨论要求

（1）你有5分钟时间进行资料阅读和独立思考，并简要记录答案及思路。

（2）就题目要求请发表个人观点，每人限时 1 分钟。

（3）请你们以团队为单位，在 20 分钟内，按照任务要求达成小组一致观点。

（4）讨论结束后，由团队推选一名代表向现场面试官汇报最终的讨论结果，汇报时间不超过 3 分钟。

三、适用场景

无领导小组讨论自提出以来，一直沿用至今，主要是因为其具有多种独特优势。第一，全面性，能够依据个体的行为表现，对其进行全面、合理的评价。第二，广泛性，适用于不同岗位人员的选拔测评，题目的编制比较灵活，可以根据不同岗位的实际工作设计专门的题目。第三，真实性，在无领导小组讨论过程中，个体会无意中暴露自己的弱点，个体差异会有较明显的体现。第四，开放性，个体可以自由发表观点，能够充分展现自己各个方面的特质。第五，高效性，多人同时进行面试，能够大大节省面试时间，提升面试效率。

作为一种高效的群体面试形式，无领导小组讨论在校园招聘、社会招聘、内部竞聘三大人才招聘与选拔场景中均可使用。在校园招聘场景中，无领导小组讨论能够给予毕业生自我展示的空间和机会，同时能够帮助企业在短时间内快速完成大规模初筛。在社会招聘中，无领导小组讨论同样具有重要作用。在面试环节，企业可以组织受测者进行小组讨论，观察他们的团队合作能力、沟通技巧和问题解决能力，而不仅仅局限于个人面试或简历展现。在内部竞聘场景中，无领导小组讨论可以帮助企业评估员工的领导能力、说服影响能力、分析与决策能力、创新能力、适应能力等各方面的素质。

总体来说，无领导小组讨论在校园招聘、社会招聘和内部竞聘场景中的应用具有重要的价值，可以帮助企业了解受测者的能力和潜力，为企业和组织选择合适的人才，进而促进个人和组织的共同发展。

四、应用案例

某企业是一家具有长期历史和丰富经验的大型国有企业，计划组织一次内部竞聘，由于竞聘岗位较多、层级较高，报名人员多且时间周期短，因此联系了专业的人才测评服务机构协助完成。经双方多次深入沟通后，机构为企业定制了包含线上测评、无领导小组讨论、半结构化面试在内的内部竞聘解决方案，如图8-5所示。其中，在无领导小组讨论环节，机构根据企业背景、行业发展、政策方针等资料编制题目，以排序类问题考查受测者的分析与决策能力、发现和解决问题的能力、沟通能力等。

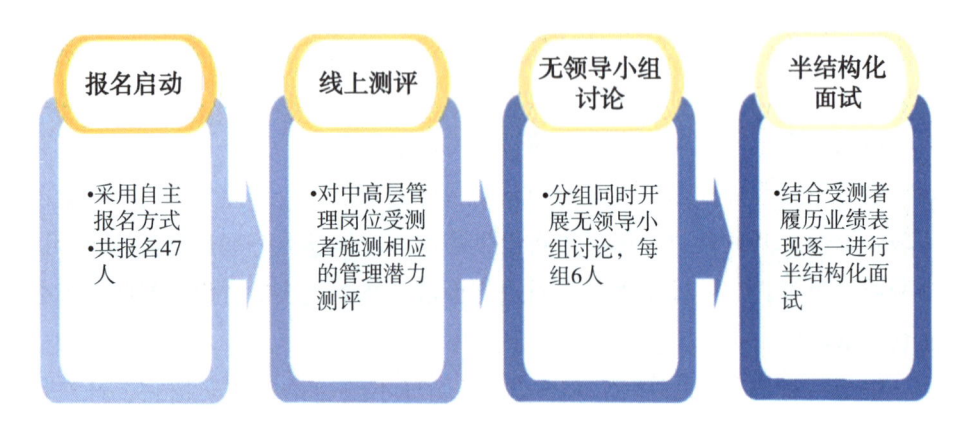

报名启动	线上测评	无领导小组讨论	半结构化面试
• 采用自主报名方式 • 共报名47人	• 对中高层管理岗位受测者施测相应的管理潜力测评	• 分组同时开展无领导小组讨论，每组6人	• 结合受测者履历业绩表现逐一进行半结构化面试

图8-5　某企业内部竞聘解决方案

以下是本次内部竞聘所选用的一道无领导小组讨论题目。

例题展示

企业性质：国企　　　　适用岗位：中高层管理人员
题目类型：排序类　　　题目难度：中

背景材料

A集团是由某省国资委、省财政厅出资成立的省属国有独资公司。集团自2017年成立以来，以市场、服务、科技、人才、管理为基础，不断优化产业结构、整合资源、提升运营能力，现已发展成为省内综合实力强大、影响力突出的集团性企业。目前，集团管理企业逾百家，产业涉及能源、环保、数字、路桥物流、建筑工程、金融设计等业务板块。截至 2022 年底，集团荣获上百项荣誉，总资产规模达 152 亿元，员工达 6500 余人。

在 A 集团 2023 年年度工作会议上，集团认识到中共中央、国务院印发的《质量强国建设纲要》为各行业未来的发展趋势、发展目标和行业升级方向指明了方向，尤其是"推动经济质量效益型发展"的要求，更是需要集团全体员工准确把握其精神实质，并坚决落实到日常工作中。

为此，集团经过广泛调研论证，提出以下推动集团经济质量向效益型发展的建议措施。

（1）夯实产品质量：集团应坚持走以产品质量促效益发展之路，树立企业品牌形象。

（2）强化科技引领：集团应把科技创新摆在提升企业经济效益的核心地位，着力打造集团科技创新能力。

（3）聚焦成本管控：通过做实做细成本管理，提高集团经济效益向质量型发展。

（4）加快营销创新：着力推动营销策略的创新和营销手段的创新，把握市场脉搏，向市场要效益。

（5）推进文化建设：集团应自上而下推进优秀企业文化建设，提高全体员工的凝聚力，以推动集团经济质量向效益型发展。

（6）突出企业管理：集团要树立向管理要效益的理念，通过建设完善的管理制度，提高企业整体运营效率，促进集团经济质量向效益型发展。

任务要求

请对上述推动 A 集团经济质量向效益型发展的建议进行分析排序，并从自身角度出发，为推动集团经济质量向效益型发展提出两条自身的创新建议，自身建议无须参加排序。

讨论要求

（1）你有 5 分钟时间进行资料阅读和独立思考，并简要记录答案及思路。

（2）就题目要求请发表个人观点，每人限时 1 分钟。

（3）请你们以团队为单位，在 20 分钟时间内，按照任务要求达成小组一致观点。

（4）讨论结束后，由团队推选一名代表向现场面试官汇报最终的讨论结果，汇报时间不超过 3 分钟。

第二节　结构化面试

结构化面试，指的是根据特定职位的胜任特征要求，遵循固定的程序，采用专门的题本、评价标准和评价方法，通过面试官小组与受测者面对面的言语交流等方式进行的人才测评活动。这种面试形式在公平性和一致性上有较高的保障，能够确保每位受测者拥有相同的表达机会和评估标准，但缺乏一定的灵活性。由此发展出的半结构化面试，面试官不必严格按照题目顺序进行提问，可以根据受测者的回答进行深入追问或者调整问题，随着面试现场的情况进行灵活的变化。两种面试形式各有优劣，本节主要围绕结构化面试进行阐述。

一、实施流程

一场结构化面试的时长大约在 5~20 分钟，具体实施可分为六个环节。

（一）前期准备

面试开始前，首先要对面试场地及物料进行检查，包括面试环境、座位布置（见图 8-6）、座签编号、文具、纸张、计时器、面试题目及评分表等。其次应提前做好面试官的培训，使其熟悉面试流程、各自分工，了解面试的注意事项。另外，面试官小组中最好既有本单位的人员，也有外部的专业人士，以确保评分的客观公正。

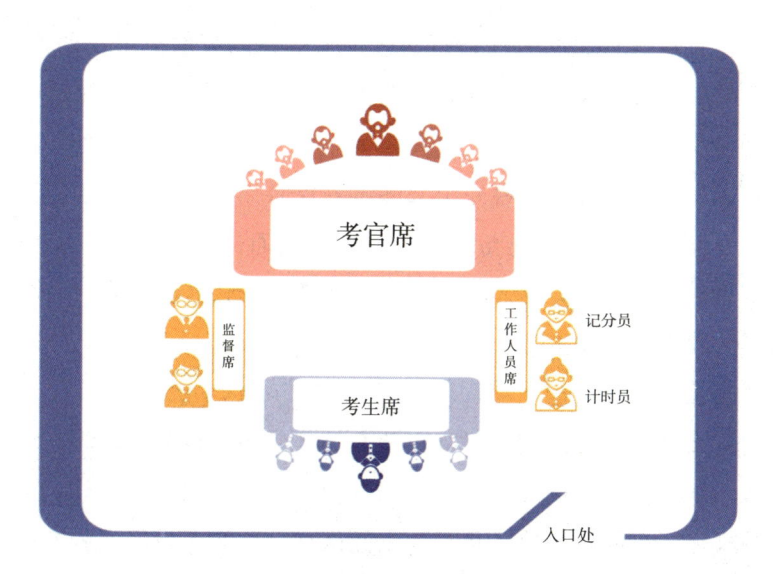

图 8-6　结构化面试座位布置

（二）受测者入场

一般在正式面试开始前 5 分钟，受测者需在指定位置候场。在场内面试官确认准备工作已妥当，可以开始面试后，受测者再入场。

（三）导语宣读

受测者入座后，主面试官或主持人宣读指导语，介绍面试纪律。

> **小贴士　结构化面试指导语样例**
>
> 您好，欢迎参加今天的面试。希望通过面对面的交谈，增进对您的直接了解。我们会问您一些问题，对于我们的问题，希望您认真和实事求是地回答。在整个面试环节中，请不要透露自己的名字，本次面试时长不超过××分钟。回答每个问题前您可以思考一下，或者用笔记下来，听不清问题可以询问，不必紧张，准备好后咱们就正式开始……

（四）面试提问

主面试官或主持人按照指定题目依次进行提问，或者由受测者自行读题、思考并回答。在这一环节，面试官小组需对受测者的面试表现进行观察，听其言、观其行，同时进行行为表现、回答内容的记录和评价。另外，主面试官或主持人应注意面试计时，把控节奏。

（五）受测者退场

受测者在规定时间内回答完全部面试题目后，主面试官或主持人示意面试结束，受测者退场。若受测者作答超时，主面试官或主持人应提示时间到，受测者须停止作答。受测者离场时不得带走场内任何物品，比如纸张，以防泄露试题等情况发生。

（六）面试官评分

受测者离场后，面试官小组进行独立打分或合议打分，同时在评分表上签字确认，并准备下一场面试。当所有受测者均面试完毕，工作人员回收分数，按照规定密封面试评分汇总表，主面试官、工作人员签字后交由专人管理，至此整场面试结束。

小贴士　结构化面试评分表样例

下图展示的是一个已由面试官小组填写完毕的面试评分表。其中，前两列为受测者序号，这里的双盲编号代表本次结构化面试采用的是双盲法，通过隐去受测者的相关信息，来避免面试官因过多掺杂个人主观偏好而对评分公平性、客观性造成的负面影响。第三列到第七列为本次结构化面试各维度的得分，同时会另外配有统一的评分标准，面试官需严格遵循标准进行评分。第八列为总分，并且相应地标注了各分数区间对应的等级水平。之后是面试官评价和意见，面试官需针对受测者在面试中的个人优势和劣势撰写评语。最后一列是备注，一般是用于记录除当前考核维度之外的、在受测者身上观察到的其他信息，可以是额外加分项或减分项，或者想要另做说明的信息。

结构化面试评分表

序号	双盲编号	服务意识 20分	压力管理 20分	行业敏感度 20分	创新学习 20分	职业稳定性 20分	总分 75及以上为推荐；65~74为待定；64及以下为淘汰	考官评价 优势	考官评价 劣势	考官意见 推荐 待定 淘汰	备注
1	玫瑰A01	16	13	13	13	14	69	亲和力尚可，无明显优势	自我介绍重点不突出，没有能够表述清楚个人的优劣势，专业有一定的偏差	待定	
2	玫瑰A02	17	17	17	16	16	83	有银行营销类岗位的实习经验，并且取得过一定的成绩，个人优劣势表述清晰；有一定的销售潜质	性格过于外向，容易给客户不稳重的感受	推荐	
3	玫瑰A03	16	17	17	17	17	84	性格比较沉稳，知识面构成比较全面，考虑问题有一定的大局观念	稳定性有待考察	推荐	
4	玫瑰A04	17	13	15	13	17	75	工作韧性较好，稳重踏实，做事心态较好	不够自信，整体影响力较差，客户感知度有待考察	推荐	
5	玫瑰A05	15	13	13	13	14	68	工作比较细心，有一定的耐心	专业有一定偏差，性格偏内向，积极主动性较差	待定	

结构化面试评分表样例

二、考查题型与题目编制

在结构化面试实施之前，需准备一系列预先确定的题目，并编制用于评估受测者的统一评分标准。因此，了解结构化面试的考查题型和题目编制方法十分必要。

（一）考查题型

结构化面试试题类型多种多样，比较常见的类型有五种。

1. 行为性问题

询问个体在过去真实发生的行为和亲身的经历。

> **例题展示**
>
> 请回忆你在与他人共同完成某项任务时，产生误解的一次经历。当时为什么会发生误解？你是如何与对方沟通的？

2. 情景性问题

为个体设置一个情景事件，要求其以情景中的角色给出思考和做法。

> **例题展示**
>
> 领导交给你一本沉甸甸的设备使用说明书，让你制作一份简单明了的操作手册，方便同事们在操作新设备时能够快速找到操作方法。你会如何处理？

3. 智能性问题

询问个体对某一个观点的看法和理解，以此了解其思想、认知。

例题展示

有人认为只有将专业知识应用于实践并及时检验，才是"知"和"行"的真正合一。对此你怎么看？

4. 意愿性问题

询问个体对行业、企业、岗位、工作内容等方面的看法和倾向性。

例题展示

在求职时，有人看重工作地点，有人看重工资收入，有人看重工作环境，还有的人看重平台和发展潜力，请问你看重什么呢？

5. 专业性问题

考查个体在应聘岗位上的专业性和专业能力水平。

例题展示

财务部门在企业经营管理中占有重要地位，财务部的内部控制职能具体体现在投资、融资及生产经营的全过程中。你认为企业应该如何加强财务内控管理？

（二）题目编制

结构化面试题目的编制需要经历工作分析、测评维度确定、面试题目设计、试测与修改、形成正式题目五大步骤（见图8-7）。

图 8-7　结构化面试题目编制的五大步骤

第一步，工作分析。目的在于明确考察岗位的工作内容和岗位要求。可采用访谈法、问卷调研法、观察法、工作日志法、文献研究法、专家讨论法等方法获取相关信息。

第二步，测评维度确定。围绕考察岗位的胜任力特征，确认并完善测评维度，具体内容包括维度的操作定义、行为指标、行为事例。在设计测评维度时，要遵循从目标岗位出发的原则。

第三步，面试题目设计。基于测评维度，围绕岗位分析提炼的行为事例进行重新设计，并以题目形式呈现出来。

第四步，试测与修改。在正式使用之前需要对题目进行试测，以检验题目质量，是否存在难以理解或引起误解的地方，是否有不合理的表述和设问，是否会出现天花板效应或地板效应。针对试测得到的反馈信息，开展专家讨论并对题目进行修改和完善。

第五步，形成正式题目。经过修改的题目，在补充评分要点并确认行业类别、适用岗位、题目类型、题目难度等信息后，即形成可投入使用的正式题目。

例题展示

适用行业：通用行业　　适用岗位：通用岗位
适用层级：基层　　　　适用场景：社会招聘、内部竞聘
考查维度：人际沟通　　题目类型：情景性　试题难度：中

题目内容

小陈是海归的高才生，顺利进入国内某知名企业。然而他对于工作环境的适应较慢，导致工作状况频出，这让他情绪低落，萌生了离职的想法。你作为部门老同事，该如何进行劝导呢？

评分要点

（1）是否积极创造沟通机会，选择恰当的时机与小陈交流沟通，并有针对性地分析问题，展现出较好的说服力和影响力？

（2）是否能够关注并帮助小陈尽快适应工作环境，且采取的方法措施切实可行？

（3）事后能否意识到对小陈状态的持续关注，做好新员工的引导，体现出责任意识？

三、适用场景

结构化面试作为使用范围最广、频率最高的测评形式，具有四个方面的优势。其一，面试程序一致，确保了公平公正。其二，面试官经过专门培训，可靠专业。其三，测评要素提前设置，科学合理。其四，受测者评价标准统一，规避差异。这种面试形式在国家公务员录用考试中已有近三十年的应用历史，可见其测评结果的可靠性和有效性。同样地，结构化面试也可以在企业人力资源管理场景中使用，帮助企业在招聘选拔的后期阶段对受测者进行精细化评估，为最终的录用决策提供参考信息。

四、应用案例

某大型互联网公司在全国范围内已设立30多家分公司，计划招聘约200名电话销售人员，加强线上销售团队的力量。本次社会招聘主要有两大难点：其一，时间紧、任务重，企业要求在1个月内完成人员招聘，确保入职到岗；其二，全国30多家分公司招聘负责人的面试水平不一，评价标准难以统一。由此设计了一个采用结构化面试形式开展的社会招聘解决方案，如图8-8所示。

第八章 面试

```
发布招聘信息
• 发布岗位招聘信息及报名要求
• 收集报名信息及简历

简历筛选
• 共接收783份简历，通过学历、工作经验、年龄等条件筛选出合格简历400份

线上测评
• 采用工作行为风格测验+情绪管理能力测验，考查受测者个人特质及情商

结构化面试
• 对招聘岗位进行工作分析，确定销售思维、沟通能力、抗压能力、学习能力、金钱渴望等结构化面试考查维度，并实施面试

签约入职
• 根据线上测评及结构化面试结果确定最终录用名单，发送offer并启动入职流程
```

图 8-8　某企业社会招聘解决方案

某公司社会招聘面试电话销售岗位评分维度如表 8-1 所示。

表 8-1　某公司社会招聘面试电话销售岗位评分维度

考查维度	销售思维	沟通能力	抗压能力	学习能力
考查题目	请您分享一件能够体现您的销售思路和销售技巧的工作事例，请详细描述			
题目类型	行为性			
评分要点	能够有意识、有目的地观察和收集与客户相关的信息			
	对客户有一定了解的基础上，结合自身售卖的产品，能分析和挖掘客户的需求点			
	能寻找机会向客户介绍、展示所售卖的产品，并运用针对性说明等多种方式提高产品吸引力			
	在跟进过程中，能表现出持续挖掘客户的需求、采用多种策略进行说服等			
	即使进展不顺利，也能表现出不放弃，分析原因并持续寻找机会促进交易			
评分等级	80~100分（优）			
	70~79分（良）			
	60~69分（中）			
	0~59分（差）			

第三节　新型面试形式

随着时代和科技的发展变化，企业对面试形式的需求和关注不断提升。无领导小组讨论和结构化面试这些传统的、经典的面试形式，已经不再是唯一选择。企业开始在面试中追求强情境、高趣味和高效率，创新面试形式成为发展趋势。测评专家已经着手将一些创新元素融入面试中，如实物、视频、图片、模拟情境、游戏元素、人工智能技术等，从而涌现出许多非常优秀的新型面试形式。它们在丰富面试形式的同时，也创造了趣味性和沉浸式的愉快体验，提高了面试效率，让企业可以根据应用场景进行更多元的选择。

本节将按照单人面试、单组面试、分组面试、体验式面试、智能化面试的顺序，选取其中部分新型面试形式进行介绍。

一、单人面试

单人面试，即每次只对一名受测者进行面试考查。这种面试形式不仅能够为受测者提供充分的自我展示空间和机会，也能够让面试官专注于受测者，进行细致观察和评价。

（一）纸慧空间

纸慧空间，是一种需要个体动手操作实物产出具体成果的面试形式，重点关注的是个体实际的动手操作能力，并通过呈现效果与完成效率，来判断个体深层思维活动的差异，即以动手操作的过程反映个体的认知、思维。

整个流程分为四步。第一步，宣读指导语，面试官向受测者介绍相关工具的使用方法，帮助其明晰考试要求。第二步，阅读试题（见图8-9），受测者阅读题目要求，熟悉材料。第三步，动手操作，受测者按照题目给定的任务要求，动手操作完成作品。第四步，作品展示，受测者展示个人作品，并进行介绍和说明。整体的面试时间在8~20分钟，随题目数量和难度而变化。

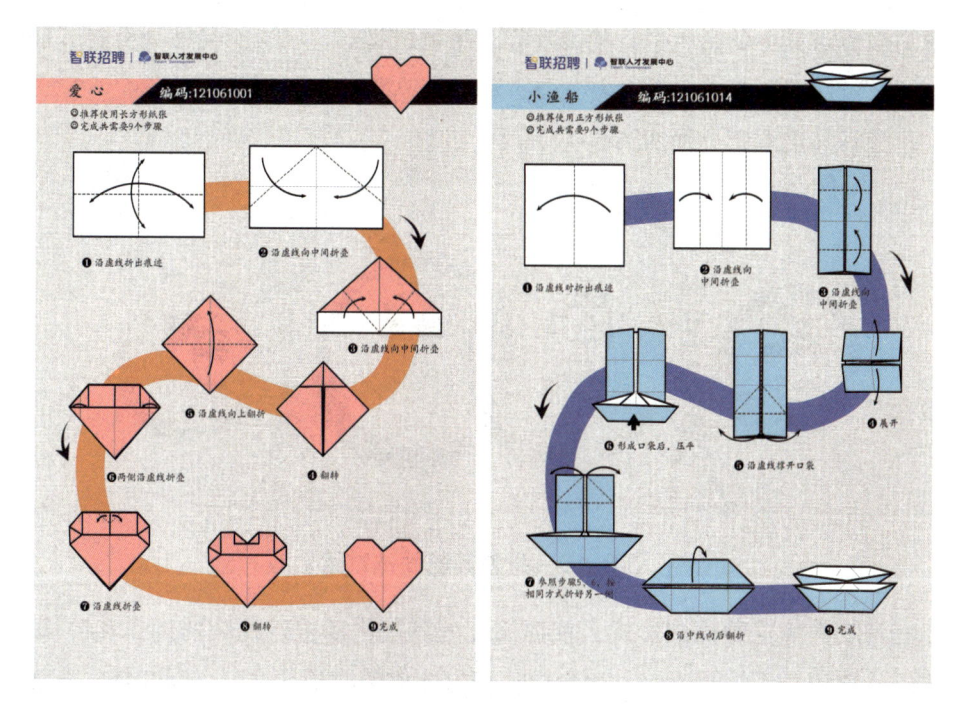

图 8-9 纸慧空间面试题本

动手操作与面试考核的完美融合，让纸慧空间既能够观察到个体的手部灵活性，也能有效测查个体对图纸的认知能力、空间想象能力、时间规划能力等。随着越来越多的新时代青年步入职场，这种新颖、活泼的面试形式更能吸引他们，扫除面试的枯燥感，带来愉快轻松的面试体验，因此比较推荐应用于校园招聘场景。另外，对于一些涉及动手能力考查的岗位，如流水线操作工、机械操作员、汽车总装工程师、半导体工艺工程师、服装制版师等岗位，纸慧空间也能表现出较高的效度。

（二）身临其境

身临其境，是一种以视频形式呈现的结构化面试，要求受测者在观看视频后，基于视频中的角色面临的问题做出回答，面试官据此进行进一步提问和追问，并对受测者进行综合评价。

视频的拍摄脚本可以由多位测评专家结合真实工作场景，针对特定的测评维度撰写，相比于情景性的结构化文字面试题，在情景设计时可以加入更丰富的细节、更复杂的背景，使情景更贴近现实，更加立体和形象。之后再邀请演员对其中的角色进行精准演绎，录制成视频。视频时长 2~3 分钟，面试时长可以控制在 5 分钟左右，是一种快速高效的面试形式。

身临其境面试过程如图 8-10 所示。

图 8-10 身临其境面试过程

身临其境这种面试形式，依据岗位的胜任素质进行视频的创作和制作，可以广泛应用于校园招聘、社会招聘和内部竞聘的场景中。不同的是，身临其境采用视频作为呈现形式，能够降低个体对题目的认知负荷，带来更强的情景代入感。

二、单组面试

单组面试，即每次只对一组受测者（6~8 人）进行面试考查，通常要求受测者在小组内进行讨论并完成任务。例如，无领导小组讨论，就是一种传统的单组面试形式。

（一）众口议图

众口议图，是无领导小组讨论的一种变体，主要以含有多个不同主题方向的图片为题目载体。面试小组通过对图片内容的思考和理解，不仅能够考查言语表达、沟通协调、应变能力、抗压能力等无领导小组讨论的经典测评维度，还能有效地考查到个体在发散思维、细节把控、分析判断、信息挖掘等方面的能力表现。

众口议图的面试流程（见图 8-11）分为四个环节：场外备考、个人陈述、点评与回应、总结发言。其中，在个人陈述环节，受测者需要按照抽签顺序，对图片所包含的内容和自己的思考进行陈述，限时 2 分钟。在点评与回应环节，受测者需要进行相互评价。以三位受测者为例，1号需要对2号的陈述内容进行评价，2号进行回应；2号需要对3号的陈述内容进行评价，3号进行回应；3号需要对1号的陈述内容进行评价，1号进行回应。在总结发言环节，小组需选派一名组员进行总结发言，向面试官汇报小组对图片内容的理解和认识，限时3分钟。面试人数以3~5人最为适宜，时间控制在25分钟左右。

图 8-11 众口议图的面试流程

众口议图在校园招聘和社会招聘中均可使用，其以图片形式呈现，可以开拓受测者的视角、激发多元思维，能够较好地考查受测者的思维能力，是招聘研究分析员、咨询顾问、产品经理等岗位员工时，值得选用的人才测评工具。

（二）模拟职场

模拟职场是一种通过模拟现实职场情景，进行测评考核的面试形式。通过让受测者扮演企业中的员工，以小组讨论的方式对职场两难选择进行判断与决策，而不同的选择会带来不同的后续发展，最终触发难度各异的结局任务，如图8-12所示。面试官在整个面试过程中可以通过观察，对受测者的决策能力、系统思维、团队合作、沟通协调、抗压能力、应变能力等表现做出评价。

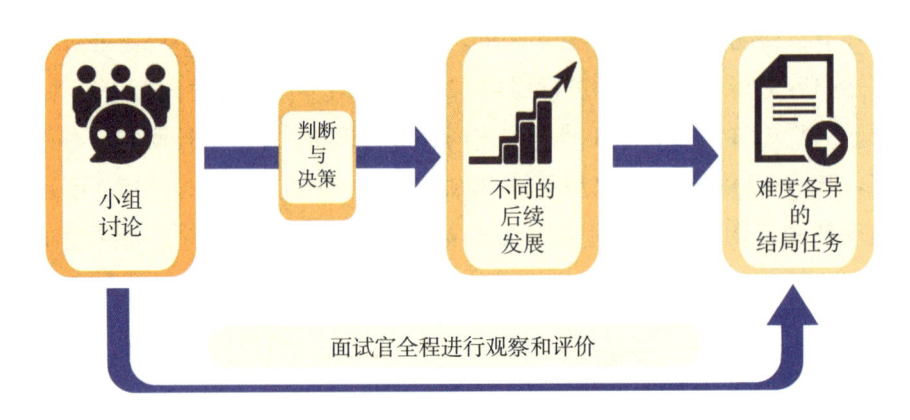

图 8-12　模拟职场的考察流程

在设计模拟情景时，需要测评专家充分结合企业的行业特征以及具体的招聘岗位，为不同行业、不同岗位打造专属的职场模拟情景，加之多个两难选择的设置，使整个面试过程营造出剧本杀式的沉浸体验，在增加趣味性的同时，有效降低受测者的面试伪装性。

三、分组面试

分组面试，即将受测者分为若干个小组，采用组内合作、组间竞争的策略完成任务，同时由多位面试官进行观察和面试评价。在分组面试的众多任务类型中，有一种极具实战特色与挑战性的形式，它以真实商业世界为蓝本，充分激发参与者的商业智慧与团队协作能力，那就是商业大亨模拟。

商业大亨以实际的企业经营活动为基础，选取典型场景——模拟两家公司进行商业竞争，通过设计产品投资、生产与销售任务，让两组受测者分别就这些任务进行分析决策，从而对受测者展开评价。

商业大亨的面试流程（见图 8-13）分为面试导入、第一生产周期、第二生产周期这三个环节。在第一生产周期内，两组受测者分别讨论产品投资方案，决定生产周期内投资的产品类别及生产批次，公布生产周期内每类产品的投入、产量，决定并公布是否出售生产的产品及批次，最后计算各小组销售收入及资金情况。进入第二生产周期后，两组受测者需要再做一轮产品投资。

图 8-13　商业大亨的面试流程

这种面试形式通过模拟真实商业战场，激发受测者的好胜心，并且设置相依相存的竞争格局，使受测者能够在动态环境中展示出自身的分析决策能力、抗压能力、应变能力等，适合应用于校园招聘、内部竞聘的择优环节，或者对受测者能力要求较高的招聘场景。

四、体验式面试

体验式面试，通常是多位受测者组成小组，共同完成游戏任务，面试官对游戏过程中受测者表现出来的言语和非言语行为进行评价。

（一）PIN世界

PIN 世界，寓意为拼摆、拼搏、招聘，是一种情景模拟类拓展面试形式（如图 8-14 所示）。PIN 世界要求受测者以给定的任务主题为出发点，使用乐高积木进行拼摆搭建，创作符合主题要求的模型作品，并进行作品的展示和说明。面试官根据受测者的创作过程和创作结果进行评价，评价维度涉及创新能力、执行能力、思维逻辑、团队合作等。

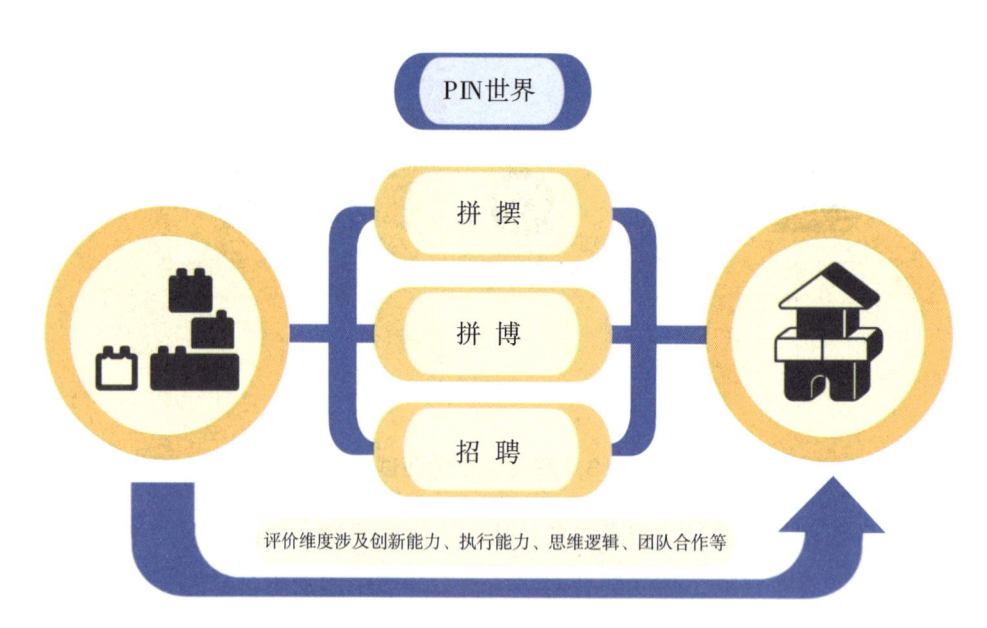

图 8-14　PIN 世界的内涵与形式

　　PIN 世界的任务主题非常广泛，能够根据企业背景进行个性化、多样化定制。例如，汽车企业可以设置汽车行业未来的发展前景、汽车行业面临的困局等主题。对于产品研发技术类、机械操作类等需要创新思维或动手操作能力的岗位，PIN 世界更是彰显出了非常好的测评效度。除了上述优点外，在使用 PIN 世界进行面试时，可安排 2~4 个小组同时进行，每组 3~5 人，能够显著提升大规模人员招聘的面试效率。

（二）勇闯宝石岛

　　勇闯宝石岛是一种游戏化的面试形式，以航海世界为游戏背景，要求受测者以小组为单位进行双组 PK，从同一起点出发前往宝石岛，获取宝石后返回，最终能够顺利返航且获得的宝石较多的小组获胜。游戏结束后，两组受测者还需分别选派代表，进行总结发言。勇闯宝石岛的面试流程如图 8-15 所示。

图 8-15　勇闯宝石岛的面试流程

在游戏过程中，面试官全程观察，并从逻辑分析、逻辑思维、决策能力、时间管理、应变能力、团队合作等方面对受测者进行评价。

勇闯宝石岛这种面试形式，加入了很多游戏元素和机制，如海上变幻莫测的气象条件、各种各样的航海工具、价格不一的生活物资、纵横交错的航海路线等，使整个面试过程极具可玩性、趣味性，能够为受测者带来沉浸式的游戏体验，实现边"玩"边测评。这种新颖的形式非常符合校园招聘场景中年轻群体的喜好。

五、智能化面试

智能化面试，是指借助人工智能技术对受测者进行面试，并智能化评估受测者面试表现的一种面试形式。近年来，视频面试产品在人工智能技术的推动下迅速发展，众多 AI 视频面试产品在市面上涌现出来。

从产品逻辑上看，AI 视频面试的基本设计思路如图 8-16 所示。

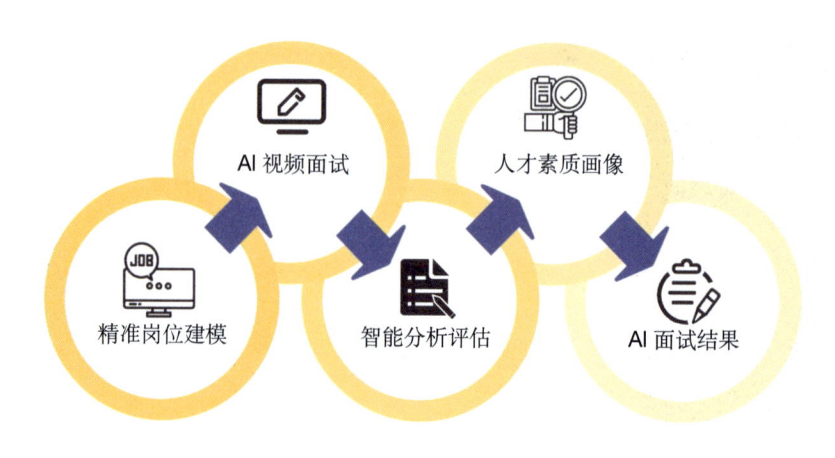

图 8-16　AI 视频面试的基本设计思路

首先，基于招聘岗位构建胜任力模型，确定面试评价的维度，这些维度应包含能力、动机、性格等方面。之后由虚拟面试官带领受测者完成面试，通常每道面试题目的问答时间在 1~3 分钟。面试的媒介以小程序居多，主要是由于小程序的便捷性和灵活性，用户无须下载，比较快捷、方便。在受测者作答完毕后，实时进行智能分析评估，借助自然语言处理、机器学习等技术对受测者的回答内容进行语义分析，评价其相应的素质水平。AI 视频面试可以摆脱对人工评价的高度依赖，释放人工劳动的时间和成本。基于智能分析的结果，从能力、性格、动机等方面构建受测者的人才画像，并形成 AI 视频面试结果，可辅助企业完成人才的劣汰择优。

AI 视频面试之所以受到广大企业的欢迎，主要是因为其具有四个方面的突出特点。第一，无须事先邀约面试官、准备面试场地，并且由系统自动评分，高效快捷，能大幅缩短招聘周期，降低人工成本。第二，基于智能分析技术，客观地评定受测者的回答内容，能有效避免面试官主观因素的影响。第三，可以为企业提供受测者的多元素质画像、招聘建议及复面建议，对受测者的回答视频进行储存，方便后续回顾与二次确认。第四，AI 视频面试形式新颖，10 分钟即可完成面试测评，满足企业对面试形式的创新需求，有助于塑造富有科技感的雇主形象。

第九章

评价中心

第一节 评价中心概述

评价中心技术，简称评价中心，是一种通过将测评对象置于特定的模拟情境中，运用多种行为测评技术对其行为表现做出判断，并由多位受过专门培训的考官进行评价的人才测评方式。它最早起源于德国，是德国军事心理学家哈茨霍斯等人为了挑选未来军官于1929年建立的一套多项评价程序。第二次世界大战期间，英、美等国在模仿德国评价活动的基础上建立了相应的评价机构并选拔专业人员，进一步发展和完善了评价中心技术。

一、基于岗位胜任力的评价中心搭建

科学的评价中心技术以岗位胜任力为基础。设计者需要根据岗位工作要求的胜任特征，设计出符合现实场景的多种评价中心技术及实施流程，从而实现精准测评的目的。

一个基于岗位胜任力的评价中心应按照确定应用场景、构建胜任力模型、确定测评维度、选择评价中心技术与设计测评方案、培训测评师、实施评价、反馈评价结果等步骤进行搭建，如图9-1所示。

图9-1 评价中心的搭建步骤

第一步，确定应用场景。确定使用评价中心技术的目的，需要明确应用场景、岗位、层级等。

第二步，构建岗位胜任力模型，形成胜任力维度、维度定义、等级标准描述等内容。

第三步，确定测评维度。在内部竞聘场景中，应选择能够预测潜能和工作绩效的指标；在培训诊断场景中，应选择能够通过学习培训得到提高和提升的胜任力维度；在人才盘点场景中，测评的范围应该更加全面和广泛。

第四步，选择评价中心技术，并设计测评方案。每种测评技术都有侧重的、优势的考查维度，需要根据测评的维度选择合适的测评技术。例如，想要重点考查测评对象的思维能力和全局意识，可以选择公文筐测验；想要重点考查人际关系处理能力，可以选择角色扮演。

另外，在设计测评方案时，还应包括具体详细的评分方式和评分标准。评分方式主要有三种。第一种，每个测评师对每个测评对象的每个方面进行评分，如6个测评师对6个测评对象的5个方面都进行评价，这种方式对测评师的要求较高，需要观察的人员和要素较多，容易因观察时遗漏信息而导致评价不准。第二种，不同的测评师对不同的测评对象的每个方面进行评价，如A测评师对X测评对象的6个方面进行评价，而C测评师对Y测评对象的6个方面进行评价，这种方式得到的评价结果，可能会受到测评师个体差异的影响。第三种，每个测评师分别对每个测评对象的几个特定方面进行评价，如A测评师对6个测评对象的两个方面进行评价，B测评师对6个测评对象的另外两个方面进行评价，C测评师对6个测评对象的剩下两个方面进行评价，这种方式能保证测评对象在每个测评维度上的评价标准比较一致，但可能会存在测评维度之间的评价误差。在具体实施中应结合测评技术的特点和测评师的特点，选择合适的评价方式。

第五步，培训测评师。测评师小组一般是由人才测评专家、人力资源部门主管、相关业务部门直接主管等组成。人才测评专家了解测评方法和技术特点，人力资源部主管具有丰富的人事经验，相关业务部门主管则更清楚工作的实际特点。通常，一个测评师小组应至少包含人才测评专家、人力资源部代表、相关业务部门主管各一名。在实施评价中心技术前，需要对他们进行培训，培训内容涉及测评技术的含义、特点、具体功能、适用对象，以及题目的设计与形式、评价标准、行为观察技术、评分方法等方面。此外，还需组织测评师进行模拟测评，预演完整的评价中心技术实施流程。系统的培训可以帮助测评师掌握评分方法和标准、统一评价尺度，并尽可能消除主观因素对测评结果的影响。

第六步，实施评价中心技术，过程中测评师需对测评对象的行为表现进行深入细致观察，并且做好记录和打分。

第七步，评价结果反馈。测评师撰写测评报告，清晰地说明对受测者的评价结果和依据，并提出相应的发展和提升建议。

通过以上这些步骤，可以构建一个基于岗位胜任力的评价中心。不难发现，评价中心技术对测评专业度的要求极高，如精准的胜任力模型、与实际工作场景高度逼真的模拟场景、专业的试题和测评师团队等，这些都需要投入大量的人力、物力和财力。相对于前面讲到的笔试、面试技术而言，评价中心技术的成本普遍较高。

二、适用场景

虽然评价中心技术的实施成本高昂，但其独特的测评优势是其他测评形式无法替代的。其一，评价中心技术具有极高的情景模拟性，通过模拟与岗位相关的工作情境，设置真实工作中需要解决的问题，进而观察测评对象的行动反应。其二，评价中心技术针对具体考察岗位和维度，设计合理的模拟情景，能够有针对性地评价测评对象。其三，评价中心技术的标准化程度较高，不仅是测评维度、评价标准、实施流程上的标准化，而且事先要对测评师进行全方位的培训和实战演练，使整个测评工作更具科学性、规范性。其四，评价中心技术具有较好的预测性，其设置的情境一般高于受测者当前工作场景，由此可以有效预测其管理能力和发展潜力。

评价中心技术是评估管理人员管理潜能的重要工具，在招聘选拔、培训诊断、人才盘点等场景中都有较好的应用。首先，评价中心技术在招聘和选拔过程中可以发挥重要作用，尤其是在中高层管理人员的社会招聘和内部招聘场景。通过这种技术，受测者可以充分展示他们的领导能力、决策能力和团队协作等能力，企业也可以更准确地评估受测者是否适合特定的职位。其次，在员工培训和发展方面，可以借助评价中心技术评估管理层人员在特定任务或角色上的表现，以确定其强项和弱点，制订出科学、有效的个人发展计划。此外，评价中心技术在人才盘点中也扮演了关键角色。通过实施评价中心技术，可以更公正、更客观地衡量受测者当前的工作能力及未来的发展潜力，不仅可以帮助企业识别出那些表现优秀的管理人员，还可以为薪酬决策、晋升决策提供依据。此外，评价中心技术的实施也可以向管理人员明确传达出哪些行为和成果是企业所期待的，从而促进他们明确工作方向，提升工作效率。

评价中心技术在人力资源管理中有着广泛的应用，不仅可以帮助企业做出更准确的人才决策，还可以推动员工的发展，提高公司的运营效率。然而，需要注意的是，评价中心技术并非万能的。在使用评价中心技术时，需要考虑到员工的感受，避免过度依赖量化评估，而忽视了员工的个人特性和情境因素。只有这样，评价中心技术才能真正发挥出其应有的作用，为企业人才管理带来实质性改进。

第二节　评价中心常用技术

评价中心技术有广义与狭义之分。广义的评价中心技术包含心理测验、面试技术、投射测验和情景模拟技术等。狭义的评价中心技术以情景模拟为核心，包括公文筐测验、角色扮演、演讲答辩、工作会议等，每种技术均有其独特的测评优势和考查重点。本节主要围绕狭义的评价中心技术进行阐述。

一、公文筐测验

公文筐测验，是评价中心技术中最常用、最核心的技术，通过让受测者处于某个特定岗位的模拟情境之中，以该岗位管理者的身份，按要求处理并完成该岗位经常处理的公文。这些公文通常包括待审批文件、上级指示、电话记录、投诉信、邀请函，等等。测评师可以在受测者处理这些公文的过程中，对其问题分析能力、计划协调、公文处理、决策能力、信息处理能力等方面的表现做出评价。实施一次公文筐测验的时间大约在 80~200 分钟，并且每次每场只有一位受测者作答，与其他评价中心技术相比，耗时较长。如果要同时对多位受测者施测，需保证每位受测者单独作答，并为每人配备一名测评师。

公文筐测验的测评优势主要表现在两个方面。其一，情景模拟性高，高度模拟岗位工作中真实存在的经营、管理环境，是对工作情境的浓缩。其二，内容综合性强，公文筐测验的公文材料，涉及岗位工作情境的方方面面，包括日常管理、生产、人事、财务、市场、公共关系、政策法规等，且选取的多数都是具有典型性、代表性的事件。因此，公文筐测验更易考查个体对各种业务的综合处理与协调能力，能够全面地评价受测者的实际管理水平。

但是，公文筐测验也存在一定的局限性。首先，公文的编制通常需要多位测评专家、管理专家和行业专家共同完成，公文材料的收集和典型化设计，需要耗费大量的人力和物力，因此编制成本非常高。其次，在公文处理时，受测者是单独作答的，难以考查其与他人的交往能力及团队合作能力。

例题展示

适用行业：金融行业　　适用岗位：业务总经理
适用层级：中层　　　　适用场景：内部竞聘
答题说明：请按照下列要求完成任务。

（1）文件的顺序是随机排列的，需要您自己去排序处理，并把您处理的顺序用数字标在各个文件的顺序栏里。

（2）每一个文件都具有一定的重要性和急迫性程度，在处理每一个文件时，请先判断重要性和急迫性程度，然后请您以打"√"的形式进行选择。

（3）您必须对所有的文件给出自己的处理意见或操作方案，同时还需写明处理的依据或理由。注意：您需要分别写在对应的"处理意见"和"处理依据"栏内。

（4）对于处理意见，您必须用准确、清晰的语言进行表述；为全面了解您的能力优势，请务必完整写明处理该文件的依据或理由。

（5）凡是拟交下属执行的，请注明承办人、职位以及相应的处理要点、原则或方案。

最后提醒您：务必进入角色、态度认真，按角色要求对各个文件做出恰当处理。尽量通过"处理意见"和"处理依据"全面展现出您的管理思路、才能和经验。

背景资料

A 公司于 2000 年成立……经营范围主要包括：飞机、船舶、电子产品、交通运输工具、仪器仪表的租赁、转租赁、租借……

在前不久召开的年中经营管理会议上，公司董事长总结了目前公司存在的不足，并提出了下半年的工作目标。以下是报告的部分内容。

一、主要存在的问题

（一）股东依赖度高，市场化运营程度低

对股东依赖度过高，资金来源主要依托股东基础信用……

二、未来的工作思路

（一）加强公司治理，注重每个环节的工作质量

（二）切实做好公司党建工作，加强企业文化建设宣传，提高公司凝聚力

（三）打造以经营性租赁为主体、以融资租赁和资产交易为辅的经营模式

……

您的角色

由于前任副总裁退休，而您工作出色，管理层决定由您担任副总裁职位，您的名字叫张林，员工称呼您为张总，主要分管……

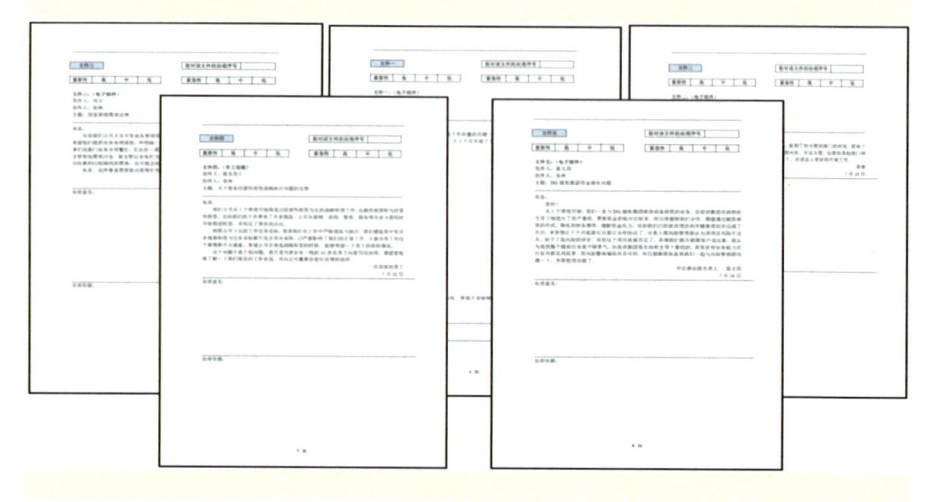

二、角色扮演

角色扮演是一种情景模拟测评，要求受测者扮演某一角色，并进入角色情境中应对一系列的人际矛盾和冲突。测评师主要观察受测者在处理各类问题时的行为表现，比如对角色的把握是否精准，处理人际关系时技巧运用是否恰当，自身情感表达和控制是否到位，面对角色情境和事件的应变与决策行为等。

整体流程分为三个环节。第一，准备环节，让受测者阅读信息，熟悉任务，时间在 2~5 分钟。第二，实施环节，受测者进入角色进行表演或者回答问题，时间在 5~15 分钟。第三，追问环节，测评师根据受测者的表现或回答内容进行追问，时间在 2~5 分钟。一般每组只安排 1 名受测者进行测评，时间在 10~30 分钟。

角色扮演的突出优势在于，角色的设定贴近测评岗位与层级的真实工作情境，形式和内容比较丰富，对于受测者而言，参与感比较强，有充分展示自己的机会。短板在于，角色扮演对场景的设置要求比较高，如果场景设置不合理，受测者可能会难以进入角色，无法通过角色扮演展示自己的能力水平。

例题展示

适用行业：通信行业　　　适用岗位：市场经理
适用层级：中层　　　　　适用场景：内部竞聘

场景：在全球各国加速 5G 商用的趋势下，5G 在中国的落地水到渠成。中国通信行业引领全球的技术积累促成了这种结局。从 1G 落后、2G 追随、3G 突破、4G 同步，到如今 5G 领先，中国通信技术行业的进步成为中国科技发展的一个缩影……

地点：集团大厅。

人物：由受测者扮演本次展览会组织委员会总执行，面试官扮演委员会顾问询问问题。

任务：通过沟通协调，保证展览会顺利开展。

问题：
假设由你牵头组织本次展览会。

1. 本次展览会的组织开展，你有怎样的计划和考虑？（包括但不限于主题确定、内容呈现、人员安排、任务安排等）

2. 由于本次展览会涉及的内容众多，需要其他部门的同事参与，而你们平时几乎没有什么交流，为了邀请其他部门的同事来帮助你完成任务，你会如何沟通？

3. 由于前期宣传和策展内容比较有吸引力，本来打算公司内部员工参加的展览会吸引了大量外部人员参加，人员聚焦数量远超你的预期，大厅里人满为患，沸沸扬扬，干扰了员工的正常工作。面对这种情况，你会如何处理？

三、演讲答辩

演讲答辩，要求受测者针对既定的主题和内容进行口头分析和报告，测评师根据演讲内容提出问题，要求受测者进行针对性回答，借此评估受测者的逻辑思维、战略思维、言语表达、感染号召力、抗压能力、灵活应变等能力。

整体流程分为三个环节。第一，准备环节，要求受测者阅读题目信息，进行分析思考，准备演讲内容，时间为5~20分钟。第二，演讲环节，由受测者针对既定的主题和内容进行口头分析和报告，时间为5~15分钟。第三，答辩环节，由测评师进行提问，受测者给出回答，时间为5~10分钟。一般每组只安排1名受测者，整体时间在15~40分钟之间。

演讲答辩的突出优势主要体现在三个方面。其一，岗位针对性强，可以针对具体岗位设置演讲材料的主题和内容。其二，作答掩饰性低，演讲答辩由测评对象当场阅读、当场演讲、当场答辩，全程都是个人的真实表现，必须展现出最佳水平，无法进行掩饰和装好。第三，互动性好，测评师与受测者能够根据演讲内容进行深入的问答和交流。

例题展示

适用行业：通信行业　　适用岗位：市场经理

适用层级：中层　　　　适用场景：内部竞聘

任务要求：请认真阅读以下内容，并结合自己的理解和认识展开演讲，限时 10 分钟。

主题内容：人生处处是考场。

考场，检验你水平的地方。你会什么，不会什么，付出了多少努力，在考场中一展无余。朋友，你想过没有，生活也在不断地对你进行考试，无论何时，无论何地。曾经听过这样一个真实的事：某学校在考场门前故意放了一只黑板擦，观察能有哪位同学捡起它。有的人慌慌张张跑入考场，根本没有留意到地上的黑板擦；有的人看到了，轻轻抬脚从旁边跨过去了；有的人对着挡路的黑板擦骂了一句，泄愤地踢了一脚后大步走过去。没有一个人想到捡起这只黑板擦。这也是一个考场，是一次没有试卷的考试。考试的结果是：所有人都不及格。这样的考场，这样的考试，有意无意之中……

四、工作会议

工作会议是一种受测者根据既定的主题和资料，利用所掌握的知识，在规定的时间内，制作出完整的文档进行汇报和答辩，测评师通过对受测者的言语、行为以及输出内容进行观察，从而做出评价的测评形式。工作会议侧重于考查个体的信息检索、逻辑分析、学习创新、计划执行、抗压能力、应变能力和专业素养等。

整体流程分为四个环节。第一，导入环节，受测者阅读信息、熟悉任务，时间为 3 分钟。第二，准备环节，受测者思考并讨论任务，准备资料、设计并制作工作文档，时间为 20~90 分钟。第三，汇报环节，受测者展示自己的成果，时间为 3~5 分钟。第四，追问环节，测评师围绕任务成果和受测者的行为表现进行提问，受测者针对提问进行回答，时间为 5~10 分钟。工作会议一般由 6~8 名受测者组成小组共同完成，整体时间在 30~100 分钟之间。

这种测评形式，将测评考核的目的融入了工作中必不可少的会议讨论中，设置的会议主题源于企业的发展需要，贴近工作实际，通过小组讨论和正式汇报反映受测者多方面的能力素质、专业素养，为企业在进行员工的选拔任用、培养提升等方面提供参考信息。

例题展示

适用行业：传媒行业　　适用岗位：市场经理

适用层级：中层　　　　适用场景：内部竞聘

背景资料

　　A 传媒集团有限公司是一家"传统媒体＋互联网"的科技媒体创新企业。它以电梯作为社区的流量入口，致力于用科技为客户提供更精准、更有效的社区媒体流量。截至目前已在全国拥有 60 万部电梯智慧屏……

　　如今的传媒市场现状如何，应如何走，未来怎么发展？这是摆在每一名员工前的问题……

任务要求

　　请以小组为单位，利用各种资源、渠道收集的相关信息，围绕"传媒市场""发展策略"两个关键词，分享你们的思考和讨论的成果，为集团的未来发展出谋划策（汇报结果以 PPT 的形式呈现）。

第十章

心理测验

心理测验是一种用于评估个体心理特征的工具。它通过收集被试者的行为、情感和认知数据，来揭示他们的个性、能力、兴趣等方面的信息。心理测验的应用范围非常广泛，包括职业选择、人岗匹配、教育评估、临床诊断等领域。本章将介绍人力资源管理领域常见的心理测验，涵盖能力、性格、动机、心理健康等方面，说明各种测验的理论、种类、用途及使用时的注意事项，并通过实例提供运用指导。

第一节　能力测验

能力，是指顺利完成某一活动所必需的主观条件。在职场上，我们常说智商决定是否录用，情商决定是否升迁。智商和情商便是本节在能力测验中要阐述的两个重要概念。

本书提及的"智商"不是我们日常交流中谈及的那些有等级划分的智力水平，而是基于心理学对于智力量表的应用发展而来的，更适用于职场/学生群体的一种能力评估，主要通过一些基础维度的考查，评判受测者从事一切活动所需要的基本能力，即通用能力。而"情商"则是在智力研究的基础上，提出的"情绪智力"概念。情商是可以通过后天培养得到提升的，对于管理者的成功作用较大。一群管理者的智商水平可能相差不大，但究竟谁能成为最优秀的领导者，更多会体现在情商这个要素上。所以，俗话说智商反映的是能不能做事，而情商反映的是能不能成事。

随着心理学理论的丰富和测量的不断检验、修正，针对智商和情商，都可以通过科学、有效的方式进行量化评定，并加以比较。

一、通用能力测验

（一）概述

通用能力测验的理论基础来源于心理学先驱对一般能力（也叫一般智力）的测量。20世纪初比纳对一般智力进行了先驱式的测量，开发了世界上最早的比纳智力量表。之后心理学家不断对这一量表进行修订，形成了比纳-西蒙智力量表、斯坦福-比纳智力量表，再到后来的韦克斯勒智力量表，对一般智力的测量越来越精准。第一次世界大战中，美国使用陆军普通分类测验，进行了大规模的智力测验，随后智力测验在学校管理中也得到了广泛的应用，用于对学生分类。目前，智力测验是心理学应用领域中最为广泛的技术之一，这些已成为通用能力测验开发的理论背景。

企业在考查候选人的一般能力时，很少会使用智力这一概念，也很少会纯粹地考查候选人的智力水平，而是借助行政职业能力测验的考查形式和内容，使用通用能力测验，从言语、数学、推理等多种角度对候选人的基础能力进行全面考查。

（二）模型

通用能力的考查维度主要包含言语理解能力、数学运用能力、演绎推理能力、图形推理能力、问题解决能力和资料分析能力。不同能力维度考查的重点要素不同。

言语理解，考查的是一个人对言语、词句的意思及隐含信息的理解、分析和运用能力，主要体现一个人的文字素养。言语理解一般通过找病句的方式考查，或者选词填空题。找病句的题在初高中的考试中也经常运用，它能够有效判断出一个人的语法掌握情况以及自身表达的准确性。选词填空则能比较好地考查对近义词的区分运用能力，也可以理解为一个人对词语含义细微差异的掌握程度。言语理解，更多涉及的是准确理解领导的指示和要求，并有效地上传下达，或者准确地遣词造句，撰写文档、报告或发言稿等，跟内容运营、编辑、行政秘书、公关、培训师等岗位相关。

数学运用，考查的是对数字规律、基本数量关系的理解，把握事物间量化关系和解决数量关系问题的技能，涉及对数字和数据关系的分析、运算、判断、推理这些能力。数学运用一般使用数学运用题，或者四则运算题。四则运算题一般考纯粹的数学运算，加减乘除混合，有些企业出的题难，可以调用计算机，有些考口算的，严禁使用计算机。数学运用题，需要首先厘清题目中各种数字的关系，再进行列式计算。除了考查计算能力，还考查对公式的掌握情况和逻辑能力。数学运用，更多涉及的是对数字的敏感性，盘点各类资源的消耗量、剩余量等库存数据等，跟财务、出纳、运营、大数据分析等岗位相关。

演绎推理，考查的是对各种事物关系的理解、比较、组合、演绎和归纳这些判断推理能力，也就是根据现有条件进行分析和判断、得出结论的能力。演绎推理，一般都是通过文字描述各种推理的条件和信息，根据错综复杂的信息进行推理找到结论和答案。需要厘清各种信息之间的逻辑关系，厘清推理的思路，抓住关键信息，抓住解决问题的关键点，才能顺利推理出结论。对于复杂的题，可以在草稿纸上列出各种条件，用图表的形式一般更直观，更容易看出各种信息的联系。演绎推理，更多涉及的是厘清并总结文字材料的核心含义和逻辑脉络，可用于考查推理的逻辑性和思维的灵活性，也可以用来考查对言语的理解能力。

图形推理，考查的是从给定的图形中找寻规律，并根据规律、趋势进行预测的抽象推理能力。图形推理一般通过呈现几个图形，有横排的规律，也有竖列的规律，然后空出来一个小格，需要根据给出的图形，推理出规律，从选项中选择与规律相匹配的，与题目要求最贴合的选项。题型跟瑞文智力测验类似，是智力考查的经典范式。图形推理能有效考查智力，其题目以图形形式呈现，即使受测者不识字也能施测，非常适合考查儿童和识字较少的成年人。图形推理，更多涉及的是对图形元素进行拼接、组合，完成制图、创作等，跟设计、制图、机械操作等岗位相关，另外由于图形推理是推理能力的一种，也可广泛用于考查所有岗位求职人员的智力。

问题解决，考查的是创造性思维和解决实际问题的能力，这个测试维度涉及对问题情境的正确理解，对知识的灵活运用，对常识的正确判断等综合层面。考查比较综合，需要具备比较好的言语理解、数学运算、逻辑推理才能顺利完成，是对现实的工作任务处理能力最有效的考查维度。问题解决能力，更多涉及的是综合各种信息，调整现有方案和策略、修复当前的问题，与现实工作任务的联系最紧密，预测性最强，需要综合各种素质才能顺利解决问题。

资料分析，考查的是从繁杂的文字材料或图表中找出所需要的关联信息，快速筛选信息和分析信息的能力。能反映测评者在工作中对相关统计图表等资料展开理解、分析和归纳的能力。通过呈现若干文字/数据图表，或文字与图表结合的资料，考查受测者的信息提取与分析能力。这些资料中，通常包括各种数据和信息，在资料后面一般会有五道题，需要从给定的资料中查找相关信息，进行运算或推理分析，才能顺利解决。资料分析，更多涉及的是对运营数据、财务报表等资料进行分析并得出结论，跟财务、出纳、运营、仓库管理等岗位比较相关。

这六种通用能力维度可以综合使用，也可以独立使用。例如，企业在招财务时，可以只选数学运用、图形推理和资料分析这三种题型；在招文秘时，可以只选言语理解和演绎推理这两个维度。当然，也可以综合使用，六个维度全部考查。在运用通用能力测验时，需要注意难度问题，如果受测者都是顶尖学校的优秀学生，难度可以略高一点；如果是学历不高、学校一般的受测者，难度可以适当降低。如果用于内部考试，为了避免分数过低、同事们感受不好，一般难度也会设置得稍微低一点。

（三）用途

通用能力是从事一切活动都必须具备的能力，虽然具有内隐性的特点，但是能够通过人们在学习和工作中的行为表现反映出来，这为测量通用能力提供了可能，确保了通用能力的可测性。此外，通用能力具有一定的稳定性，在不同环境和时间段里，能够表现出一贯性，这为测量通用能力提供了准确性的保证。基于这两点，通用能力是可以进行测量的。

通用能力对于工作绩效具有一定的预测作用。例如，问题解决能力是创造性思维的基础，演绎推理能力是逻辑思考能力的基础。但是，一个人的成绩并不仅仅取决于通用能力，还受情绪、动机、人格特点等多种因素的影响。一般来说，一个人的通用能力高，意味着其有可能做出更好的成绩。而通用能力低，则意味着这种可能性相对会小一些。

通用能力测验适用于校园招聘人群，以及拥有1~5年工作经验的职场人员，到了中层管理这个层级，不太建议使用通用能力测验。通用能力测验可以广泛运用于校园招聘、基础岗位的社会招聘，以及基层管理岗位的内部竞聘。能够用于了解受测者的基本能力素质，帮助企业实现批量的快速劣汰，辅助企业选拔出基础能力好的人才。有些企业的用人理念是"招进来一个聪明的人，可以教会他/她干任何工作"。有这种理念的企业，更看重通用能力，对于专业对不对口，有没有相关经验并不是很在意。所以，这类企业特别重视考查通用能力，尤其是在校园招聘项目中。

通用能力类的测评也会存在一定的练习效应，会随着受测者反复练习而提高分数。当一个人在多次参加同一种能力测验时，由于已经熟悉了题目类型和答题方法，其测试表现和成绩往往会有所提高。应届毕业生相对练习效应会更加明显，所以在考查高校毕业生的通用能力时，可以通过以下一系列手段减少练习效应的影响。

一是增加测试难度。为了检测受测者的能力，可以增加测试难度，如增加题目数量、缩短答题时间等。这样可以使受测者无法完全掌握所有题目的解法，从而减少练习效应的影响。

二是随机化测试顺序。为了减少受测者对测试顺序的记忆，可以随机排列测试顺序，使得每次测试的顺序都不同。这样可以使受测者无法事先准备特定的策略和方法来应对测试。

三是增加测试种类。为了避免受测者过于熟悉某一种测试类型，可以增加测试种类，如职业倾向测验、性格测验、心理健康测验等。这样可以使受测者适应不同的测试类型和题目，从而减少练习效应的影响。

实际应用中需根据具体情况选择合适的措施，减少影响，保证测试结果的准确性和可靠性。

> **小贴士　智力水平及等级划分**
>
> 智力的高低通常用智力商数（简称智商）来表示，它是用以衡量智力发展水平的指标。共分为 8 个等级：140 以上为非常优秀（天才）；130~139 为超常；120~129 为优秀；110~119 为中上、聪慧；90~109 为中等；80~89 为中下；70~79 为临界状态（智能不足）；70 以下为智力缺陷。

通用能力测验的试题类型和样式与行政职业能力测验类似，在本书第七章第一节有详细展示，在此不再重复介绍。

二、情商测验

（一）概述

情商也称情绪智力，是指个体在面对各种情境时，能够有效地识别、理解、表达和调节自己的情绪，同时也能够有效地处理他人的情绪，从而更好地适应环境，与他人建立良好关系的能力。情绪管理能力是一种重要的社交心理能力，它对于个人的职业发展、人际关系和心理健康都具有重要的影响。情商越来越多地被应用在企业管理学上，对于组织管理者而言，情商是领导力的重要构成部分。

从能力的结构出发，情绪管理能力由理解、激励、调控三个层次构成稳定的能力金字塔，而个体在工作情境中对情绪的激励和调控，实际上是通过自我管理和关系管理表现出来的，它们影响着个体的工作表现和工作绩效。

（二）模型

哈佛大学心理学博士丹尼尔·戈尔曼于1995年提出了情商五因素模型，包括认识自身情绪的能力、妥善管理情绪的能力、自我激励的能力、认识他人情绪的能力、管理人际关系的能力。

认识自身情绪的能力，指的是对自身内在状态的察觉，是一种自我反省的觉知，包括是否清楚自己产生了某种情绪、发生了怎样的情绪变化，以及为什么会有这样的情绪或情绪变化的认知和理解。

妥善管理情绪的能力，指的是调控自我情绪，使之适合当前的情境。

自我激励的能力，指的是个体为实现目标抵制冲动，以及从负面消极的情绪状态快速转换到积极状态的能力。

认识他人情绪的能力，指的是移情能力，即是否知道他人正处于什么样的情绪状态中，以及他人为什么会产生这样的情绪。

管理人际关系的能力，指的是调控他人情绪反应的技巧。

后来戈尔曼把情绪智力的讨论范围缩小到工作场所，提出了四因素模型，包括：自我意识、社会意识、自我管理、人际关系管理。

（三）用途

情绪管理能力对个体取得成功至关重要。个体情绪管理能力的测验结果，可以在三个方面发挥作用。一是帮助个体了解自己的情绪管理能力水平，加深对优势能力和弱势能力的认识。二是辅助企业在外部招聘、内部竞聘时做出科学、合理的任用决策。三是定位员工在情绪管理能力上有待提升的短板，支持企业在人才发展与培训方面的工作。

情绪具有感染性，在人际交往过程中情绪比较强烈的人，会把他/她的情绪传递给其他人，任何需要与人打交道的岗位都需要具备良好的情绪管理能力，都适合使用情绪管理能力测验。例如，客户服务类岗位（客服、售后服务等）需要与客户沟通和交流，处理客户投诉问题，需保持冷静、耐心和友善；领导管理类岗位（经理、主管等）需要协调团队成员之间的关系，处理团队内部的矛盾和问题，需具备稳定的情绪管理能力和较高的情商。在团队中，管理者作为情绪的传递者，很大程度上影响其他成员的情绪状态，所以对于管理岗位而言，高情商是非常重要的。例如，医疗护理类岗位（医生、护士等）需要面对病人的各种情绪和状况，应保持镇定和专业；教育培训类岗位（教师、培训师等）需要与学生或者受训者交流和互动，应保持积极、乐观和耐心。

当前市面上有关情商的测量工具，常见的都以自评为主，让受测者自己按照题目内容要求进行选择。这种自陈式的测量技术，通常是由一组精心设计的、结构式的、测量同一特质的题目组成。题干是对个人行为表现和心理感受的描述，选项是对题干内容的回答与判定。

例题展示

在大街上，我常常避开那些我不愿打招呼的人。（　　）
A. 非常不符合　B. 比较不符合　C. 不确定　D. 有点符合　E. 非常符合

小贴士　🔍 利克特量表

利克特量表（Likert scale）是一种常用的测量方法，用于评估被试对于某个观点或现象的态度、信仰、情感或行为。该方法由美国心理学家伦西斯·利克特于1932年提出，其基本思想是将受试者对于某个问题的态度分成五个等级，分别表示"非常同意""稍微同意""中立""稍微不同意""非常不同意"，并用量表表示。该量表的使用广泛，涉及政治、教育、社会、文化等领域，常用于社会科学调查、教育评估、市场调查等。

第二节 性格测验

职场社会，众象频生，在互联网时代，职场人被贴上了众多可辨识的标签："80后""90后""Z世代"，代际差异的体现彰显着不同群体的价值观，过往不同的时代背景和成长环境造就了千姿百态的群体。俗话说"千人千面，百人百态"，性格是一个人对现实比较稳定的态度，与这种态度相对应的、习惯化的行为方式，又表现为个体不同的人格特征。我们日常交流中所谈论的性格的含义，实际上是指心理学上的人格概念，表示的是一个人相对稳定的心理特征和行为倾向。在这种意义上说，人格就是我们通常所理解的性格。

都说性格决定命运，我们可以通过了解自身的性格特点，增强自我认知。准确地认知自我，能够帮助我们选对职场赛道，知晓他人的性格特点，更能从容地应对职场和生活。此外，企业在进行人才甄选、选拔过程中，针对不同的群体，可以通过施测相应的性格测验，了解受测者的人格特点，实现人员性格与岗位特性的匹配。在企业人力资源管理中，通常会使用工作行为风格和性格类型测验来了解个体的性格。

一、行为风格测验

（一）概念

行为风格测验的理论基础，是美国心理学家威廉·马斯顿博士于1928年发表的《常人的情绪》中提出的理论。该理论包括四个因素：Dominance、Influence、Steadiness、Compliance，故命名为DISC。

（二）模型

工作行为风格的划分基于两条轴线。第一条是主动和被动。主动指的是对人、对事有一种主动的状态，遇到事情和问题会主动去解决，遇到陌生人会主动去结识，凡事都是一种主动的表现。被动指的是遇到事情和问题不会主动去解决，有所回避或者拖延，在人际方面，不会主动去结识陌生人，人际关系网络会相对窄一点。另一条轴线是开放和制约，通俗来说，开放就是对人更感兴趣，即对人的情绪、情感、观点、状态这些与人相关的因素更感兴趣。制约指的是对事更感兴趣，比较少关注别人的情感，关注的是对事情的分析、处理和解决。

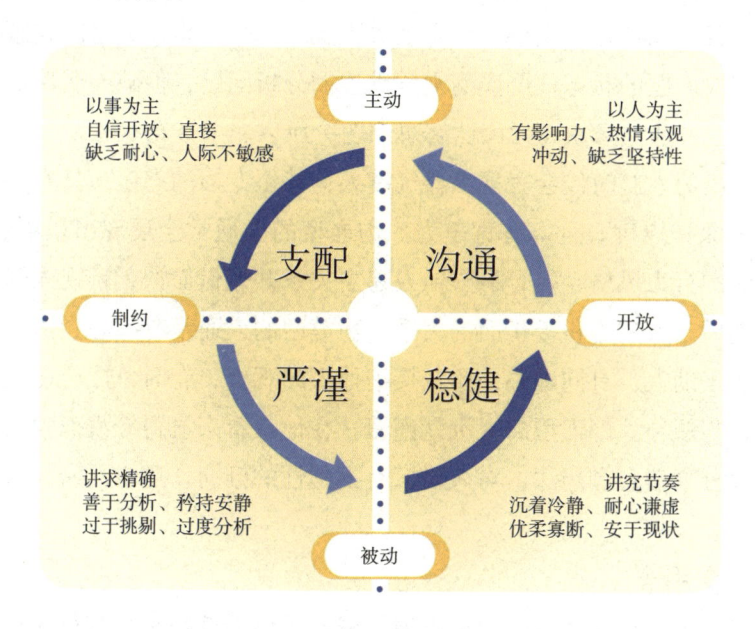

图 10-1 行为风格测验理论模型

基于主动和被动、开放和制约两条轴线，进行横坐标和纵坐标的划分，可以分为四个象限，如图10-1所示。图中左上角属于主动和制约的状态，属于支配型。支配型对事情很感兴趣，遇到事情也会主动地去解决问题，在解决问题的过程中，进行决策和指挥，支配他人去做一些事情，依靠团队的力量，或者说在自己的领导下解决问题。

右上角属于主动和开放的状态，对人感兴趣，主动结识陌生人，喜欢进行人际活动，在人群中，比较喜欢发表自己的观点，去影响别人，这种类型是沟通型。

右下角属于被动和开放的状态，对人感兴趣，人际交往比较被动，不会主动去建立很多人际关系，但是希望能维护好稳定的人际关系。希望所在团队避免冲突，成员能和谐相处。他人遇到困难时，会主动提供帮助；别人情绪低落时，能以同理心感同身受，这种类型是稳健型。

左下角是严谨型，表现为对事情感兴趣，但处于被动状态——被动地对事情感兴趣。遇到问题时会专注思考分析，如分析某件事产生的原因是什么、当前的表现是什么、未来的趋势会怎样。严谨型关注细节，反复确认，力求成果完美，有完美主义的倾向。严谨型和支配型的相同点在于都对事情感兴趣。其不同点在于支配型会主动去决策、领导、指挥，将问题解决，呈现主动解决问题的状态；严谨型则侧重透彻分析问题，但缺乏明确的解决措施，出发点并非决策或领导团队解决问题，所以属于被动状态。

支配型的人有时候会表现出盛气凌人，甚至专横的态度，具有很强的成就欲望，深具抱负心且富有竞争力。沟通型的人通常会展现出乐群、外向、善于交流的行为风格，很容易与他人建立关系并侃侃而谈，重视人际互动与交流，期望与人建立积极正面的关系。稳健型的人通常有耐心、沉稳、平易近人，乐于助人，有同理心，愿意接纳他人的观点，有时可能会比较依靠他人的指点与领导。严谨型的人沉默谨慎，在他人看来显得冷漠孤独，不会主动与他人分享信息和想法，对人对事有批判性的倾向，逻辑严密，善于分析复杂问题。

（三）用途

现代管理理论认为，企业可以通过分析个体的性格特征和行为风格，预测其管理效能与工作绩效。随着企业对这一理论认同度的升高，工作行为风格测验越来越受到青睐，多样化的应用场景也让它在企业人力资源领域的使用率不断攀升。在新员工招聘、员工素质盘点、职业规划与职位晋升等一系列场景中，工作行为风格测验都可以发挥作用，为企业人力资源的选、用、育、留等工作提供有效的、科学的测评支持。

首先，工作行为风格测验可以帮助企业确定受测者的适应性和团队合作能力。通过分析受测者在四个维度（支配型、沟通型、稳健型和严谨型）上的得分，可以了解受测者是否具有领导潜力、沟通能力以及与他人合作的意愿和倾向，这对于构建高效团队十分重要。其次，工作行为风格测验还可以帮助企业判断受测者在压力下的表现和决策能力。不同的性格类型在处理压力和决策时有不同的方式和偏好，通过评估行为风格，可以预测受测者面对挑战时的反应，并据此分析其是否适合特定的职位。此外，工作行为风格测验还可以帮助企业了解受测者的工作动机和职业发展方向。不同的行为风格对于不同类型的工作和职业有着不同的偏好和适应性，通过了解受测者的行为风格，可以更好地为受测者匹配职位，提高员工的工作满意度和绩效。

需要注意的是，工作行为风格测验只是一个参考工具，不能单独决定受测者是否适合某个职位。除了性格特点，其他因素如技能、经验和学历等也同样重要。

例题展示

请将最符合您的选项填入前列答案框，最不符合您的选项填入后列答案框：最符合（　），最不符合（　）。
A.性情温和　B.有说服力　C.完美主义　D.敢于变革

小贴士　迫选式题目

迫选式题目要求测评者在两个或多个具有相同社会称许性但反映不同特质的选项中做选择。通过设计两种同样正面或者负面的行为描述，要求受测者选其中一种更接近于自己的描述来判断受测者内心真实的想法。迫选式题目能最大限度地减少评价中的主观偏向，并提供对评定项目的真实价值的更有效的指标，而且能较好地避免社会赞许效应，且容易执行与评分。

二、性格类型测验

（一）概述

性格类型测验的理论基础为著名心理学家卡尔·荣格先生的心理类型学说，荣格认为每个人的心理都有内倾和外倾这两种机制，心理活动主要有感觉、直觉、思维和情感四种，而每一种又有内倾和外倾两种区别。荣格的理论经过后续研究者的补充与演化，增加了判断和知觉两个维度。

（二）模型

性格类型测验以荣格对人格划分的类型为基础，加以扩展形成四个模块，即精力来源、信息获取、决策方式及生活方式，其中每个模块又分出两个维度，共八个维度，如图10-2所示。

外倾 注意力和精力指向于外部世界和人的交往上	精力来源 我们怎样与外界互动	内倾 注意力和精力指向于内部的精神世界
感觉 倾向于关注感官感受到的真实、有形据、当前存在的事实和信息	信息获取 我们如何搜索和获取信息	直觉 倾向于基于事实进行解释、分析等来探求事物的含义、关系和可能性
逻辑 倾向于基于问题进行客观的逻辑分析来做决定	决策方式 我们怎样做决策	人情 倾向于基于自我价值观、他人的情绪体验来做决定
判断 喜欢有规划、有条理、可控的生活方式	生活方式 我们怎样计划与安排生活	知觉 喜欢灵活、随意、变化的生活方式

图10-2　性格类型测验的理论模型

性格类型测验的四个模块，体现的是个体在分析和解决问题时的四个认知加工阶段，也就是说，性格类型测验是基于个体的习惯性思维模式来解析性格类型的。首先，我们在分析和解决问题时，需要有精力，就像汽车需要燃油或其他能源一样。这种精力的来源，分为两种，一种是外倾，另一种是内倾。有了精力之后，需要去获取信息，也就是用于分析的原材料，获取信息的倾向分为感觉和直觉。获取信息后，需要对信息进行判断和决策，同样，决策方式有两种倾向，分为逻辑和人情。做出决策后，需要去执行，这就涉及生活方式的问题，也有两种不同的倾向，一种是判断，另一种是知觉。这就是性格类型测验四个模块的内在逻辑，它解析的是人分析和解决问题的思维过程，即先要有精力的来源，然后去获取信息，再进行决策，最后落实到生活和工作中去执行。

八个维度的典型表现有着巨大的差异。外倾的人需要通过真实的经历来了解世界，他们喜欢参加大量的活动，让自己与外界产生紧密的联系，从中获取能量。因此，人际社交、聚会等都是他们比较喜欢的活动，他们可以通过这种方式恢复能量。同时，外倾的人偏好于通过谈话的方式来思考，在言语交流中对信息进行加工，给人一种友好、健谈的形象。因为他们很喜欢表达自己的看法，这也会让人更容易了解和接近他们。而内倾的人是从内部世界中获得支持的，相比于事情本身，事件的概念、意义等是让他们更感兴趣的部分。相比于社交，他们更喜欢思考人为什么要社交。他们的许多活动是精神性的，给人一种很安静的、不爱说话的印象。在人际交往初期，也很难被大家所了解，因为他们不太喜欢展示自己。

感觉型的人喜欢通过各种感官，也就是喜欢通过视觉、听觉、触觉等去关注现实的、直接的、实际的事物来获取信息，更接受能够衡量的或有证据的事物。相信通过自己眼睛看到的、手触摸过的，也就是说，相信感官能告诉自己关于外界的准确信息。所以，感觉型的人关注具体真实存在的事物，关注细节，注重当下的实际。而直觉型的人更喜欢"透过现象去总结规律"，喜欢去辨认和寻找事物的含义。直觉型的人在获取信息的过程中，存在一个自身思维再加工的过程，思维比较发散，他们喜欢畅想可能性，是未来导向的。

逻辑型的人在决策时强调客观与逻辑，会尽可能摒除个人主观想法，简单来说就是对事不对人。通过对情境做出客观的逻辑分析来做决定，注重因果关系，尊重客观事实。我们常常听说的"大义灭亲"，一般是逻辑型的人才会有的表现。人情型的人在做决策时，正好相反，他们更注重人与情感。期望自己的情感与他人保持一致，他们做决定的基础一般是那些对自己和他人都很重要的信息，而不一定是客观事实。在决策时经常会考虑到周围相关的人的想法与感情，希望做出的决策能让所有人都满意。概括地说，逻辑型的人用头脑做决定，人情型的人用心做决定。

一般而言，逻辑型的人做决策的方式，更贴近职场环境的要求。他们善于考虑事实，善于分析，就事论事，按照逻辑来分析，依靠因果关系做出决策。但有时候，逻辑型的人在决策时会忽略人情因素。所以，需要提醒逻辑型的管理人员，要有意识地关注周围人的情绪与反馈。而人情型的人在这一点上做得相对较好，决策时对各方人员情感上的关注较多，营造出非常和谐的民主氛围。但有时候因为过于关注他人，反过来又会深受他人的影响，决策时犹豫不决，尤其对于那些涉及的人员比较多的事情，通常会比较纠结。所以，这两类人各自都有更适合的决策领域，对于一些以事为主的决策，如确定营销策略、业务方向，或者是注重逻辑与公正的岗位，如法官、警察等，这些工作内容相关的决策，是逻辑型的人擅长的。对于一些以人为主的决策，如组织团建、工会活动，或者是直接与人打交道的岗位，如人力 HR、党建等，人情型的人往往可以将自己的优势发挥到最大。

判断型的人更喜欢有计划、有条理的世界，更愿意以有序的方式生活。对于事情的结构、界限、类别都会比较敏感。喜欢提前做好计划，将事情的节点、界限都确定下来再去执行。而知觉型的人则相反，他们的适应变化能力很强，不断关注新的信息；喜欢充满变化的、灵活的生活方式，喜欢开放的、可以自由探索的生活；喜欢让事情自然地发生和变化，不喜欢将计划制订得面面俱到。

大家经常说的"来一场说走就走的旅行"，判断型和知觉型的人对这件事的接受程度完全不同。这种旅行方式对判断型的人来说，因为毫无计划，对于即将发生的事情没有任何的掌控感，可能会让他们陷入焦虑状态。而知觉型的人会非常享受这种旅行方式，如果什么都已经计划好，他们反而会觉得缺少惊喜，认为遇到不可控的、意料之外的事才有意思。所以，出外旅行时，判断型的人一定是会提前做好计划，做出详细的攻略，然后按照计划行事，而知觉型的人则是随机应变的。

（三）用途

性格类型测验是当今应用最广泛的识别人与人差异的性格类测评工具之一。它主要用于了解个体的处事风格、行为特点、职业潜质等，能够帮助个体更好地认识自己，为企业和用人部门提供合理的工作及人事决策建议，也可以帮助用人部门对不同类型的员工进行更好的组合。

性格类型测验除了应用在对个体的性格特征进行了解外，还可以通过了解团队性格，进而找到改进团队工作氛围与工作方式的方向。通过对团队所有成员的人格类型进行汇总分析，得出团队的分析报告，可以对团队主导的、整体的人格类型进行分析，对团队的思维优势与思维盲点等进行分析。

第十章 心理测验

每个人的性格不同，思维模式不同，拥有多元思维模式的团队，看待问题的角度更多元、更全面，效能会更高。

例题展示

请从 A、B 两个选项中选出适合您的一个，任何选择都没有对错好坏之分，根据您的实际情况或想法做出倾向性选择。

与陌生人交流（　　）。

A. 使你更加自信　　B. 使你伤脑筋

小贴士　如何与不同性格的人沟通

我们常会面对不同性格的人，与不同类型的人沟通时，采取以下技巧能让沟通更加顺畅。

沟通对象	内心OS	沟通策略
外倾型	喜欢表达和交流	多听他/她说，容许对方话多，不要表现出不耐烦，对他/她所说的话题表现出兴趣，对于重要事项，要跟他/她书面确认，以免他/她遗忘
内倾型	话少需要思考空间	一开始不要太热情，避免他/她产生防范和抵触情绪，自己适度多说一点，当有必要让他/她反馈时，可以鼓励他/她说。尊重他/她的节奏，当他/她不想说话，不想表达时，不要强迫，不要给他/她太大的压力
感觉型	别高谈阔论，请举例说明	选择安静的沟通场所，交流具体的事情，尽量少用抽象的概念和理论，可以通过举例子的方式促进他/她的理解
直觉型	别碎碎叨叨，请讲重点	不聊琐碎的平常事，不聊自己的感受和内容细节，可以聊长远、宏大的主题，甚至是抽象的概念、理论及模型。说话的内容尽量是归纳、总结后的精华，最好有逻辑严密的结构和层次

续表

沟通对象	内心OS	沟通策略
逻辑型	请就事论事，有理有据	表达要有逻辑，陈述观点要有理有据，而不是主观臆断。注重结构和层次，用语尽量简洁，不要啰嗦，不要没有重点。少使用"我觉得""我认为""我感觉"这些主观色彩强烈的表达方式
人情型	大家都满意才是真的好	先和他/她联络感情，多问问他/她的感受和想法，有不同意见时，先认同他/她的想法再讨论有异议的内容
判断型	凡事有计划	要尊重他/她不喜欢改变和调整计划、节奏的特点，沟通过程让他/她来掌控，但沟通内容需要自己提前想清楚
知觉型	随遇而安，随时候命	要容许他/她对于计划的调整，理解他/她工作方式的灵活性，不要将他/她的工作定得太死，给他/她适当的权限来安排自己的工作节奏

第三节　动机测验

　　动机是决定行为的内在动力。当动机与职业相结合时，便形成了职业动机。职业动机是指激发个体进入工作状态，保持工作状态，并不断改善和提升工作能力的内在动力。职业动机是人类社会进化和发展的关键推动力之一，它不仅影响着个人的职业发展和生活质量，也深刻地影响着社会的进步和繁荣。

　　职业动机有不同的类型和形式。一些常见的职业动机包括追求成就感、追求经济收入、追求职业发展机会、追求工作带来的社会认可和尊重，以及追求工作与个人兴趣、价值观的统一等。每个人的职业动机都是独特的，它受到个人的性格、经历、文化背景和价值观念等因素的影响。

因此，了解个体的职业动机并寻找与之匹配的职业环境和发展机会，对于个人和组织来说都是十分重要的。对于个人来说，了解自己的职业动机可以帮助找到合适的工作和职业发展方向，避免职业疲劳和工作不满意的情况发生。对于组织来说，了解员工的职业动机可以更好地管理和激励员工，提高员工的工作满意度和忠诚度，从而提升组织的绩效和竞争力。

本章将从职业兴趣和职业价值观两个方面阐述有关职业动机的测量方式和方法。

一、职业兴趣测验

（一）概述

职业兴趣主要聚焦在工作领域的偏好，有关职业兴趣理论的研究已有90多年的历史。1927年，斯特朗编制了"斯特朗职业兴趣调查表"，这是最早比较系统的职业兴趣测验，首次将个人兴趣测试与能力倾向测试结合在一起。而后应用最广泛的是美国著名职业指导专家约翰·霍兰德于1959年提出的职业兴趣理论。

霍兰德认为人的人格类型、兴趣与职业密切相关，兴趣是人们活动的巨大动力，从事与个体职业兴趣相匹配的职业，可以提高工作的积极性，使人们更加积极愉快地从事该职业。1973年，霍兰德提出了六角形模型理论，并在1999年美国的《职业行为杂志》上以专刊形式发表。霍兰德职业兴趣理论既可以为个人职业选择提供参考，也可以为企业人才招聘、培训、管理、考核和生涯规划等活动提供指导，该理论在职业生涯发展和职业指导这些领域，具有重要的指导作用。

我国有关职业兴趣测评工具的开发和应用，多数是借鉴霍兰德的职业兴趣理论，进行相应的本土化测验开发。

（二）模型

霍兰德将职业类型和职业环境分为六大类：实际型、研究型、艺术型、社会型、企业型和常规型。每个人的职业兴趣，都是这六种中的一种或几种类型的组合。个体的行为由其职业兴趣类型和职业环境的交互作用所决定，人们都在追求能够发挥个人业务能力水平、展示个人职业态度与自我价值的职业环境。职业类型不同，其特点也有所不同，如表10-1所示。

表 10-1　职业兴趣类型及特征

类型名称	类型特征
实际型	喜欢使用工具或机械等动手性质的工作，动手能力强，通常倾向于亲自体验或实践而非与其他人讨论
研究型	抽象思维能力水平较高，擅长使用逻辑分析和推理解决难题，乐于探索未知领域，潜心于专业领域的创新和应用
艺术型	渴望展现自己，不喜欢受约束和限制，富于想象力，追求完美，善于用艺术形式来表现自己和表现社会状况
社会型	喜欢从事对他人进行传授、培训、帮助等服务类的工作，通常重视社会义务和社会道德，渴望发挥社会作用
企业型	喜欢对各类资源进行有效的计划、组织、领导和控制，乐于从事具有挑战性的工作，追求权力、权威与物质财富
常规型	尊重权威和规章制度，喜欢有秩序的、稳定的工作内容与工作环境，惯于按照计划和指导做事，按部就班

这六种职业类型存在三种关系：相邻、相隔、相对。相邻的两种类型之间有很多相似之处，相关性较大。相隔的两种类型说明有部分相似之处，有一定的相关性。相对关系说明两者相同点很少，相关性最小，甚至是兴趣相反和互斥的两种类型。

关于这六种职业兴趣，霍兰德还发现，个体可能同时具有多种类型的职业兴趣，但通常只有一种占主要优势的职业兴趣特征，而其他职业兴趣相对较弱。占主要优势的职业兴趣，可以为职业类型和职业环境的选择提供方向。

（三）用途

职业兴趣测验在教育、培训和企业管理等领域有着广泛的应用。在企业招聘时，通过测试候选人的职业兴趣，可以判断他们适合从事哪种职位。例如，大数据分析得出，在工作类型的选择上，女性对艺术型和常规型工作比较感兴趣，男性则比较中意实际型、研究型、企业型的工作。女性毕业生更加偏好具有创造、想象及拥有自我表现空间的工作类型，如视觉艺术、表演艺术等。她们还喜欢高度有序和规范明晰的工作内容，如财务、编辑校对等。男性则偏好操作性较强的、技术类的工作，如工程技术、医学技术、机械操作和维修等。此外，男性对于市场销售、计划和管理等统筹类的组织性工作也抱有很大的兴趣。如果员工与职位不匹配，可以测试他们的职业兴趣，在条件允许的情况下，将其安排到更适合的岗位上。

此外，霍兰德的职业兴趣理论也能为个人升学和就业提供重要的指导，是众多职业咨询机构的重要工具。个人可以系统地探索自己的职业兴趣和职业群，找到与自己兴趣相同或相近的职业。当个体的职业兴趣与所从事的职业相匹配时，能够更好地发挥自己的才能和潜力，从而大幅提高工作热情和效率。

例题展示

我喜欢组装拼图或制作模型。（　　）
　A. 非常不符合　B. 有点不符合　C. 不确定
　D. 有点符合　　E. 非常符合

小贴士　职业兴趣类型与职业对照表

职业兴趣类型	推荐的职业领域	推荐的职业具体名称
实际型（R）	A.工艺和相关服务 B.专业设备操作和维修 C.医学专业技术 D.工程与相关技术	A.工艺工程师、锻造工艺师、皮具工艺师 B.机械维修工程师、机械制造人员、电力检修人员 C.推拿医生、临床外科医生、化验员、放射技师 D.汽车工程师、建筑工程技术员
研究型（I）	A.社会科学 B.自然科学 C.技术研发	A.心理学研究员、社会学研究员、经济学研究员 B.地质研究员、天体探测员、物理学家 C.统计算法研究员、技术研发员、药品研发员、产品研发员

续表

职业兴趣类型	推荐的职业领域	推荐的职业具体名称
艺术型（A）	A.视觉艺术 B.创造/表演艺术 C.应用艺术（写与说）	A.广告创意、平面设计师、插画师、UI设计师、摄影师、游戏人物设计师 B.编导、导演、戏剧家、舞蹈家、音乐家 C.作家、编剧、词曲家、书法家
社会型（S）	A.消费者服务 B.社会和政府服务 C.教育和培训相关服务 D.健康护理	A.导购、导游、民宿老板、直播带货主播 B.社区服务、公务员、公益活动运营人员 C.教师、企业培训师、职业生涯规划师 D.心理咨询师、护士、家庭医生
企业型（E）	A.市场与销售 B.管理与计划 C.企业服务	A.销售人员、市场运营人员、渠道经理 B.项目经理、人力资源 C.企业管理咨询师、律师
常规型（C）	A.财务 B.资料存储与梳理 C.编辑校对	A.银行专业人员、会计、审计、税务 B.图书管理员、行政、秘书、法务 C.司法鉴定、文字编辑

二、职业价值观测验

（一）概述

1951年，克莱德·克拉克洪提出价值观是一个人价值取向的表现，他认为价值观是一种外显的或内隐的有关什么是"值得"的看法，它是区别不同个体与群体之间差异的特征，影响人们对行为方式、手段和目的的选择。20世纪70年代，米尔顿·罗克奇发展了价值观的定义，他认为价值观体现的是一个理想化的终极状态，是一个持久的信念，它对一个人的行为不仅有着评价性的意义，还起着规范性与禁止性的作用。

在企业管理和人力资源管理领域，个人的价值观在职业领域的体现，代表着一个人追求与工作相关目标的内在需要。个体在选择职业时，期望获得的工作特质和属性，如有施展才华的机会、有晋升和发展的空间、有舒适整洁的工作环境，就是其职业价值观或者说职业诉求。研究表明，职业价值观会影响到一个人的职业选择、工作满意度、工作绩效、离职倾向、对组织的目标和价值观的认同与信任等方面。

（二）模型

在众多学者有关价值观的研究中，我们选取了与职场情境契合度最高的谢洛姆·施瓦茨价值观理论模型进行阐述。施瓦茨认为价值观起源于人类三种普遍的基本需要，即作为生物体的需要、社会和谐互动的需要，以及群体顺利运转和生存的需要。基于这三种需要，衍生出了十种不同类型的价值观。

（1）自我定向（Self-Direction）：源自控制和独立自主的需要，指行为和思考的独立性，具体体现为创造力、自由、自主选择目标等。

（2）刺激（Stimulation）：为了维持积极、乐观的生活水平的需要，体现在刺激、新颖和生活的改变中。

（3）享乐（Hedonism）：个体感官上的满足或愉快，来自个体满足和快乐的需要，表现为享乐、享受生活、自我放纵。

（4）成就（Achievement）：根据社会的标准，显示胜任工作的能力，如成功的、有能力的、有抱负的、有影响力的，源自个体自我肯定需要及群体或集体互动的需要。

（5）权力（Power）：指社会地位和名望，对他人和资源的控制，表现为追求财富、社会权利等，源自自我操控的需要和控制他人的互动需要。

（6）安全（Security）：体现为安全、和谐、社会、关系的稳定，来源于个人和集体的需要，分为个人的利益和更广范围的集体的利益，表现在社会秩序、家庭安全、清洁等方面。

（7）服从（Conformity）：限制可能伤害他人和违背社会期望的行为和倾向，是个体禁止那些将会打扰和破坏友好交往和组织功能的行为倾向。该价值观主要强调的是在日常生活中，与亲近的人交往中的自我限制，表现为服从、自律、尊师敬长等。

（8）传统（Tradition）：意义是尊重、接受文化或宗教中传达的传统和理念。传统最初是群体所发展出的一套可以代表该群体共享的经验与生活原则，之后被所有成员所认同。因此，传统价值观表现的行为应该是集体团结的象征，独特价值的表征以及生存的有力证据。传统以信念或行为准则等为存在形式，在个体身上主要体现为尊重传统、谦卑、奉献等。

（9）仁慈（Benevolence）：指保护和提高经常与之交往的人的福利，起源于良好的组织交往、生物体联合的基本需要，强调自愿关心他人的福利，如乐于助人、诚实、责任、忠诚等。

（10）普遍主义（Universalism）：指为了人类和自然的福祉而理解、欣赏、忍耐，是个体与组织生存的需要，表现为对社会和世界的福祉及对自然的福祉的关注，重视社会正义、平等、世界和平、保护环境等。

职业价值观具有动态性，表现为人们在不同阶段和不同的情境中，对目标重要性的评价会发生变化，这种目标的变动会引领个体或群体的行为和活动取向。并且，价值观的变化是系统的、有条理的，一种价值观往往会与它相容的价值观保持一致的变化方向，而与它冲突的价值观呈现相反的变化方向。

在实际的职场运用中，上述施瓦茨的职业价值观理论存在部分不符合国内职场环境的状况，因此多数职业价值观测验工具都会综合几种理论，基于实际情况进行本土化开发，提出新的职业价值观模型，测查的职业价值观维度也会有较大差异。

（三）用途

不同的个体有不同的价值观念，不同的企业也有不同的企业文化和企业基因，只有员工的价值主张与企业基因一致，才能够实现最大的共赢。对于个体而言，在和自己价值观念一致的企业和岗位上工作，能够如鱼得水，获得更大的成就，让职业发展道路更加顺畅。对于用人单位而言，了解员工的职业价值观，能够为人才招聘、选拔、安置和晋升等工作提供更好的参考依据，为企业创造更多的价值。

从个人发展角度来看，职业价值观为个人提供了明确的指导和方向，帮助人们在职业生涯中做出决策和选择。它们是个人职业发展的基石，可以指引个人朝着自己认可的目标和道德准则前进。人们可以在选择专业与职业前，充分了解自身的职业价值观，进而让生涯规划更加精准和精细。有明确的职业价值观意味着个人能够从事符合自己核心价值的工作，这将增强他们的动机和满足感，从而更好地体验到职业生涯的意义和价值。

从组织管理角度来看，招募和吸纳与组织价值观、文化相匹配的人才，有利于组织的长久、健康发展。职业价值观的测查可以帮助企业了解受测者或员工的职业价值观念与职业诉求，判断他们与组织、岗位的适配程度。并且企业可以将测评结果作为制定激励措施、职业发展规划和职业晋升路径的参考依据。

职业价值观测验样题有如下两类。

1. 排序题

让受测者针对价值观的条目进行三个组别的选择，即最重要、重要、不重要。

例题展示

从工作中获得成就，对你来说是（　　）。

A. 最重要　　B. 重要　　C. 不重要

2. 对偶比较－等级评定题

就上述同一组别的价值观进行两两比较，对其重要性进行评价。

例题展示

针对获得成就和工作强度，请对两种价值观的重要性进行评分。

价值观1	获得成就更重要 <----------> 工作强度更重要									价值观2
	极其重要	明显重要	比较重要	稍微重要	同等重要	稍微重要	比较重要	明显重要	极其重要	
获得成就	5	4	3	2	1	2	3	4	5	工作强度

第四节　心理健康测验

一、概述

近年来我国对心理健康越来越重视，各个层面都在注重增强全民心理健康意识，提升全民的心理健康素养。随着社会的发展、生活节奏的加快，无论是学校的学生，还是职场人员，心理健康问题都日渐突出。对于心理健康的测查也越来越体现出其价值。

心理健康测验一般可以分为三大类，分别是个性人格类、专项心理健康状况类以及综合类。

第一类是个性人格类心理健康测验，这一类主张心理健康水平与人格相关，主要体现在五个方面。其一，人格具有独特性，个体所表现出的不同的心理健康水平多与个体的人格差异相关。其二，人格具有跨情境的稳定性，可以通过人格分析个体在不同情境下的表现。其三，人格具有统合性，一个健康个体的人格结构需要在各方面彼此和谐统一。其四，人格包含个人在适应环境的过程中所表现出来的系统的独特反应方式，可以预测个体应对压力的方式。其五，人格可以预测个体认知事物与环境的过程与方式。

个性人格类的心理健康测验有很多，其开发所依据的理论各不相同。

个性人格类的黑暗三联征理论，"三"指的是马氏人格、自恋、精神病态三个部分，通常被认为是不受欢迎的一组人格特质，用以描述人格的阴暗面。马氏人格的主要特征是拥有超高的操纵和剥削他人的意愿、无视道德、阴谋算计、怀疑态度。自恋的主要特征是渴望赞美，渴望关注，自我中心，自以为是。精神病态的主要特征是低同理心、焦虑，内心很少会内疚或者悔恨，行事冲动，情感淡薄。黑暗三联征与人际关系、职业成功、攻击行为、情绪稳定都有一定的相关性。

个性人格类的DSM-V，DSM-V是美国精神病学会制定的《精神疾病诊断与统计手册》第五版，其中对人格障碍进行了定义，即明显偏离个体文化背景预期的内心体验和行为的持久模式，这种持久的心理行为模式缺乏弹性且具有广泛性，涉及个人和社交场合的诸多方面，会引发具有临床意义的痛苦或者导致社交、职业或其他重要功能受损。根据其不同表现，可以分为偏执型、分裂样、分裂型、反社会型、边缘型、表演型、自恋型、回避型、依赖型、强迫型，以及由于其他躯体疾病所致的人格障碍。

个性人格类的MMPI，即明尼苏达多相人格测验，最初是哈萨维和麦金利在20世纪40年代编制的人格问卷，主要是用于对精神疾病进行全面客观的检查，如疑病、抑郁、精神病态等维度，共计566个条目，作答时间也会相应比较久。经过不断的修订和发展，MMPI-2更新，扩大了常模，并且校正了一些过时的、带有歧视的条目，成为一个可以对正常人施测的人格测验，第二版的条目也有500多个。

此外，比较常见的人格测验还有16PF和艾森克人格问卷EPQ，也都有关于心理健康的相关内容。

第二类是专项心理状况类的心理健康测验，通常选取某一种心理状况进行专门评估。比较有代表性的是抑郁自评量表（SDS）和焦虑自评量表（SAS）。SDS用于抑郁症状的筛查和严重程度的评定。SAS用于焦虑症状的筛查和严重程度的评定。两个量表都要求根据自己过去一周的状态进行评价，都是二十个条目，采用四级评分，从"没有或很少时间"到"绝大部分或全部时间"进行选择，从1~4进行计分。

第三类是综合类的心理健康测验，比较有代表性的是SCL-90。SCL-90又叫90项症状清单，最早在第二次世界大战时用于士兵筛选，后来在精神病门诊进行使用，现在也用作心理健康状况的普查。测验从感觉、情感、思维、意识、行为以及生活习惯、人际关系、饮食等多个方面出发，客观地反映个体的自觉症状。测评维度有躯体化、强迫症状、人际关系敏感、抑郁、焦虑、敌对、恐惧、偏执等。综合类的心理健康测验要求受测者根据自己现在或者过去一周的情况进行评价。90个条目，均采用5级评定，从无到严重分别计1~5分。作答完成后得到的总体症状平均分、阳性症状平均分、阳性症状总数等结果。

上述是常见的三大类心理健康测验，在选择和运用测验时，需要注意测验的适用性。需要特别注意的是，在招聘选拔、员工EAP等场景中使用心理健康类测验，得到的测评结果，不能作为心理疾病的临床诊断依据。如果有心理疾病的诊断需求，需要前往精神病门诊或者心理门诊进行问诊，由专业的临床医生提供相应的诊断评估。此外，不能直接将目前已有的临床诊断量表，用来直接作为人才测评工具，真正适合职场环境使用的人才测评工具，应该是以职场人为目标人群，结合职场人的特点专门设计和开发的。

二、模型

以适用于国内职场的职业行为风险测验为例，该测验以 DSM-V 为理论基础，考查与职场环境相关性较高的 12 项风险因子，如图 10-3 所示。

图 10-3 职业行为风险测验理论模型

焦虑不安：持续的紧张和不安，与任何特定的人或事件没有直接关系。

抑郁消沉：长期持续性的心情低落，对任何事情都丧失热情，对生活也失去希望。

偏执多疑：对周围的人存在普遍不信任感，经常无故怀疑他人都对自己怀有恶意。

冷漠孤僻：对与人交往毫无兴趣，即使不得已与人交往，也表现得很冷漠。

社交回避：对自己的评价极低，害怕与人交往，认为自己没有能力构建正常的人际关系。

特立独行：在社交和人际关系中存在一定的缺陷，常有一些认知和行为上的怪异表现。

冲动暴躁：脾气暴躁，行事冲动，漠视社会和法律规范，容易侵犯他人利益。

喜怒无常：情绪极易变化，波动剧烈，对自己和他人的评价经常时好时坏。

僵化固执：过度追求次序和完美主义，用十全十美的标准来严格要求自己和他人。

依赖顺从：强烈渴求他人照顾，对他人过度依赖，极度恐惧独自行事。

夸张做作：强烈渴求他人的关注，往往采用夸张的语言和动作来吸引他人的注意。

狂妄自恋：非现实地认为自己在各方面都极度优秀，迫切需要他人的赞美。

在现实运用中，除了从消极角度考查受测者的风险因子，进行劣汰之外，还可以从积极心理学的角度考查受测者的防御因子，分析其应对压力和挫折的能力，实现择优的效果。从消极和积极两个角度综合考查，能得出更加多元和立体的心理健康评估结果。

三、用途

心理健康测验的结果可以作为企事业单位对外部人员招聘等相关工作的依据和参考，适用于所有的招聘场景。在人员招聘时，通过评估受测者的心理健康状态和水平，是否有潜在的风险行为，从而规避风险人群，降低企业用人风险。

当企业具有以下性质，或招聘岗位具有以下特点时，尤其需要注重考查受测者的心理健康状况。

（1）难以辞退员工的企业：对于员工离职手续和过程复杂甚至不能主动辞退员工的企事业单位来说，把好招聘关至关重要，如银行业企业、通信业企业、能源企业。

（2）员工工作压力大：压力是造成员工在工作中产生偏差行为的主要诱因，一些从事高压工作的人更容易出现偏差行为，如保险销售人员、飞行员等。

（3）工作枯燥或工作条件艰苦的岗位：不良的工作环境也容易给员工带来压力，进而产生偏差行为，如制造行业的一线工人。

（4）客户服务岗位：通常要面临来自客户方的较大压力，甚至受到指责和谩骂，需要处理较多负面情绪，如客服类岗位。

除了用于招聘，心理健康类的测验还可用于员工 EAP 项目的前期诊断，在实施员工 EAP 计划之前，了解员工当前的心理风险状况，为 EAP 计划提供参考依据。

> **例题展示**
>
> 迄今为止我从来没有体验过特别兴奋或特别郁闷的感觉。（　　）
> A. 非常不符合　　B. 比较不符合　　C. 比较符合　　D. 非常符合

第五节　人岗匹配测验

一、从岗位描述说起

在任何招聘场景下，企业都需要根据岗位的情况和要求来进行定向招聘，以满足用人需求。通常来说，在招聘开始之前，企业会设置相关的岗位描述（Job Description，JD），企业招聘者通过岗位描述来进行定向挖掘和人才筛选。一般情况下，岗位描述包含岗位名称、岗位描述、岗位职责、任职资格、薪酬待遇或福利等内容。其中，任职资格既是企业向求职者传达的信息内容，也是企业人力资源筛选的标准。任职资格通常包括学历、经验、专业、知识技能、综合能力、个性特征甚至动机和价值观。任职资格示例如图10-4所示。

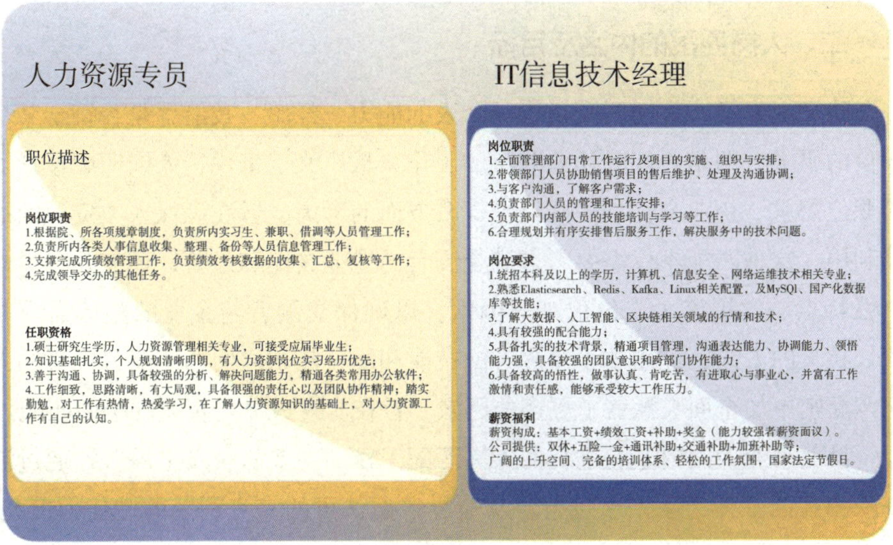

图 10-4　任职资格示例

通过上面两个真实的招聘岗位描述可以发现，不同岗位之间的素质要求截然不同，这也导致了在实际工作中有如下问题。

（1）每个岗位的素质要求不一样。例如，技术研发岗需要员工沉稳实干、具有较强的学习能力；销售岗位需要宜人性强，沟通能力出色的员工。这些因素固然可以在面试环节进行测评，但是在短短的时间内是否能够准确测量，以及如何处理"面霸"问题仍然令人头疼。

（2）并不是每个企业对每个岗位都有完整和成熟的岗位描述，面对这种情况，企业可能只能通过受测者提供的简历以及面试环节进行判断，准确性存疑。这也导致部分中小企业在人岗匹配上做得不尽如人意。

（3）大部分测评往往只着眼于受测者的部分内容，但是每个岗位的要求往往是多元的、丰富的，通常无法使用单个类别的测评去完成。通过量表的组合固然能解决这些问题，但这可能导致测评量表从有效筛选工具变成受测者的负担。

（4）如果企业内部对普通员工进行人才盘点工作，那么不同的岗位类型和工作内容，就导致评判标准不同，结果无法量化对比，工作无法开展。

以上情况就需要一种轻量化的、满足不同岗位要求的、全面的测评量表，即本章着重介绍的人岗匹配测验。

二、人岗匹配的内涵及目标

狭义上来说，人岗匹配是指一个人的能力、经验、技能等是否符合某个职位的要求，即是否能胜任该职位的工作。从广义上来说，人岗匹配包括了对职位需求、企业文化、团队氛围等多方面的考虑，旨在确保人力资源的最佳利用。这种匹配不仅需要考虑到受测者的专业技能和经验，还需要考虑其个性特点、发展潜力、价值观等因素，以确保受测者与企业的整体需求相符。狭义的人岗匹配注重于受测者的技能和职位需求之间的匹配，广义的人岗匹配则更加全面，涵盖了更多的因素，旨在实现人才与企业的全面匹配。

目前来看，国内企业进行的人岗匹配工作，主要从狭义上展开，通过测查受测者的胜任力水平来进行。从业界普遍认可的麦克利兰的胜任力模型、冰山理论和帕森斯的人岗匹配这三个理论的描述，可以得出如下结论。

（1）人才测评的终极目标是将合适的人匹配到合适的岗位上。从个人角度来看，意味着他们的技能、个性、能力、需求等与工作之间的匹配，即个人是否有能力做并喜欢做这份工作。从用人单位角度来看，意味着将员工安置在合适的工作岗位上，并确保他们能带来最大的价值。

（2）在匹配的过程中，动机、价值观以及个性特征等要素，是较难评估的，且每个岗位的要求不同。针对不同岗位，需要考核不同的内容。

（3）从长远角度来看，冰山模型中水面以下的因素是更重要的，也是难以改变的，决定了受测者在岗位上是否能持续发展，是企业最需要关注的部分。

> **小贴士　人岗匹配的不同层级**
>
> 一、职位基本要求的匹配
>
> 这一层是最基础的，它关注的是受测者是否满足职位的基本要求，如学历、工作经验、专业技能等。此处考查的内容基本属于麦克利兰冰山模型中水面以上的部分。
>
> 二、职业综合要求的匹配
>
> 这一层级考虑到了职位的更多方面要求，除了基本要求外，还包

括沟通能力、领导力、团队协作能力等综合素质。此部分是人岗匹配测验中考查内容占比最大的部分。

三、企业文化和价值观的匹配

这一层级是最高级别的，它考虑到了企业文化和价值观与受测者的匹配程度。企业希望招聘到的员工不仅在专业技能上符合要求，还要具备与企业文化和价值观相匹配的品格和行为特点。此部分与企业的独特情况有关联，考查的难度最大。

三、人岗匹配测评试卷设计以及实施

（一）胜任力建模

胜任力建模是人岗匹配测评开始阶段的工作，是企业人力资源工作在招聘及管理方面走向成熟的标志之一。通过针对不同岗位的胜任力建模工作，能协助完成以下工作。

（1）作为岗位描述使用。通过对岗位内容的梳理与展示，企业可以明确自身需要什么样的人才，求职者也能判断自己是否符合招聘岗位的要求、是否对该岗位感兴趣，便于招聘双向选择。

（2）作为筛选的标准使用。企业在招聘过程中，可以借助岗位胜任力模型，进行简历筛选、设置测评环节、选取测评工具等工作，提升招聘工作的效率和准确性。

（3）作为人才评价标准使用。例如，企业想要针对现有员工进行人才盘点或考核，可以通过岗位胜任力模型，选择相应的测评工具，对员工进行评价。优秀的员工将脱颖而出，对不符合要求的员工进行再培训或转岗。

具体的建模流程及常用方法，请参照本书第六章"人才标准的落地运用"中的内容。

（二）试题的开发或选用

不同内容，可以采用不同的形式进行考查。能力类、性格类和动机类测评在本书中都有介绍，此处仅着重介绍胜任力维度的测评内容。胜任力维度主要根据岗位的胜任力模型进行设置，内容较多，包括但不限于责任心、学习能力、团队合作等数十种。通常，单个岗位可以选取10~15个核心的胜任力维度进行考查。同时，各个考查维度的具体定义和具体行为表现，也应在胜任力模型中进行相关说明，以便测验试题开发者和结果使用者对考查维度有准确的理解。

图 10-5 所示为销售岗位的胜任力模型。

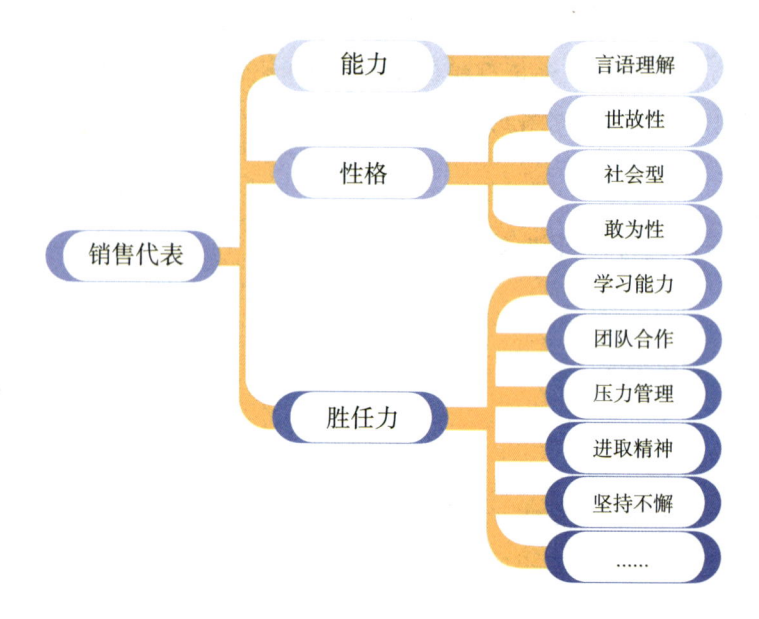

图 10-5　销售岗位的胜任力模型

表 10-2 所示为压力管理测评维度的相关解释说明。

表 10-2　压力管理测评维度的相关解释说明

维度名称	维度说明	二级指标	指标说明
压力管理	通过积极恰当的方式合理分析，有意识地缓解心理压力，保持自我心理状态平衡的能力	合理分析	在身处困境以及所面对压力时，进行合理、有效应对的能力
		压力承受	适应困境、抗御和应付压力的能力
		压力消解	有效调节内心冲突和与其相伴随的强烈情绪体验的能力

明确考查维度后，即可开始对试题进行编制（国内的人才测评或咨询公司均有其完整的胜任力考查维度库和标准化产品，如不便自行设置，可直接采购使用）。胜任力的考查试题主要依照维度的定义进行开发设置，根据考

查维度的性质和内容，选择合适的试题形式，可以提高考查结果的准确性。胜任力考查试题的形式通常包括：情景判断题、情景多选题、双向综合评定题、案例分析题、等级评定题以及单选题等。以下为部分试题样例。

例题展示

1. 情景判断题样题

张亮是公司新晋的一名项目经理，对于如何控制项目成本，张亮请你给出建议，你认为以下哪一项最适合推荐给他？（　　）

A. 控制成本的诀窍是在实践中得出的，需要经验累积才能做得更好

B. 充分考虑细节，将费用预算做精做细，控制不合理的支出

C. 项目的成本不超过公司要求的最低限额，控制得太严不利于项目开展

D. 项目中的不可控因素很多，应该妥善做好计划外支出的准备

2. 情景多选题样题

以下哪些情况在你的学习过程中会出现？（　　）

A. 对自己的学习能力进行评价

B. 对自己的学习策略和方法进行评价

C. 每完成一项学习任务，都进行自我奖励

D. 制订的大部分学习计划都没有按时完成

E. 根据学习内容设置问题，对自己提问

F. 想象自己掌握了正在学习的知识或技能后的喜悦

3. 等级评定题样题

有人曾评价过我是个能言善辩的人。（　　）

A. 非常不符合　B. 比较不符合　C. 不确定　D. 比较符合　E. 非常符合

4. 双向综合评定题样例题

与小组成员一起讨论问题时，大家不认同你的观点，你更倾向于（　　）

大家是否认同无所谓〇　〇　〇　〇　〇想尽办法说服大家

注：此题选项中间的圆圈表示倾向于左边还是右边，线上电脑或手机作答时可以点击中间的这些圆圈。

（三）测评结果使用

人岗匹配测验的使用范围极为广泛，凡是涉及综合素质考评的地方都可以使用。人岗匹配测验主要适用的领域包括但不限于校园招聘、社会招聘、内部竞聘、普通员工人才盘点、培训前诊断等。

招聘选拔场景下，人岗匹配测评主要用于劣汰，企业可参考测评结果对受测者进行筛选。在招聘执行流程上，人岗匹配测评常安排在专业笔试之后、面试之前。部分企业也选择将其与笔试同时进行。测评结果的使用有两种方式。一种是直接筛选，将人岗匹配分数作为主要的筛选项之一，依据总分排序决定是否进入招聘的下一阶段。这种方式通常用在初筛环节，各岗位统一筛选的标准，淘汰率控制在 20% 以内。另一种是信息参考，将人岗匹配的结果报告用于面试环节，面试官通过阅读受测者的报告，了解受测者的优势与短板，通过面试提问进行胜任力维度水平的验证，增加面试评价的准确性。

人才盘点场景下，胜任力测评的结果除了用于对受测者综合素质进行测量外，还有很多其他的功能。

（1）个人反馈。通过此种形式，受测者可以清晰地知道自己的优势与短板，并在后期的工作与生活中，针对相关内容进行学习和成长。

（2）人才评价和筛选。针对表现优异的受测者，企业可着重关注，并在适当的时候，将其安排到更合适或更高的位置上，实现人尽其用。

（3）团队报告纵览。企业管理者以及 HR 可以根据制作或生成胜任力测评的团队报告，了解团队整体的胜任力情况。后期针对弱项胜任力进行系统性培训，保持团队优势，弥补团队短板，提升团队整体的胜任力水平，最终促使部门甚至企业实现更好的发展。这种方式也常用于培训前的需求诊断。

第六节 管理类测评

一、问题挑战及解决方案

管理类测评，顾名思义，是考查受测者管理潜力或能力的测评。管理人员是企业整个生产和经营活动链条的重要节点，是整个企业赖以运转的强大轴承，就像俗话说的"火车跑得快，全靠车头带"。管理人员对企业的重要性无须多言，事实上每个公司都非常重视对管理者的考察和培养，但在整体的经济转型期以及社会快速发展的大背景下，很多企业或无资源，或无意识，或无工具去构建成体系的管理人员考察方案。一些企业甚至在考察管理人员时，主要参考高层领导的个人风格和喜恶，这往往会对企业的发展造成很大的影响。

综合来看，目前在管理人员的评估上存在如下几个方面的问题。

（1）从招聘选拔角度来看，评估内容不全面，企业大多关注的是管理人员以往的工作经历、背景和管理业绩等表面的工作表现，而忽视了对管理人员潜力和能力的评估。事实上，上述表面的工作表现极易造假和虚构，如果在评估管理人员时主要参考工作经历、背景等信息，容易造成投机取巧者晋升迅速，但难以有效胜任工作、稳定性差、频繁跳槽等现象。

（2）从人才储备角度来看，企业缺乏对管理人员潜力和能力的评估，导致人才储备和后备管理人员不足的情况大量产生。如果企业仅针对管理人员目前的绩效进行考评，就难以确定该人员是否可以作为更高一级的管理人才进行储备。一旦更高层级的管理人员离职，在缺乏储备的情况下，将低一级人员补充上去，往往导致不胜任，增大离职的可能性。

（3）从培养角度来看，缺乏明确的方向性指导。部分企业有管理人员储备项目，但对储备人才需提升哪些素质才能更好地胜任高层次的管理工作缺乏有效的工具进行判断。

与必须在具体的工作场景、解决具体的工作任务中才能体现出来的专业知识不同，管理能力作为一种专项的能力，在很多情况下可以脱离具体的使用场景而存在，这就催生了使之能独立存在于其他测评产品之外，进行专项考查的可能性和必要性。事实上，大多数专业的测评或咨询公司也着力将管理类测评作为单独的产品进行设计和开发，并作为核心产品进行维护与升级。将管理能力作为单独的测评模块，可针对性解决前面所说的三个挑战。

第一，通过对管理工作的抽象化分解，能更好地将管理者所涉及的能力进行拆分，使之能针对受测者进行更加全面地考查。同时，通过测评的结果，在预测未来管理绩效上也是对其他信息的必要补充和有效的预测数据。

第二，管理人员在不同的层级上，所需要的素质能力通常有较大区别。基层管理者无法胜任层级更高的管理工作，这种情况在职场中屡见不鲜。通过对不同层级管理者的管理能力进行针对性设计，在管理者晋升前施测并根据结果作为整体人才盘点结果信息的补充，可以有效发掘受测者的管理潜力，为后续人员晋升提供必要的信息参考。

第三，在管理类测评施测后，通过多个模块的得分情况，结合企业实际，很容易得出相关受测者的管理优势项与短板项。为后续的人员培训以及储备，提出直接的建议，使之更加具有针对性。并且，通过定期的跟进与考查，能有效判断其提升的效果。

除此之外，管理类测评在多个人力资源管理场景中都可以进行使用，包括但不限于社会招聘、内部竞聘、人才盘点等。凡是涉及管理能力考核与培养的领域，管理类测评均可使用。

小贴士　能力测试与潜力测试的异同

能力与潜力在字面意思上即可区分。能力指的是个体目前已经具备的、可直接应用的某项技能、知识或者技术，它是个体在过往经历中通过学习、实践和训练习得的成果，能够被直接评估和衡量。

潜力则是指个体尚未完全发掘和实现的能力或潜在的能力。它是一个人所具备的但尚未充分发展的潜在素质、才智或能力。它只有在适当的环境和机会下，才能有望得到进一步发展和提高，从而转化成能力。

例如，内燃机刚发明时的动力还比不上马匹，但是内燃机可以通过材料、设计工艺等逐步改进和提升，而马匹除了个体差异和多喂草料外，提升幅度非常有限。与之相对应的情况是，假设某人与另一人之间目前的绩效和能力没有太大区别，但是内在的一些因素影响和决定了不同个体未来的发展潜能。

在心理测评领域，能力和潜力的区分并没有那么明显。目前业内比较认可的区分方式是麦克利兰的冰山模型，水面以上是个体的能力、知识和技能，可以理解为外显的能力；水面以下是个体的情绪、人格和动机，可以理解为内隐的潜力。水面下的内容相对比较稳定，轻易不会调整，水面上的内容会受到水面下内容的影响。企业在构建某个岗位的胜任力（包括管理能力）时，应综合考虑这个岗位所要求的全部内容，如动机、人格、能力等多个方面。

当测评仅用于筛选人才时，知识、能力类内容（即水面上）就显得比较重要。如果希望借此去评估受测者未来的发展，动机和人格就更重要一些。但现实中，企业在实施测评时，两者都需要了解。

二、测评模型

与其他测评一样，管理类的测评也需要从理论构架出发，进行模型设置、试卷编制等工作。但相较于人格类测评等，管理能力测评更多的是以胜任力模型为基础，从实践角度出发，通过对多个行业的各层级管理人员以及HR进行访谈调研，形成不同层级的考查内容。

从管理层级上来说，可以分为基层、中层和高层，每个层级的管理工作重点虽然不一样，但主要的管理模块可以进行归类汇总。从管理内容上来说，可以大致按照两种思路进行解析，分别是人－事管理（人员的管理与事务的管理）和当下－未来管理（当前工作的管理与未来发展的管理）两方面，如图 10-6 和表 10-3 所示。

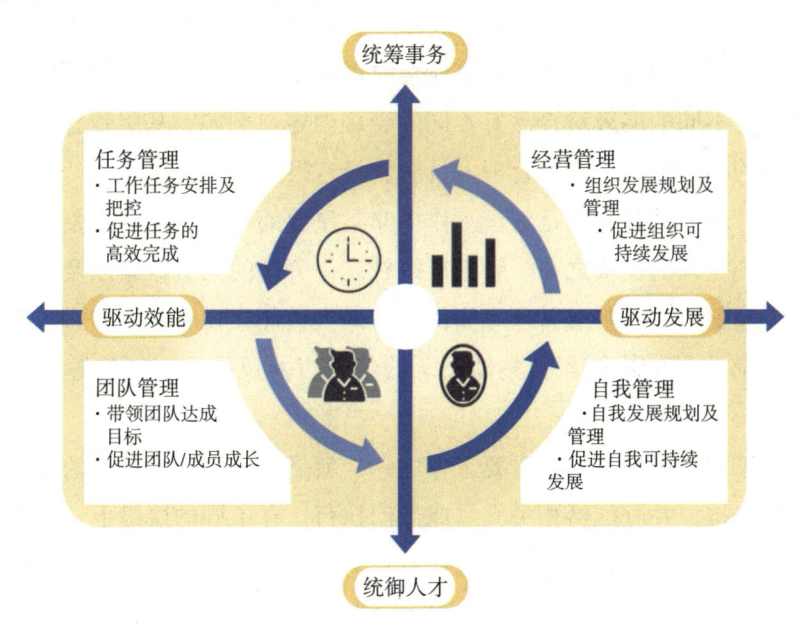

图 10-6 管理能力理论模型

表 10-3 管理能力解构

管理模块	管理任务概括	维度举例
经营管理	参与决策，维护组织健康运行	战略管理、决策能力、前瞻性、系统思维……
团队管理	组建并领导团队共同发展	授权能力、培养下属、识人用人、协调能力……
任务管理	安排并监管任务的进程与结果	计划制定、成果控制、结果导向、监督指导……
自我管理	不断提升自身职业素养	压力管理、进取精神、自律性、责任心……

经营管理：指企业为了自身生存和发展的需要，对经营活动进行的管理工作，包括成本的把控、企业的战略发展、如何迎合市场等都属于此类范畴。管理层级越低，管理的内容也更加着重于日常的生产工作，越高级的管理者越应该从成本把控这种细节的事情上抽身出来，去思考企业的整体发展方向。

自我管理：管理者针对自我的管理工作是尤为重要也是容易被忽略的地方。作为一名优秀的管理者，应该能与时俱进地提高专业以及管理方面的能力水平，在不同的层级对自己有不同的管理内容。例如，基层管理人员应该具有较强的学习能力；高层管理人员应该具有很强的创新倾向。

团队管理：团队管理是管理工作中非常重要的一环，也是在整个管理考核中最受到重视的模块之一。管理层级越高，管理的人员数量以及整体的管理框架就越复杂。以基层管理者为例，管理人数往往在十余个左右，需要整体把控团队成员的优缺点，整体团队的氛围以及风格，否则管理工作无从谈起。

任务管理：管理人员的重要工作之一，就是将整个生产工作的多个环节进行合理安排，并分配给相关人员或部门执行。在不同的层级上，任务管理的要求也有很大区别：基层管理者应着重对任务进行分配以及监督完成；中层管理者应着重对整体工作进行拟定以及对进度进行把控；高层管理者则脱离了具体的工作任务安排而着重于为组织工作的流程以及方向进行确定。

以上测评内容的划分基本体现了各个测评企业对于测评内容的区别。同时，企业在实际使用过程中，可根据自身的需求进行调整。

三、使用场景

管理类测评可以应用于多个场景，根据场景的不同，使用的方式略有区别，但通常都会组合多种测评方式，进行多角度的考查。

（一）社会招聘

当企业缺乏相关的管理人才且内部无法及时进行补充时，往往通过社会招聘的形式来补充。通过将管理潜力测评与其他测评工具配合使用，实现对受测者的精准测量，及时挖掘和补充管理人才队伍。在外部招聘管理人员场景中，可以重点考查候选人的管理能力，再配合测查工作行为风格测验和情商测验，了解候选人的管理水平、管理风格以及情绪管理能力等。测评建议设置在笔试（如有）之后面试之前，结果以个人报告形式，用于 HR 和高层领导了解受测者的管理能力得分以及优势与短板，并佐以面试，对候选人进行深入分析和了解。

> **小贴士　层层筛选与综合计分两种人才选拔方式**
>
> 　　一些单位在招聘过程中采用层层筛选的形式，适用于受测者较多的情况；另一些单位在简历筛选后不淘汰受测者，而是根据多个维度的不同得分加权后得到受测者的最终得分，适用于受测者较少的情况。两种方式均可。

（二）人才盘点

在针对管理人员的人才盘点工作中，管理类测评也常会使用。通过与高中低绩效形成的人才九宫格（见图 10-7），可以清晰地反映企业整体的人才储备情况，为后续人才选拔与管理工作打下基础。实际人才盘点工作采用的测量工具以及整体流程均较为复杂，此处仅为举例。

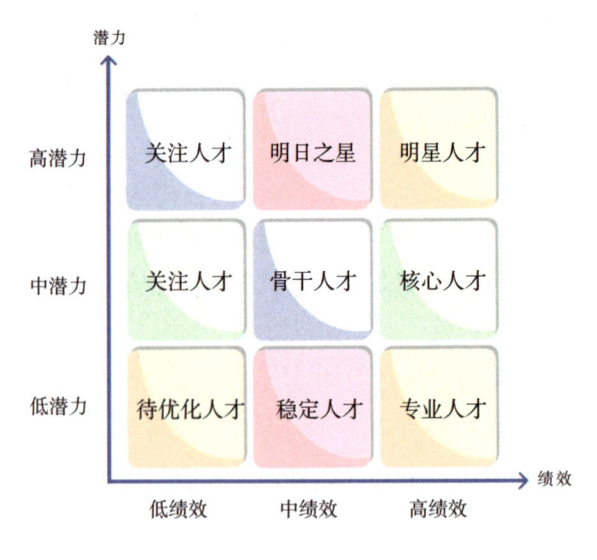

图 10-7　人才九宫格

在人才盘点场景下，管理类测评的个人报告和团队报告均会被使用：个人报告用于详细了解受测者；团队报告则用于内部比较以及发现团队短板。

（三）培训发展

部分企业在对管理人员进行领导力开发与培训前，会采用测评形式先了解当前管理团队的领导力水平，通过对团队综合报告的分析，定位短板，制定科学的提升方案。

此外，在进行领导力开发与培训项目的前期和后期分别进行管理类测评时，可以对两次分数进行对比，从而客观地评估出培训的效果。

（四）组织变革

企业发展离不开组织变革，国家政策、产业结构变化、竞争形态以及科技的发展等都会导致企业发生组织变革。随之而来，就是企业内部的调整，包括但不限于技术条件的调整、人员的调整以及管理方式和内容的调整等。在进行组织变革的过程中，对管理人员的调整至关重要。因此，管理类测评也显得格外重要。

（1）评估管理团队的能力。管理类测评可以用于评估管理团队在变革过程中的能力和素质。通过对管理团队成员进行测评，可以了解他们在领导力、变革管理、决策能力等方面的优势和改进空间，为制定变革战略和计划提供有价值的参考。

（2）确定关键岗位的适配性。在组织变革中，可能需要对一些关键岗位进行调整或重新安排。管理类测评可以帮助评估现有员工在新岗位上的适配性和能力，以便做出合理的人员调整决策，确保组织在变革过程中的顺利运行。

（3）发现潜在的变革型领导者。组织变革需要强有力的领导者来引导和推动变革过程。管理类测评可以用于识别具有潜力的变革型领导者，通过评估他们的领导力、变革驱动力和适应能力，找到最适合领导变革的人选，并为其提供相应的发展和支持。

（4）提供个性化的发展计划。管理类测评可以帮助管理层了解自身在变革中的优势和发展需求，为他们制订个性化的发展计划。通过针对性的培训和发展措施，提升管理层在变革中的能力和表现，增强他们的变革领导力和适应能力。

（5）监测变革效果。管理类测评可以用于监测和评估变革后管理团队的绩效和成效。通过与变革前的测评结果进行比较，可以了解管理团队在变革过程中的进步和改进，并根据评估结果进行必要的调整和优化。

总之，管理类测评在组织变革中可以提供有价值的信息和洞察力，帮助组织识别和发展适应变革的管理人才，提升管理团队的能力和效能，从而实现变革目标并确保组织的成功转型。

四、使用建议

由于管理人员的特殊性，在使用管理类测评时，可能会遇到一些问题。因此，针对管理类测评的实施，有如下一些建议。

首先，中高层管理者的年龄普遍偏大，这可能造成其不便于使用电子设备作答、因字体大小等原因导致作答时长过长、内容理解困难等情况。因此，在施测前，需要详细了解相关的情况，适时采用其他测评形式进行备选，避免无效工作。

其次，需要控制题量与作答时长。测评的准确性与试题的题量在实际施测中往往存在相互影响。一般而言题量大，准确性会相应提高，但如果题量太大，作答时间过长，可能会适得其反。在内部竞聘或人才盘点项目中，过长的测评时间可能会影响管理者的耐心。同时，管理者的工作通常比较繁忙，很难抽出一段较长的、不被打扰的时间来安排作答。所以，建议设置或选择时长适中的测验，并做好提前的宣贯工作。

最后，选择多元的工具和方法，多角度地对管理人员进行测评。仅通过一两种测评，往往很难完整地勾勒出管理人员全部的胜任力状况和管理水平，建议多种测评工具并举。

第十一章

员工调研

员工调研类项目不同于其他测评项目，通常没有唯一的标准化的测评量表，可根据使用场景设计相应问卷，发起调研。作为一种工具，不同的员工调研主题有其明显的适用范围和不适用范围，应结合实际需求选择和使用。另外，调研类项目的结果，主要通过描述性统计形式呈现，供企业领导和HR对前期工作进行回顾和反馈，为后续工作提供建议和方向。

第一节 360度评估

一、360度评估概述

（一）概念

360度评估，又称360度评估反馈或360度考核法，是指由被评价者自己、上级、平级、下级，甚至服务客户等工作相关人员，全方位、多角度地对被评估者的工作行为与表现进行评价的方法。国内某些单位也将其称为民主评议，是管理者晋升评价中的重要一环。此方法最早在美国被提出，起初主要用于了解被评价者的绩效水平，后因其独特的信息评价方式，也广泛用于人才盘点、关键岗位竞聘、员工发展甚至是组织文化的改进上。

（二）评价主体

在测评过程中，为了全方位地了解被评价者的工作行为表现，往往需要多个层级的人员进行评价。

自评：即让员工对自己的表现进行评价，以获取自我认知。大部分360度评估项目均需要进行自我评价，但并不赋予权重进行计分，只作为与他人评分进行对比的参考。

上级：上级的评价能促进员工了解自己被领导观察到的工作表现，以及自己在团队中的横向比较，从而纠正自我认知。通常直属上级打分的权重较高，打分影响较其他层级更大。

平级：平级的同事之间比较了解，甚至比直接领导更了解对方的日常行为表现。因此，平级同事的评鉴也具有很大的参考价值。

下级：直属下级最有机会观察到被评价者的行为，尤其对于层级较多的组织，上级很难从基层员工那里得到一线领导的能力反馈，但这些反馈其实对管理人员的培训辅导内容的确定非常重要。

服务客户：在工作流程链中，与被评价者发生关系的角色，如果不按照职位划分，可以以服务对象的角色参评，以确保工作流程链的完备。通常销售岗、服务岗等会设置服务对象这个角度的评价。

以上这些主体构成了360度评估的整体评价体系，这是360度评估最基础也是最重要的一个特点，是与其他人才测评方式最大的区别。

（三）使用场景

随着信息化的普及以及专业测评人员的开发，360度评估作为一种人才测评手段，已应用于多种测评场景，主要分为绩效类评估和发展类评估两大类。

绩效类评估，是360度评估开发的初衷，是目前主要的使用场景。绩效评估、人才盘点、内部竞聘等均可使用此评估方式，得到被评价者的工作行为表现数据。

发展类评估，可分为个人发展和团队发展两类：在个人发展层面，因其具有自评与他评的对比环节，可用于评估个体能力、表现，基于差距诊断能力行为发展优先顺序，尤其可以帮助管理人员进行定期查看，以调整或改进；在团队发展层面，可通过将所有数据汇总的形式，得到组织或公司管理者的管理情况概览，明确后续培训发展方向。

（四）评估模型与样题

评估模型与相应的调研题目也是360度评估的重要内容，根据项目的需求，针对性地开发、设计评估的模型和试题，才能使项目收集到的评估数据更加具有有效性和功能性。常用的评估模型有以下几种。

（1）管理能力评估模型。可以根据本书中的管理类测评中的模型为依据，对被评价者进行任务管理、团队管理、自我管理以及经营管理四个维度的考查。

（2）胜任能力评价模型。这种思路与人岗匹配测验类似，根据岗位的要求，设置不同的胜任力维度，如团队协作、服务意识、计划执行等，开发试题后进行调研。需要注意的是，因360度评估的特殊性，所设置的维度和调研使用的试题，需要是行为性的、他人能观察和评价的。性格类的维度一般不在360度评估中考查。

（3）领导干部履职评价模型。例如，常见的"德、能、勤、绩、廉"评价，其中，"德"（主要指干部在思想政治素质和个人道德、职业道德、社会道德等方面的表现）和"廉"（主要指干部在廉洁自律等方面的表现，着重于是否廉洁奉公，是否履行职务廉洁的责任，是否自觉接受监督，是否有积极健康的生活方式等）可归类为对管理干部道德品质的评价范畴。"能"指的是工作能力。"勤"指的是工作态度与相应的行为表现。"绩"指的是实际的成果产出和成绩。综合这五个方面的评价，就能全面地判断管理干部在工作中的各个方面。

例题展示

面对各种复杂的工作问题，往往能够经过逻辑分析得出精准的推论。
（　）
A. 优秀　B. 良好　C. 合格　D. 一般　E. 较差　F. 不太清楚

（五）优点和缺点

作为一种评价工具或手段，360度评估有其独特的优点和缺点。其优点主要表现在收集的信息比较全面，以及能进行自我与他人打分的对比这两个方面。

传统的他评评价形式，如面试仅采用面试官的意见作为评价依据，容易影响人才评价结果的准确性。而传统的自我评价形式，容易受到社会赞许性的影响，表现出装好作答。而使用360度评估，可以收集到比较全面的信息，提高测评结果的准确性。

通过对比自己的打分与他人打分之间的差异，360度评估的结果可以帮助被评价者更好地了解自己。这是360度评估最独特的优势，也是其无法被其他测评方式替代的原因。通过自评与他评分数的高低定位，可以划分出盲区、待发展共识区、潜能区、优势共识区这四个区域（见图11-1）。针对不同区域的维度，可在后期进行不同的发展策略设定，帮助被评价者更好地了解自己，扬长补短。

图 11-1　360度评估区域定位

另外，使用360度评估，还能促进员工和领导行为的改变。企业在实施360度评估时，往往会邀请大量的员工和领导参与其中，不管以何种身份（评价者或被评价者）参加，都能了解到考评的内容，并将考评内容作为自己工作的标准和努力的方向，从而以考评内容为基础，调整自己的行为。这也是企业内部文化和行为标准的一种宣贯渠道。

360度评估的优点非常明显，然而，缺点也非常突出。

首先，评价关系复杂，数据量巨大，人工处理费时费力。常规情况下，一个被评价者的测评数据需要包括：1份自评、1~2份上级评价、3~5份同级评价，以及4~6份下级评价。数据量比传统自评量表超出十几倍，且不同的层级、不同的维度权重不同，导致数据处理的工作量倍增，这极大地增加了相关人员的工作难度和强度。

其次，评价的客观性容易受影响。不利的影响来自两个方面。其一，如果评价者对此项工作不重视，随意填答，会影响整体信息的真实性。其二，评价的客观性容易受到评价人偏见的影响，如个人情绪、好恶、与被评价人的关系等因素。针对这个问题，在进行360度评估时，通常会选择匿名作答的形式，鼓励大家真实、客观地评价，但这些不利影响仍然无法完全消除。

最后，360度评估的组织实施难度大，对工作人员要求高。完整的测评流程包括多项内容，其中，问卷的编制、评价关系的梳理、测评的实施以及数据的回收和整理等每一项内容都需要相关人员具有非常强的专业性和执行能力。

二、360度评估的实施阶段

360度评估的实施，大体可以分为准备阶段、实施阶段和结果应用阶段，如图11-2所示。

准备阶段 1
确定评估目的
确定评估内容
确定被评价者和评价关系

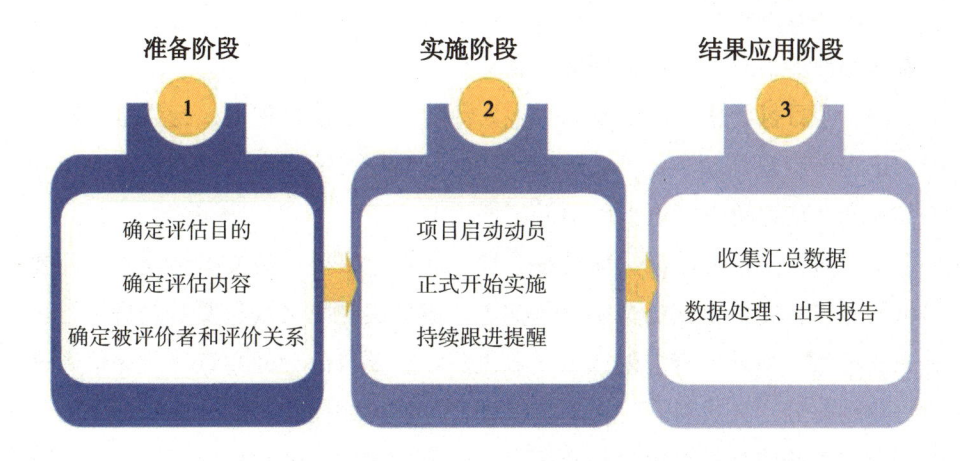

实施阶段 2
项目启动动员
正式开始实施
持续跟进提醒

结果应用阶段 3
收集汇总数据
数据处理、出具报告

图11-2　360度评估的实施阶段

（一）准备阶段

1. 确定评估目的

通常情况下，企业在实施360度评估前，已确定好其评估的目的。360度评估相对其他测评手段更加费时费力，这就要求企业在项目开始之初，完整评估整个项目流程、项目周期以及人员的投入情况，确保可以在要求的时间内完成相关项目。如果暂时无法确定评估目的，则后续所有工作均无从开展。

2. 确定评估内容

在明确评估目的之后，需要准备评估内容，也就是评估的维度和试题。通常，开发360度评估的维度和试题需要进行以下工作：现有资料的收集及研读；对企业领导、HR和绩优员工进行访谈；归纳汇总考评维度；基于考评维度开发试题，编制调研问卷等。

编制360度评估试题与问卷时，需注意以下问题。

（1）设计合理的问卷结构。问卷结构应合理、明晰，涵盖所有考评维度，便于企业宣贯其评估内容和标准，使所有参与者明白本次测评的目的，在结果汇总和输出上也能更方便。

（2）问卷长短应适宜。问卷设置过短，可能无法真实反映考评维度，结果容易受到极端值的影响。如果问卷设置过长，则容易造成评价者作答疲劳。很多360度评估项目中，评价者往往需要评价多人，这更加容易造成评价者身心疲劳，致使填答数据失去意义。

（3）题目行为化。因涉及需要他人评价，在他评过程中，行为是最直观的，也是最容易判断和评价的。因此，题目要尽可能指向明确的行为动作和工作表现，使评价者能更准确地做出评价。

（4）内容简单易懂，选项设置合理。问卷除了要避免文本错误外，还要尽可能地选择简单直接的文字进行描述，避免出现歧义或需要对题目进行长时间的思考。另外，合理的选项设置也非常重要。部分问卷直接让评价者进行百分制打分，评价者容易受到自己评价习惯（倾向普遍低分或高分）的影响，造成某些或某批被评价者成绩出现明显的差异。通常情况下，五点评分能较好地解决这一问题。

（5）合理的权重设置。此处的权重设置不仅是各个评价关系的权重，也指问卷中各维度的权重占比。问卷内权重占比以企业认为合理的方式开展即可，对工作业绩影响较大的维度赋予更大的权重。评价关系的权重设置，一般直属上级的权重最高（40%），其次是同级（30%）和下级（30%），有时下级的权重也可能会高于同级，权重的设置可以根据企业的具体情况而定。

3. 确定被评价者和评价者的关系

顾名思义，在项目开始前，要确定好哪些是被评价者以及每个被评价者对应的评价者有哪些。因360度评估的特殊性，每增加一名被评价者，评价者的数量都会增加，且很有可能存在重叠或作为评价者身份变换的情况（评价 A 时是上级，评价 B 时是平级，评价 C 时是下级），需要在执行过程中，向评价者明确评价身份，确定评价对象，以免出现错误配对的情况。

在选择评价者时，务必选择那些与被评价者工作往来密切、接触较多的人员，避免收集到无效数据。

（二）实施阶段

1. 项目启动动员

大部分人力资源项目开展前均需要对相关人员进行动员，在 360 度评估中，项目启动动员的意义更加重大，尤其是对于首次开展此类项目的企业。通过项目启动会，项目负责人可以说明项目流程，解释考评内容，使全员达成共识，也可以请相关领导甚至高层进行宣讲，阐明项目的目的和意义，消除员工误会，鼓励员工真实作答。启动会是 360 度评估项目的重要组成部分，也是企业进行管理制度和文化宣传的重要载体。

2. 正式开始实施

如果采用线下形式，需要提前打印评估问卷，从评价者的视角，为每个评价者准备单独的资料包，包括需要他进行评价的人员名单，以及针对每个人的评价表等。此外，最好能专门准备一间会议室，在醒目位置张贴本次评估项目的必要说明。如人员无法集中，则建议额外准备其他会场。采用线下形式，还需准备必要的回收设备，如已标记好的档案夹等，用于现场回收评价问卷。这些准备妥当后，可以安排工作人员按批次通知相关人员到达现场进行评价，完成资料回收工作。

随着科技的进步，目前绝大多数的单位都会采用线上形式进行 360 度评估。线上化的 360 度评估具有很多优点。其一，减少了纸质资料的准备和机械重复性的数据录入工作。其二，通过预设好的程序和公式，提高了数据分析的效率，减少了人工计算出错的可能性。其三，采用成熟的 360 度评估系统，可在测评完成后实时生成精美的个人报告和团队报告。

当然，线上形式并不意味着所有工作内容都必须在线上单独完成，仍可采用线下人员集中的形式进行评价，以确保所有评价人员认真积极地做出评价。

3. 持续跟进提醒

若是集中作答，则不存在跟进提醒的问题，只需在评价者提交问卷时进行相应的检查和确认即可。若是通过线上方式将作答链接通过邮件或短信发送给评价者，让他们自主安排时间作答，可能会因为部分人员工作繁忙，难以抽出时间作答，而影响整体的数据收集进度。此时需要进行跟进，提醒未作答人员及时完成评价。

（三）结果应用阶段

在工作流程上，需进行资料回收、数据汇总、处理以及分析工作，最终呈现相关报告（个人报告和团队报告），由项目负责人进行整体汇报。项目结束后，应注意相关资料的保存以及保护工作，确保后续信息可随时调取和核查。在结果应用上，报告可区分为个人报告和团队报告。

个人报告可以提供的信息包括个人基本信息及整体排名，个人与团队得分比较，各维度自评与他评得分的比较，如图11-3和图11-4所示，优势与短板分析，提升发展建议等内容。个人可在测评后，根据报告内容，明确自己的优势以及不足，为后续改进提供数据参考。

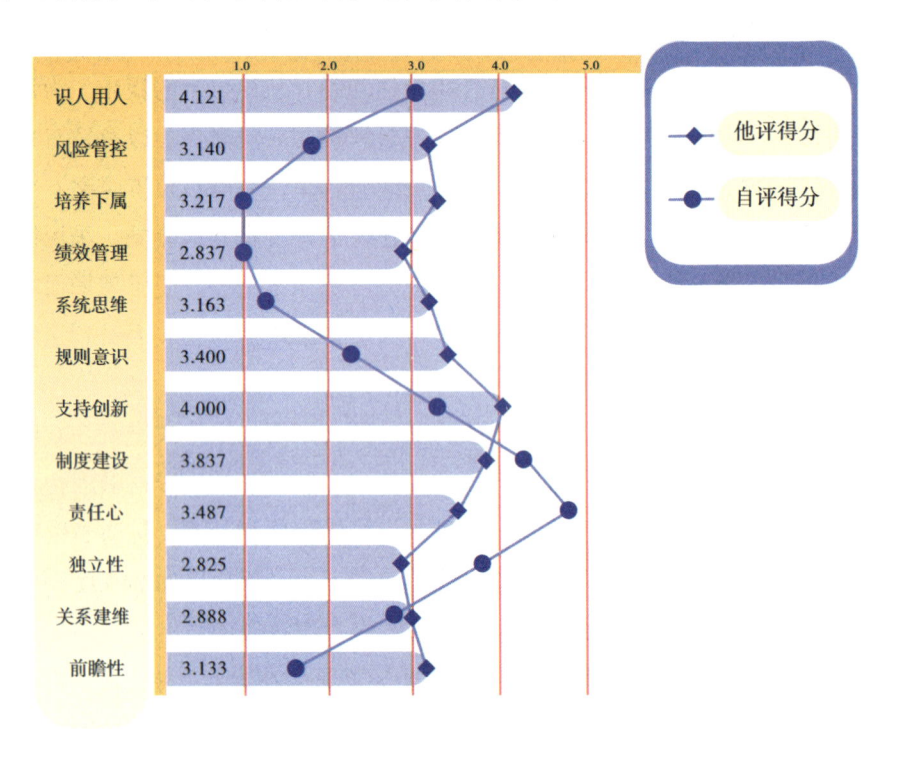

维度	得分
识人用人	4.121
风险管控	3.140
培养下属	3.217
绩效管理	2.837
系统思维	3.163
规则意识	3.400
支持创新	4.000
制度建设	3.837
责任心	3.487
独立性	2.825
关系建维	2.888
前瞻性	3.133

图11-3　自评与他评得分比较样例一

第十一章 员工调研

自评与他评比较图

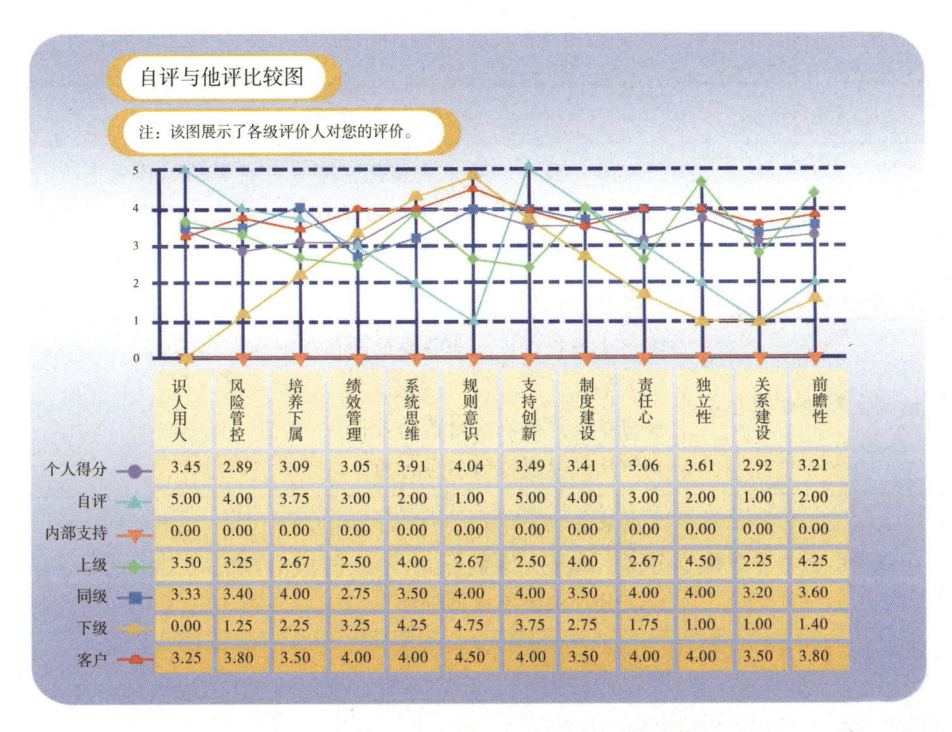

注：该图展示了各级评价人对您的评价。

	识人用人	风险管控	培养下属	绩效管理	系统思维	规则意识	支持创新	制度建设	责任心	独立性	关系建设	前瞻性
个人得分	3.45	2.89	3.09	3.05	3.91	4.04	3.49	3.41	3.06	3.61	2.92	3.21
自评	5.00	4.00	3.75	3.00	2.00	1.00	5.00	4.00	3.00	2.00	1.00	2.00
内部支持	0.00	0.00	0.00	0.00	0.00	0.00	0.00	0.00	0.00	0.00	0.00	0.00
上级	3.50	3.25	2.67	2.50	4.00	2.67	2.50	4.00	2.67	4.50	2.25	4.25
同级	3.33	3.40	4.00	2.75	3.50	4.00	4.00	3.50	4.00	4.00	3.20	3.60
下级	0.00	1.25	2.25	3.25	4.25	4.75	3.75	2.75	1.75	1.00	1.00	1.40
客户	3.25	3.80	3.50	4.00	4.00	4.50	4.00	3.50	4.00	4.00	3.50	3.80

图 11-4　自评与他评得分比较样例二

团队报告可以提供的信息包括：项目背景介绍，团队优势与短板，层级差异、部门差异、性别差异、学历差异、司龄差异等横向对比。通过团队报告分析，可以确定重点关注人群，也可在各个维度中展示目前员工的得分以及分布情况，查看哪个或哪些人群需要重点关注和培养，如表 11-1 所示。

表 11-1　成果控制维度需提升人员及提升方法建议样例

团队短板指标	成果控制
需要提升的人员	张三、李四、王五、赵六
上级指导提升方法	要求下属提交的工作成果务必达到事先设定的要求和标准，没有特殊情况，绝不降低要求。以最终的工作成果交付时间和质量衡量下属的工作表现，作为下属的工作绩效
工作实践提升方法	遇到困难，主动争取资源解决，绝不降低对工作成果的要求。对工作成果严格检查和把关，要求自己提交的所有成果都能体现出最高水平

续表

团队短板指标	成果控制
个人日常提升方法	将工作的目标和要求具体化，事先分析影响工作质量的不利因素，提前想好预防与应对措施。接受任务后，先为自己制定高标准、严要求，并在团队中公开承诺，接受大家的监督
培训主题与培训要点	培训主题：以成果为导向的价值管理模式 培训要点： 如何养成严格要求自己的习惯 如何改进习惯性的不当行为
小组读书会推荐书籍	《成果管理》 作者：彼得·德鲁克 出版社：机械工业出版社

第二节 满意度与敬业度

一、敬业度与满意度的概念、区别

满意度与敬业度调研是此类调研的总称，是指通过发送问卷的形式，就某个主题对相关人员进行调查，并收集相关信息，形成最终报告的过程。因主要用于员工满意度和敬业度的调研，故以此为名。

敬业度与满意度都是调查员工状态的重要指标，但是两者的定义和侧重点不同。

敬业度代表的是员工对工作的主动投入程度，敬业度越高的员工，绩效往往越好。员工能够积极地投入自己的组织和工作中，希望为组织贡献自己的价值，这种积极的行为所呈现的就是员工敬业度，敬业度是员工责任感的体现。满意度指的是员工根据自己的标准，判断自己的付出与企业回报的满意程度。最著名的是美国心理学家弗雷德里克·赫兹伯格的双因素理论，该理论将影响工作满意度的因素划分为保健因素和激励因素：保健因素是指那些如果缺乏，员工会不满的内容（如薪酬待遇）；激励因素是指那些能带来积极态度、满意和激励作用的因素（如发展机会）。

通过定义可知，敬业度侧重从员工的工作实际表现、思想和情感状态，评价员工与工作、组织匹配和融入的程度。满意度侧重于员工从自身利益和价值角度出发，评价自己对工作的满意程度。满意度是敬业度的必要非充分条件，即高满意度不见得能带来高敬业度，但高敬业度的员工必然具有高满意度。企业在开展这类调研时，往往会糅合敬业度与满意度，进行综合分析。

二、敬业度与满意度调研的作用、价值

通用电气前董事会主席兼首席执行官杰克·韦尔奇认为："衡量一个公司稳健性有三个指标，分别是现金流、客户忠诚度和员工敬业度。任何一家想竞争取胜的公司，都必须设法使每个员工敬业。"

《哈佛商业评论》一项权威调查显示，员工敬业度每提高3%，顾客满意度就提高5%。满意度达到80%的企业，平均利润率要高于同行业其他企业20%。另有研究得出，员工敬业度高的企业与低的企业相比，员工的保留率将提升13%，生产效率提高5%，顾客满意度增加52%，企业利润率将高出44%。

通过敬业度与满意度调研，可以实现如下功能。首先，满意度与敬业度调研是企业经营状况的预测工具，满意度调研针对的是员工对企业的感知，敬业度调研关注员工目前和未来的工作状态。通过满意度与敬业度调研，从人员管理角度出发预测企业未来经营状况，这种分析角度有别于传统的财务测算，可以互为补充。其次，满意度与敬业度调研是企业管理水平的评价工具，许多企业已经建立起以满意度与敬业度调研为核心的下属机构人员管理水平的评价工具，并且将满意度与敬业度纳入了公司的战略评价体系中，有助于对下属机构的管理水平进行评估。此外，满意度与敬业度调研还是企业人力资源管理水平的系统提升工具，能帮助企业更深入地了解当前人力资源管理水平，并且通过影响力分析等工具准确定位人力资源提升领域，以实现投入产出的最优化。通过满意度与敬业度调研、分析和改善的整个过程，可以提升人力资源团队在组织内的影响力、专业能力以及对企业人员和业务情况的理解程度。

三、敬业度与满意度调研的模型、问卷

根据前文定义可知，敬业度与满意度的调查问卷不尽相同，根据不同专家和咨询公司的理论基础和项目经验不同，其调查的维度和问卷本身通常也有所区别。本书仅介绍两种较通用的评价模型。

（一）敬业度模型

敬业度模型包含三个部分，分别是组织认同、情感融入和积极工作，如图11-5所示。组织认同是指员工对组织的事业、文化和管理方式认同。情感融入指员工将自身的情感融入工作中，从情绪和理智上愿意长久地在企业中发展。积极工作是指员工在工作中是否会投入充足的时间、精力，体现了员工对工作的热情，对业务的精进精神。

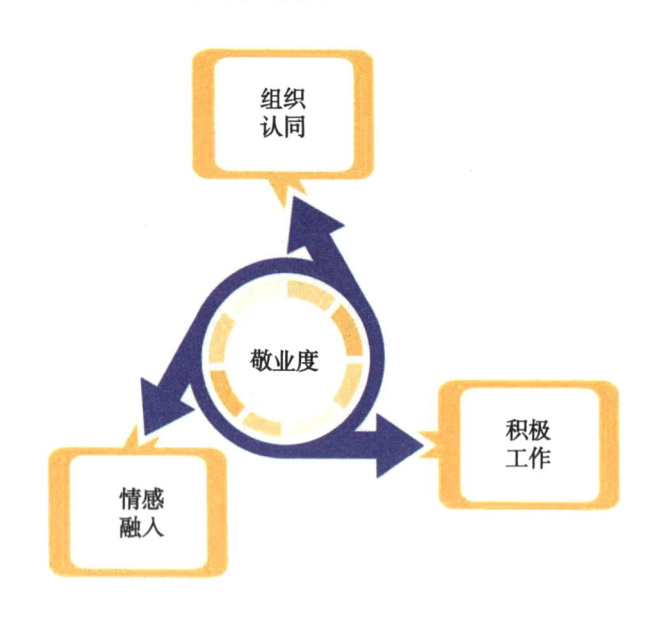

图11-5　敬业度模型

> **例题展示**

1.领导常将重要的工作交给我做。（　　）
　　A.完全同意　B.比较同意　C.略有异议　D.比较不同意　E.完全不同意

2.我的工作为实现组织目标起到了非常重要的作用。（　　）

A.完全同意　B.比较同意　C.略有异议　D.比较不同意　E.完全不同意

（二）满意度模型

满意度模型包含六个部分：组织环境、工作团队、工作内容、工作回报、工作激励、发展机会，如图11-6所示。组织环境可以从组织声望、规则规范方面进行调研。工作团队可以从高层引领、上级支持、同事和谐方面进行调研。工作内容可以从工作环境、工作资源、工作与生活平衡方面进行调研。工作回报可以从薪酬合理、福利关爱方面进行调研。工作激励可以从施展才华、获得成就、他人认可方面进行调研。发展机会可以从晋升空间、培训学习方面进行调研。

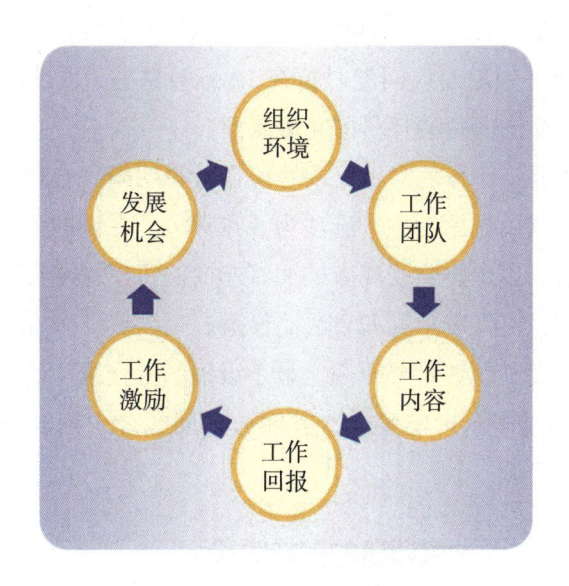

图 11-6　满意度模型

例题展示

1.我很有工作动力，因为我的工作让我很有成就感。（　　）

A.完全同意　B.比较同意　C.略有异议　D.比较不同意　E.完全不同意

2. 我的报酬水平反映了我的绩效情况。（　）
A. 完全同意　B. 比较同意　C. 略有异议　D. 比较不同意　E. 完全不同意

（三）敬业度与满意度问卷设计的注意事项

通过选用成熟理论和咨询公司的相关问卷，可以降低人工开发成本，并收获较好的调研效果。如果市面上的模型和调研问卷，无法满足企业的实际情况，就需要开发新的模型和问卷。在开发过程中，需要注意以下问题。

首先，理论框架要完备。根据企业的现状，选择合适的理论模型，并针对性地将试题调整为适合本企业的内容，是一种简单的方法。切记不可将逻辑混乱、内容冲突或含义不详的概念添加到问卷中，以免造成受测者的困惑以及结果分析上的困扰。

其次，作答时长要合理。问卷的时长应该控制在合理的范围内，以避免受测者感到疲劳。一般建议问卷时长在10分钟左右，既能保证调查到充足的内容，又能在受测者耐心耗尽前完成测评。

再次，试题要易于作答。试题内容应设计得明晰、合理、易于理解。在题型选择上建议以单选题为主，选项为5点评分。在试题内容上，要避免诱导性的问题出现，以免影响受测者的回答倾向。可以少量设置一些开放性试题，让受测者有自主发表意见和看法的渠道。

最后，各维度试题数量要合理。最小级别的考查维度通常要包含3~4个调研问题。问题过多会影响整体作答时长，问题过少则容易受到极端值影响，造成结果不准确。

四、敬业度与满意度调研的实施阶段

与360度评估项目类似，敬业度与满意度调研的实施大致也可以分为准备阶段、实施阶段和结果应用阶段。但相较于360度评估，敬业度与满意度调研的实施难度明显降低，无论是线上开展还是线下施测，实施过程都相对较简单，但对调研结果进行分析的难度非常高。

（一）准备阶段

准备阶段的工作包括：与决策层充分沟通，获得认可和支持，确定调查的主旨与内容，选择调研实施方法，试测定稿。其中的重点和难点如下。

其一，明确实施目的。在实施敬业度与满意度调研之前，必须充分评估项目对于企业的必要性，并制定长期的施测规划，单独 1~2 次的调研对企业帮助并不大，但通过长期的施测，掌握更多的对比信息，能更好地帮助企业做出调整，验证调整的效果。

其二，获得决策支持。由于满意度与敬业度通常需要对全员进行调研，所以计划开展前需向领导详细阐释敬业度与满意度调研的目的和意义，经由领导充分认可后，能得到更多的资源支持，效果将更好。

其三，问卷试测。在正式施测前，最好先进行内部小范围内的试测。试测反馈内容包括但不限于：时间长短是否合适，试题是否存在歧义，受测者的主观感受等。通过以上内容，可以在正式执行前对调研问卷进行校验和调整。

（二）实施阶段

实施阶段包括两部分内容，分别是内部宣贯与调研实施。

内部宣贯的作用即明确告知员工本次测评的目的和意义，排除疑虑，增加信任，提高填答率。

调研实施时，需要向所有调研相关人员发送问卷，并完成回收。调研分匿名和非匿名两种形式。匿名形式常用于涉及外部人员填写满意度的情况，如作为客户填写。匿名形式能有效保护作答人的信息，使其更倾向于真实填答，但应注意设置特定 IP 或设备仅限填写一次，防止恶意作答情况的出现。非匿名形式在敬业度与满意度调研中的使用也很广泛。因后期需要针对人口学信息（性别、年龄、学历、专业等）进行横向和纵向比较，因此建议保留相关信息。

（三）结果应用阶段

结果应用阶段需要针对收到的所有调查问卷进行汇总、系统录入、剔除无效试卷及统计分析等工作。

在数据分析阶段，可根据人口学信息，进行性别、年龄段、部门等对比分析，如图 11-7 所示，如往年有过相关实施，可增加对历年结果的对比报告，以提升结果说明的价值。

	组织环境	工作团队	工作条件	工作回报	工作激励	发展机会
市场部	75.1%	100.0%	94.5%	92.7%	100.0%	89.0%
人力资源部	86.2%	77.0%	100.0%	90.4%	88.4%	88.4%
财务部	100.0%	92.3%	83.3%	89.1%	83.4%	75.3%
采购部	88.9%	85.4%	93.4%	100.0%	90.6%	77.4%
技术部	90.9%	93.7%	90.9%	90.9%	90.9%	95.1%
销售部	97.1%	97.1%	94.1%	95.6%	97.1%	97.8%
生产部	94.2%	92.8%	92.8%	95.9%	96.6%	94.6%

图 11-7　某企业满意度调研部门对比分析样例

在结果应用阶段，有如下注意事项。

首先，企业必须诚实、公正地发布调查结果。无论结果如何，企业都应如实发布相关信息。一方面，应如实将所有信息汇报给领导层，并进一步制订后续人力工作计划。另一方面，员工需要得到调研结果的反馈，针对员工关心的问题进行如实公示，否则容易造成员工的消极情绪，轻则质疑测评意义，重则引起误解和猜忌。

其次，应尽快公布调查结果。如不能及时公布结果，会削减本次调查的重要性以及公平性。

此外，还需保护信息的安全。调研过程中应保证员工个人信息不被泄露。若将各类信息泄露给企业领导，可能会打消员工如实填写的积极性，导致后续调查开展困难。

最后，需要根据调研分析结果，制订后续的改进计划。调研的目标之一，就是根据调研结果进行人力或管理工作调整，否则调研就失去了大部分的意义。尤其是针对员工层面，当员工发现企业正在根据自己的反馈进行调整时，会更有归属感。

五、敬业度与满意度调研的结果分析

在调研结束后，企业需利用收集到的信息，分析总结出对企业管理与未来发展有指导价值的信息，包括企业员工整体的敬业度与满意度情况，各层级和部门员工的敬业度与满意度情况，有关键影响的维度是哪些，以及企业后续整体发展改进的方向等。

（一）整体情况分析

1. 整体情况概览

在结果中，最显著也是最重要的信息之一即企业整体敬业度与满意度情况。通常分为以下四类。

（1）最佳地带。满意度与敬业度位于80%~100%，此时企业处于最优状况，员工绩效良好，人员流动率低，企业整体充满活力。在历年最佳雇主评选中，获得最佳雇主奖项的企业平均满意度与敬业度为88%。

（2）稳定地带。满意度与敬业度位于60%~80%，此时企业处于稳定状态。其中，企业的平均水平为63%。

（3）问题地带。满意度与敬业度位于60%~30%，此时组织中相当一部分员工没有尽其所能地帮助企业获得成功，企业有部分问题比较明显，有待改善。

（4）危险地带。满意度与敬业度位于30%~0%，此类公司处于剧烈变动中，可能或已经发生员工大规模离职的情况。企业需通过调研结果，进行相关变革，否则将受到很大的影响。

2. 敬业度与满意度交叉分析

除此之外，在敬业度与满意度两方面调研同时开展的情况下，可以将敬业度维度和满意度维度进行交叉分析。得到以敬业度为横轴，满意度为纵轴的四象限图形，如图11-8所示。

图 11-8 某企业敬业度与满意度交叉分析样例

由图 11-8 可知，针对不同区域的员工可以采取不同的管理措施。对敬业度与满意度均较高的员工可保持现状。对敬业度较高但满意度较低的员工应针对性地分析其不满意的主要内容，做好工作防止员工流失。敬业度较低但满意度较高的员工一般较稳定，但需要为其赋能，包括工作技能、士气激励等。针对敬业度与满意度均较低的员工，应着力首先提高其满意度，并定期跟进其敬业表现，看是否同步改善。

（二）专项内容分析

1. 人口学信息分析

除整体情况分析外，从性别、部门、层级、年龄、学历等人口学因素出发，也可以通过结果分析初步了解企业不同人群的情况，聚焦关键人群，以便企业了解详细情况，针对性地制订后续管理提升计划。

2. 关键维度分析

通过影响力模型分析，如图 11-9 所示，可以帮助企业着重发现影响作用最大的满意度维度。针对评分较高的维度，可以总结相关经验，针对评分低的维度，应在了解员工诉求的基础上，进行针对性提升设计，着力改进。

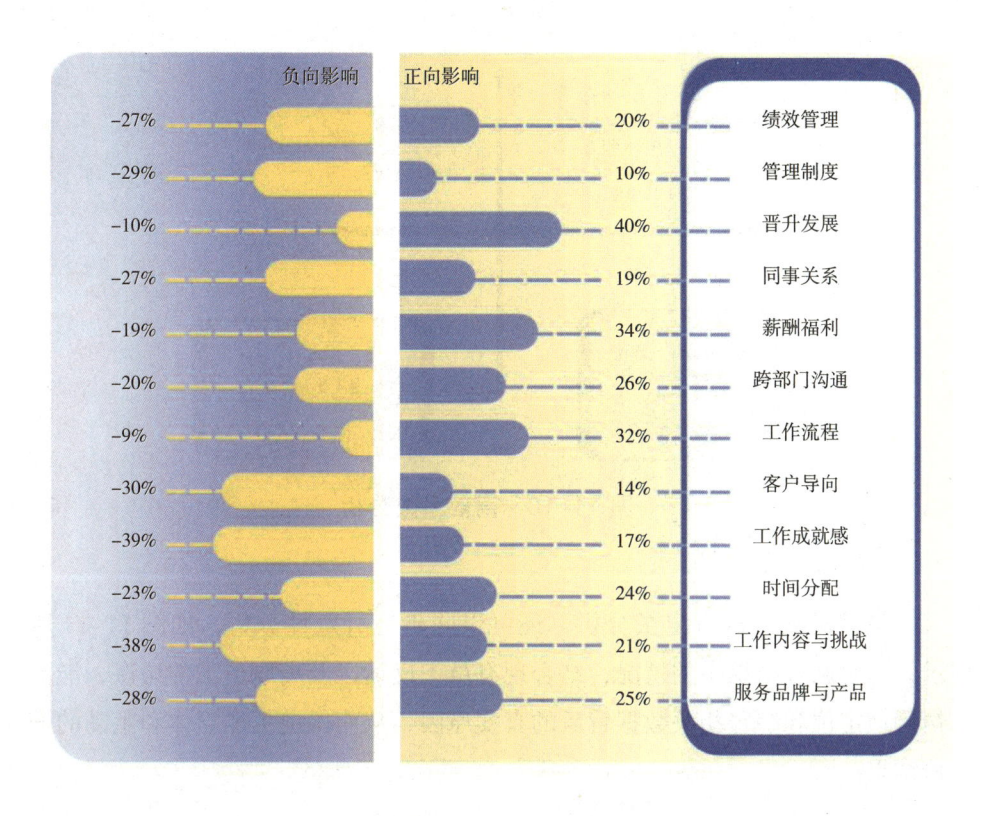

负向影响	正向影响	维度
-27%	20%	绩效管理
-29%	10%	管理制度
-10%	40%	晋升发展
-27%	19%	同事关系
-19%	34%	薪酬福利
-20%	26%	跨部门沟通
-9%	32%	工作流程
-30%	14%	客户导向
-39%	17%	工作成就感
-23%	24%	时间分配
-38%	21%	工作内容与挑战
-28%	25%	服务品牌与产品

图 11-9 满意度对工作状态的影响分析

3. 离散系数分析

每个维度都可能有人评分高，有人评分低，可以通过分析各维度打分的离散程度，如图 11-10 所示。了解员工在哪些维度上的看法不一、差异较大。如果员工在某些维度上满意度较低，且离散系数低，则说明员工对此维度普遍不满，且分歧较小，对这些维度尤其需要加以关注和改善，尽快采取措施提升。如果维度的综合得分低，但离散系数高，说明员工对该维度的看法不一，有一定的分歧，需进一步分析评分低的群体有哪些共同特征，如是不是同一部门、同一年龄段等，针对分析结果进行专项的跟进和提升。

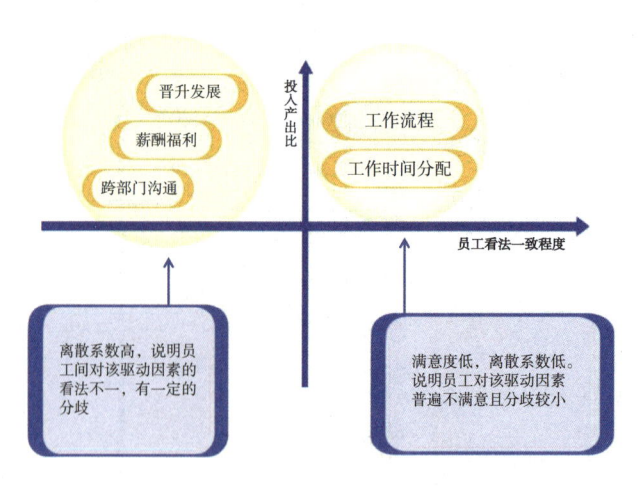

图 11-10　离散系数分析

4. 定性分析

除了对数据进行定量分析，还可以同步进行定性分析，如图 11-11 所示。针对调查结果中的情况，结合现有员工反馈以及离职员工的访谈，能更精确地定位和解释相关数据背后的真实原因，从而得出更加立体和生动的分析结果。

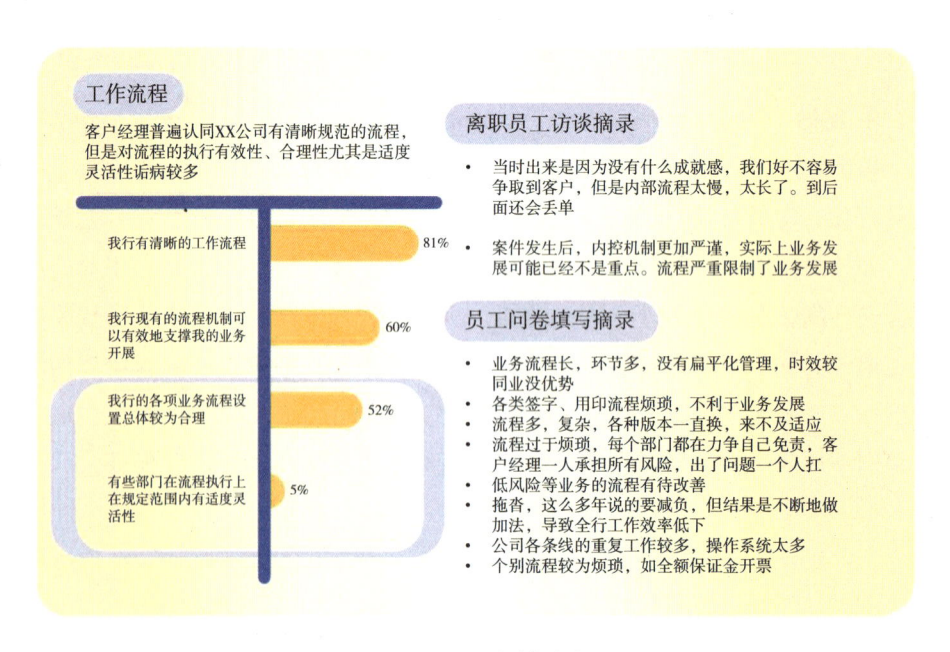

图 11-11　定性分析

第四部分

人才测评怎么用

第十二章
校园招聘测评实务

第一节　校园招聘的重难点

校园招聘是从学校直接招聘应届生的一种外部招聘方式，具有招聘对象固定、时间集中、规模庞大等特点。通过校园招聘，企业不仅可以吸纳高素质人才和新鲜血液，还能树立良好的企业形象，与高校建立紧密的合作关系。近年来，企业越来越重视校园招聘，投入了大量的人力和物力。了解校园招聘的重点和难点，掌握测评的实践方法，能够助力企业在激烈的人才竞争中吸引更多优秀的人才。

一、简历数量多，筛选成本高

随着我国高等教育普及率的不断提高，高校应届生的数量也在逐年攀升。一些大型企业在一次校园招聘中可能会收到上万份简历，降低招聘成本、提高筛选效率就成了亟待解决的问题。

在校园招聘中，组织线下考试需要耗费大量的人力和物力成本，效率也比较低。为了解决这个问题，企业可以实施线上考试，不仅省去传统考试的场地租赁、监考人员等成本，还可以方便异地受测者参与，提高考试效率和准确度。线上考试还可以提供更多的考试形式和题型，如心理量表、编程测试等，企业可以通过使用科学、有效、适合校园招聘的测评工具，快速筛选和淘汰能力素质不符合需求的应届生，控制进入面试的人数，减轻后续招聘工作的压力。

面试环节也可以使用线上化的形式，有些企业甚至在初面中使用 AI 进行系统面试和评分，这种完全不需要人工投入的面试方式，可以大幅提高面试的效率。

二、应届生经验少，匹配度难判断

与社会招聘相比，校园招聘在筛选应届生时，应重点考查其基本潜质，即底层素质，如责任心、主动性、沟通能力，以衡量其是否具备成为优秀员工的潜质和可能性。当然，也需考虑其性格、专业知识与技能、职业倾向等因素，以确保其与岗位要求有较高的匹配度。例如，可以通过考查一般通用能力，筛选并淘汰基础认知能力较低的受测者，再从职场通用的基本潜质（性格、能力、动机、胜任力等）进行综合考查，筛选出未来能取得高工作绩效的优秀人才。

三、应届生入职后不适应，流失率高

相对于社会人员，应届生可能因为缺少工作经验和明确的职业规划，出现对自我认知不够清晰、对职场生活产生不合理预期等情况，从而导致对企业文化不适应或成长不符合预期，最终离职。

对人才流失问题，企业可以引入科学的测评工具辅助面试，根据测评结果为应届生提供针对性培训和发展计划，以提高应届生的工作表现和明朗其职业发展前景。例如，通过测试其职业价值观、职业兴趣，了解应届生看重职场中的哪些方面，判断其诉求与企业文化和企业的现实环境是否匹配，也可以根据应届生的性格特点提前判断适合他/她的职位和团队，避免不适应的情况。

四、优质生源有限，签约率低

在竞争激烈的人才市场中，优化求职体验是吸引优秀应届生的关键。企业需要考虑应届生的感受，优化流程，完善细节，提升应届生求职的参与度和满意度，从而增强企业的吸引力。反之，如果在招聘过程中表现出高高在上、盛气凌人的姿态，哪怕是再好的企业，应届生也会敬而远之。

校园招聘是企业品牌建设的重要部分，成功的校园招聘活动不仅能招募到优秀人才，还能提高企业的知名度和美誉度。部分企业甚至将品牌的校园传播放在与校园招聘同等重要的地位，制订了系统的校园传播与招聘计划。

在校园招聘过程中，通过规范招聘流程、展现人性化关怀、凸显高层个人魅力等方式，让应届生感受到企业的内部文化、人才理念和管理水平，树立起良好的企业品牌形象，从而吸引优秀人才。

除了求职体验，应届生选择一份工作的影响因素各有差异，企业可以通过针对优秀应届生在求职时关注的因素进行企业优势介绍，吸引其加入企业，提高签约率。对应届生的职业规划和期望，以及其对企业文化、工作环境、薪资福利等方面的需求，可以通过面试、问卷调查等方式获取，也可以通过相关机构发布的大数据报告获取。另外，企业也需要尽力提供良好的职业发展机会和晋升空间，以及完善的培训体系和福利待遇，满足应届生的职业发展需求和期望。

第二节　校园招聘的测评方案

一、将秋招时间适当提前

校园招聘通常在每年的 9 月—12 月和次年的 3 月—5 月进行，分别被称为秋招和春招。提起招聘，人们往往会想到金九银十、金三银四，由此可见时间对于招聘的重要性。近年来，很多优秀企业将秋招时间不断提前，甚至设置了"秋招提前批"。为了争夺优秀应届生，企业可以在暑假期间开始策划校园招聘活动，9 月即可迅速开展校园招聘测评，这也符合应届生的求职需求，便于获得良好的"首因效应"。对于春招，在 2 月—6 月找工作的应届生人数相对秋季要少，此时再像秋招一样开展大规模招聘已无必要。企业可以对照人才需求查漏补缺，重点关注报考研究生和公务员失利的应届生，从中筛选优秀人才。春招时，总的原则是择优。

二、构建个性化的考查模型

校园招聘规模大、岗位多，想要成功招聘，企业需要构建个性化的考查模型以提高招聘测评的区分度。对某些经常考查的维度（如积极进取、沟通表达等）应届生往往准备充分，可能会出现"天花板效应"，即大部分人表现良好，分数集中在高分区，难以有效筛选。为解决这一问题，企业可以通过科学的人才画像，明确各部门、各岗位对应届生的招聘要求，构建精准的考查模型，提高人才识别的有效性。

三、采用多轮筛选的招聘流程

不同的考查方式有各自的特点和优势，适合考查的素质模块也不尽相同。多轮筛选可以实现对受测者更全面、更深入的考查。校园招聘通常采用心理测验、线上笔试、群体面试、个体面试相结合的方式进行测评筛选。首先，通过心理测验和线上笔试进行大规模的、迅速的初步筛选。其次，通过无领导小组讨论等群面形式考查综合素质，如逻辑思维、沟通表达、团队合作。最后，通过结构化或半结构化等个体面试形式发掘深层次内容，如求职动机、稳定性、价值观。通过多轮考查，能更好地甄选出各方面都满足要求、表现突出的优秀人才，如表12-1所示。

表 12-1 多轮筛选招聘流程表

考查形式	常用测验	考查内容
笔试	通用能力测试	快速掌握新知识、新技能的基本能力和素质
心理测验	职业兴趣测验	通过了解个体对不同职业领域的兴趣程度，匹配合适的岗位
	性格类型测验	定位个体职业性格类型，判断其是否适合某个职位/团队
	职业行为风险测验	评估个体是否存在潜在的极端性格与极端情绪等风险
面试	结构/半结构化面试	根据特定职位的胜任特征要求进行当面交流和提问
	无领导小组讨论	评估应届生在团队中的适应性和影响力，以及问题分析与解决、沟通与合作能力等

四、创新招聘形式

校园招聘对于多数企业来说是非常关键的补充新鲜血液、发展人才梯队的渠道，同时也是向广大应届生展示企业品牌理念与形象的重要市场活动。

因此，企业需要在设计专业招聘流程的同时，创新招聘形式，将更贴合未来工作环境与任务的面试方式和考查维度引入招聘过程中。这样不仅能帮助应聘的应届生提前了解相关工作场景和任务，也能在更生态化的情景中考查他们的真实素质状况。虽然创新校园招聘形式需要花费更多的精力、人力和物力，但基于能高效筛选出优秀人才、树立好的企业品牌等综合益处，投入是值得且必要的。

最后需要提醒的是，校园招聘测评过程主要关注应届生在各个考查环节的素质表现，但这些并不代表他们最终的工作绩效。企业需要培养应届生形成正确的工作认知，促进其对组织的了解、认可和忠诚，并做好优秀人才的保留工作。企业应为入职的应届生提供系统培训，帮助他们尽快了解企业、了解自身工作内容、转换思维和行为方式，以更符合企业要求的方式开展工作。同时，针对入职应届生团队在测评中得分普遍较低的维度进行培训，可以收获事半功倍的效果。

校园招聘经典案例

某大型电力企业校园招聘项目

项目概述

某大型电力企业计划在上海、北京、哈尔滨、西安、重庆、武汉、广州等七个城市进行巡回专场校园招聘。招聘通过前期预热宣传、校园宣讲、简历筛选、笔试、面试等环节，希望达到吸纳合适人才、推动校企关系、强化企业品牌等多个目标。

面临挑战

- 同类型、同系统的企业人才争夺激烈。
- 各渠道宣传资源有限，达成良好宣传效果面临挑战。
- 宣讲、面试涉及学校多、地域广，准备时间短。
- 参与学生数量多，对组织严密性要求高。
- 非职业考官多，测评技术与评估准确性面临挑战。

解决方案

多轮选拔，全面考查

通过笔试进行初步选拔，通过 AI 系统进行线上初面，筛选出千余人进入线下面试，然后通过对抗式无领导小组讨论和半结构化面试，选拔出合适的高素质人才。招聘环节和执行内容如下表所示。

招聘环节	执行内容
简历筛选	按照学历、毕业院校等条件，筛选出符合要求的受测者6000余人
在线笔试	对受测者开展行测等通用能力在线笔试以及素质测评，筛选出3000余人
AI面试	使用AI系统给受测者发送作答邀请短信，使用微信小程序进行AI面试。所有受测者平均15分钟即可完成面试，筛选出1300余人
对抗式无领导小组讨论	小组群面，5个面试间同时进行，面试3天，筛选出600余人
半结构化面试	采用半结构化面试的单面形式，由各部门领导、人力资源部招聘人员及企业外部专业面试官进行现场面试与评分，确定最终录用人员

试题开发与面试官培训

针对目标岗位特点设计测评模型，基于模型开发有针对性的题目，使群体和个体面试的试题符合企业岗位的实际工作情景，取得了更好的筛选效果。面试开始前，为面试官提供了配套的面试流程与操作文件，进行了面试官培训和分数标准的统一与控制，确保了面试结果的有效性。

项目收益

提早规划，抢先实施

提早入手，避开校园招聘高峰时间段，提前梳理盘点目标院校，统筹优化宣讲、面试路线，避免与同类型企业在同一地区、同一时段开展招聘。最终，此次校园招聘活动总体进行得非常顺利，各城市的专场宣讲会均座无虚席。

校内宣传，提升了宣传效率

从简历投递情况及来源高校分析，此次校园招聘的七个目标城市是简历投递的主要来源，体现出校内宣传对简历投递的直接作用。来自知名高校的上万份简历，为该大型企业选贤纳才提供了广阔的选择空间。

关注细节，塑造了良好的企业形象

通过设计视觉风格统一的宣传海报，直观地向广大应届生展示了企业形象，实现了良好的企业品牌形象管理。此外，在受测者通知、编组、签到候考等各个环节都严格关注细节，体现出企业的人文关怀。在面试官培训时，特别强调所有面试官必须对应聘的应届生亲切、随和，让应届生感受到被尊重、被重视。

第十三章
社会招聘测评实务

第一节　社会招聘的重难点

社会招聘是企业获得外部优秀人力资源的重要途径，一般大型企业中社会招聘的员工占总员工的 40%~60%。与校园招聘相比，社会招聘的时间往往是企业根据人力资源需求自行决定的，可以全年持续招聘，也可以随时暂停。

企业在开展社会招聘时，目的性通常非常明确，对求职者的专业、工作经验、技能熟练程度等方面都有一定的要求，期望召之即来，来之能用，立即上岗。所以，如何在短时间内找到适合目前岗位和团队，且能力突出的人才，是每个企业都非常关心的问题，这也是社会招聘的难点所在。社会招聘的常规流程如图 13-1 所示。

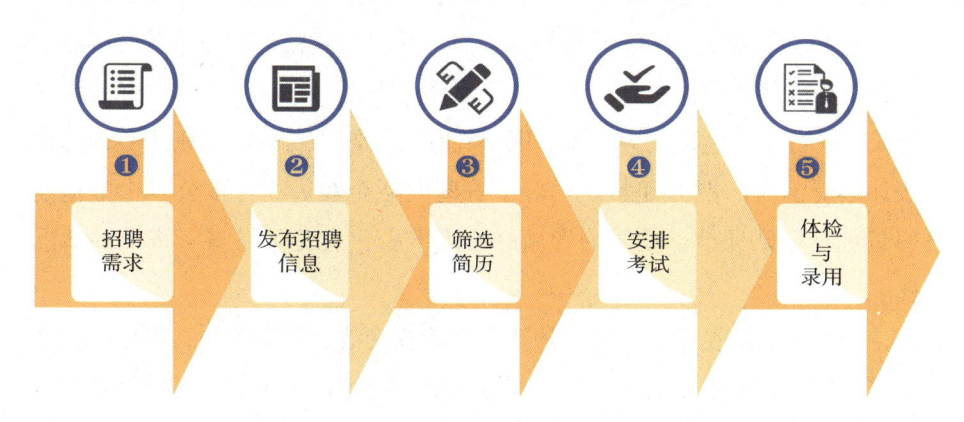

图 13-1　社会招聘的常规流程

一、面对紧急的人员需求，需要快速找到适合的人前来应聘

与校园招聘相比，社会招聘主要面向有经验的人员。岗位空缺往往由人员变动或业务变化引起，所以需要快速找到适合岗位要求的人员，以解决人手不足的问题。

想要实现这个目标，首先需要选择合适的招聘渠道。社会招聘主要是通过各类招聘网站或者猎头公司展开，具体形式有职业中介机构、现场招聘会、媒体广告、网上招聘等。除了第三方招聘平台以外，部分企业还建立了私域，如企业公众号、社群等，或者通过各种内推渠道触达高质量、高意向人才。选对招聘渠道，就能有效地降低招聘成本。

当招聘信息触达目标人群后，企业可能会收到大量简历。社会招聘收到的简历，应聘者在从业年限、从业企业性质、具体工作内容等方面各不相同，其与企业需要的适配度难以比较。HR可以借助岗位胜任特征进行简历检索和筛选，快速找到需要的人参加考试。需要注意的是，在招聘过程中，应尽早向受测者反馈结果，如果各招聘环节间隔过长，可能导致优秀人才流失。

二、社会招聘中，受测者经常排斥笔试

校园招聘的对象是应届毕业生，受测者层级差异不大，且都没有工作经验，因此更注重考查通用能力和基本素质。社会招聘则更加注重对受测者过往的工作经历和专业技能进行考查。需要注意的是，一些较为成熟和资深的社会人员，可能对笔试较为排斥，因此在社会招聘中可以考虑采用其他测评方式评估受测者的能力和素质。对于一些大型企业，在考试公告中应提前写明是否有笔试环节，让受测者做好心理准备，避免笔试参考率低的情况出现。

为了提高笔试参考率，可以从几个方面改变或优化。首先，可以优化考试形式，提高受测者参加考试的便利性。如果组织线下考试，可以将考试时间安排在周末或者分批次组织考试，也可以将线下考试改为线上考试，并且留出更长的考试时间，只要受测者在规定的时间段内完成即可。其次，可以降低笔试难度，减少考查智力的试题，或者将对专业能力的考查放在面试环

节。另外，需要缩短笔试作答的时间，最好在30分钟左右，最长不要超过一个小时。

三、用人部门和人力资源部门意见不一致

在招聘过程中，对于是否录用某位受测者，HR可能会和用人部门产生分歧。有时HR认可的人，用人部门觉得不够专业；而用人部门选择的人，HR可能觉得其不够稳定。要解决这个问题，需要从两方面入手：一方面企业要优化选人的决策流程，另一方面要促进各决策者对选人用人的标准形成统一理解。

针对选人决策流程而言，大量企业采取"谁用人谁选人"的原则，由人力资源部门、用人部门及上级领导形成决策小组，引入第三方面试专家意见，进行决策责任共担。在这种人员组合下，面试可以分为两类。一类是共同面试，即所有决策人同时面试受测者，但评分权重略有不同。更多公司采用的是第二类，即过关面试，一般需要经历HR、业务部门和上级领导三轮面试，只有通过前一轮面试，才能进入下一轮。这类面试中，不同决策人的考查侧重点不同，如HR会重点考查受测者的风险性、综合素质和潜力，业务部门更侧重于考查受测者的专业技能水平和相关经验，上级领导关注的则是受测者对战略的实现是否有价值等。

针对统一的选人用人标准而言，当缺乏统一的选人评价标准时，不同的面试官对受测者的评价可能会受到过往经验、个人偏好、情绪体验等多因素的影响，无法得出一致的评价。因此，促进各决策者对选人用人的标准形成统一理解尤为重要。一些大型企业会建立岗位胜任力模型，用以指导对人才的选、用、育、留工作。但是更多的中小企业无法在胜任力模型上投入过多的成本，因而会采用内部会议的形式进行交流。在面试前后，HR可能会将市场上该类型人才的保有量、供需量，以及各受测者的优势等信息提供给用人部门，帮助用人部门做出理性决策。也有部分企业在面试过程中引入科学的面试方法，如STAR面试法，尽可能依据客观、统一的标准进行决策。

四、社会招聘中，严格把控用工风险

近年来，因职员的不规范行为导致企业蒙受损失的现象频现网络，例如程序员"删库跑路"、员工外泄核心资料。对企业而言，员工的职业行为风险已经成为用人风险中的突出因素，越来越受到企业关注。尤其是一些工作压力大、工作内容枯燥的岗位，在招聘时需要注意降低用人风险。

对此，传统的方法是对受测者进行背景调查，对求职者的基本信息、职业履历和工作能力等进行多维度的评估和确认。也有很多企业会通过心理测验来了解求职者的职业行为风险水平，识别高风险人群。

五、需要确保招聘过程的公平公正

企业需要确保招聘过程的公平公正，以吸引并留住优秀的人才。然而，在实际操作中，有些企业可能存在主观偏见等问题，导致招聘不公正，影响企业形象。企业应采取措施确保招聘过程的公平和公正，常见措施如下。

首先，制定明确的招聘标准和流程。企业应在招聘前制定明确的标准和程序并公开，以便所有应聘者了解招聘要求和步骤。在组织线下考试时，要遵循回避原则，线上考试时要加强监督，杜绝作弊。

其次，采用多元的测评方法。尽可能使用客观的评分作为筛选依据，采用多种考核方式全面评估应聘者的能力和素质，避免单一面试方法对某些应聘者造成不利影响。

再次，建立有效的申诉机制。企业应建立申诉机制，使应聘者能够投诉任何不公正或不合理的招聘问题，增强企业的透明度和公信力。

最后，企业可以借助第三方机构进行招聘，以防止内部人员对招聘过程的过度干预。

第二节 社会招聘的测评方案

在本章第一节已经介绍了社会招聘流程中常见的问题及注意事项。本节我们将结合社会招聘的重难点，从测评的角度出发，重点介绍社会招聘中笔试、面试、心理测验的相关内容。

一、笔试

在社会招聘中,笔试并非必需环节,许多企业会在简历筛选后直接进行面试。但是,对于一些大型企业,尤其是国企或央企,通常都会设置笔试环节以确保招聘过程的公平、公正和严谨。

笔试的试题组合会根据岗位的不同而有所差异。

就客观题来说,基层岗位的笔试试卷通常会将行测和专业知识进行组合。对于管理岗位,笔试中会在专业知识部分加入管理学试题,同时行测中的数学运用和图形类题目会减少,甚至笔试中不设置行测试题。

就主观题来说,管理岗位的主观题通常采用管理案例或公文筐的形式,基层岗位中,如果是偏行政、文秘、人力资源等支持性的岗位,通常会考查公文写作;如果是业务岗位,则通常会采用更能考查业务相关知识的主观题形式,例如简答题、论述题和案例分析等。

二、面试

在面试过程中,最常见的面试方式是结构化面试。在前期岗位分析和建模时,不同岗位的胜任维度会存在差异,因此需针对这些差异,设计不同的结构化面试问题。例如,对于销售人员,可能会考查其影响力、说服力,以及为客户提供服务的能力;对于专业技术人员,可能会更注重其分析问题、解决问题的能力,以及成就动机等。从不同职级来看,基层岗位更强调团队协作和执行力,而管理岗位则更强调团队管理和战略执行能力。

如果采用群体面试的方式,基层岗位一般会使用无领导小组讨论,而对于中高层管理岗位,更多会采用工作会议、沙盘模拟的形式来进行评估。

三、心理测验

随着现代人力资源的理论和实践的发展,心理测验在企业人才测评中越来越受到重视。社会招聘中,常用的心理测验及其考查重点如表 13-1 所示。

表 13-1　常用的心理测验及其考查重点

常用心理测验	考查重点
职业行为风险测验	快速筛查高风险人员，降低企业用人风险
工作行为风格测验	定位个体行为风格，尤其是管理风格和沟通风格
大五人格模型测验	从责任心、外倾性、开放性、宜人性和神经质五个维度考查性格特质
职业价值观测验	了解受测者对职业的诉求，判断个人追求与企业文化、价值观是否匹配
胜任力测验	考查受测者是否具备岗位所要求的胜任素质
管理潜力测验	区分基层、中层和高层岗位，评估受测者在特定层级上的管理潜力

社会招聘经典案例

某国有银行省分行年度社会招聘

项目概述

某国有银行省分行开展部分基层岗位的社会招聘工作，预计招收约200人。该银行委托第三方机构，采取宣传、简历筛选、测评+笔试、初面、终面等系列措施推进此次招聘工作。

面临挑战

项目面临的挑战主要集中在以下两个方面。

第一，银行领导表示必须剔除能力不合格的受测者。重点考查受测者的基本素质、风险情况，以保障受其未来发展潜力。

第二，在保证有效性的前提下，提高人员筛选的效率。采用线上测评+专业知识考试+线上面试的方式进行筛选，层层递进地评估受测者的多项素质。

解决方案

解决方案具体内容如下表所示。

流程环节		具体内容
简历筛选		各分行机构按招聘需求计划等比甄选出1000余份合格简历
线上测评		➢测评工具 • 职业行为风险测验：识别人群中的高风险人员，避免其加入银行 • 通用能力测验：评估受测者的基础素质水平，筛除基础能力差的人 • 性格类型测验：了解受测者性格特点，判断其与岗位及团队的适合度 • 专业知识考试：考查受测者的专业素养，确保其具备专业知识和技能 ➢测评结果 • 筛除362人，661人进入面试
面试	无领导	• 以线上无领导小组讨论的形式，考查人际互动、团队合作等能力 • 面试官实时在线评分，出具面试成绩评价表
	结构化	• 3:1的半结构化面试，考查受测者的稳定性、动机等求职意愿 • 结合一面、二面成绩，出具最终成绩单
招聘结果		• 发放offer 200人，成功签约193人

项目收益

高效的筛选方式

测评环节和面试环节均采用线上形式进行，既方便受测者作答，也能够节省线下考试的成本，而且实时出具考试结果，能够在短时间内快速完成所有人员的测评筛选工作。

多元的测评方法

项目使用了多种测评工具，为企业的录用决策、面试考查建议、配岗安置都提供了较为全面的信息。

素质考查全面

此项目不仅考查了基础能力、风险因素、性格特点等三个方面的底层素质，而且通过两轮面试，较为全面地评估了受测者的团队合作、逻辑思维、求职动机等素质。

第十四章
内部竞聘测评实务

第一节 内部竞聘的重难点

内部竞聘是指企业内部员工通过竞争的方式来争取一个或多个职位，而非从企业外部招聘新的员工。这种方式不仅能激发员工的积极性和创造力，还能够更好地发挥员工的潜力，提高员工的工作满意度。内部竞聘还可以降低企业的招聘成本和培训成本，因为内部员工通常已经熟悉企业的文化、常规的办事流程和规则，并且具备一定的工作经验和技能。而从外部招聘的员工，可能需要经历企业文化的了解和适应过程，对工作职责的内容和标准规范需要逐步熟悉，内外部沟通中的人脉也需要慢慢积累，这些方面都有很大的时间成本。相比之下，通过内部竞聘上岗的员工，能够大幅压缩学习和适应阶段，快速上手开展工作。

内部竞聘有诸多好处，但要取得比较好的效果，有几个重难点问题需要注意。如果这些难点问题没有得到有效应对和处理，可能会导致竞聘项目失败。

一、缺乏清晰的竞聘岗位标准，评委不知道怎么评价

当前有很多内部竞聘项目，缺乏对竞聘岗位能力素质的清晰描述，竞聘岗位的素质模型缺失，内部晋升和选拔没有标准参考，没有评价方向，往往导致竞聘评价结果出现偏差。所以，在竞聘之前需要深入研究和分析竞聘岗位的战略要求、岗位职责等，使用胜任力建模的演绎法和归纳法制定出竞聘岗位的胜任力模型，用模型指导后续竞聘工作科学开展。针对特定的竞聘岗位，一次建模通常可以多次使用，无需每次都重新建模。而且岗位的胜任力

模型不但可以用于内部竞聘，也可以运用于外部招聘，甚至用于人才盘点，所以前期建模的价值显著。

二、竞聘上来的人经常表现出很难适应和胜任竞聘岗位的要求

针对这个问题，在竞聘过程中，不仅要关注竞聘人员过往的成绩，还需要考查其管理潜力、管理意愿等综合素质，切实选拔出符合职位要求的人才。例如，有一些技术专家，本身在技术领域是很出色的，但其本身可能并没有管理的欲望，或者缺乏管理的才能，如果只考虑其具有优秀的技术能力，不考虑其管理的意愿和能力，在内部竞聘中将其晋升到管理岗位，很可能导致其有较大的压力，难以适应，严重的后果可能会导致其离职，使企业痛失一位优秀的技术人才。

另外，在内部员工竞聘成功后，也需要针对其在新岗位上的适应情况，提供相应的辅导和赋能，帮助其度过适应期。

三、不同领导对竞聘人员的评价差异很大，难以统一

这个问题在竞聘项目中是比较普遍的，一方面是由于评价的角度不同，另一方面可能是涉及部门、团队等的利益考虑。很多内部竞聘项目简单地以领导的主观评价为主，评价方法亟待创新，且缺乏运用测量工具来评估人才素质的经验，导致评价过程不够科学有效。这也是内部竞聘的公平性和公正性受质疑的原因。如果有客观的笔试分数、心理测验数据和内外部面试官的评分记录，就能更有效地展现出竞聘过程的公平性和公正性。

所以，针对这种情况，企业可以引入客观的评价数据，如测验结果等，平衡主观评价。另外，企业也可以采用灵活的筛选方式，例如，领导独立打分、无须合议统一，选取那些每个领导或大多数领导都"同意"和"通过"的人员等。如果某个受测者得到多数领导的认可，其在后续的工作中取得优秀绩效的概率通常较高。

四、竞聘结果受争议，未竞聘上的人员对结果有质疑

对于这种质疑，首先，需要在流程上确保公平、公正、公开，让所有竞聘人员对过程无质疑，无异议。其次，需要基于有效的评价标准选择科学的

评价工具和方法，得出客观的测评结果。此外，针对内部难以平衡和决策的情况，很多企业都会委托第三方专业的测评机构，设计科学的流程和安排考查内容，严谨组织竞聘各环节，确保竞聘科学规范、公平公正。第三方具有公信力的客观结果，能有效地避免内部的各种利益权衡。

以上是针对竞聘过程和结果的公平公正角度，另外企业还需要注意落聘人员的安置问题。参与竞聘的人员在落选后通常会重新回到原有的工作岗位，有些企业在人员落选后甚至会解除劳动合同，或者安排员工进行培训，通过考核后平调到其他岗位工作。无论是上述哪种情况，都会给落聘人员带来心理压力，如果未能及时做好疏导工作，可能会使他们产生不良情绪。

第二节 内部竞聘的测评方案

基于内部竞聘项目上述的重难点问题，在设计竞聘方案时可以参考以下流程，如表 14-1 所示。

表 14-1 内部竞聘流程

竞聘前	竞聘中	竞聘后
·竞聘岗位模型构建 ·竞聘方案与流程规划 ·竞聘通知 ·竞聘人员资质审查 ……	·笔试 ·线上心理测验 ·线下评价中心 ……	·报告撰写与反馈 ·竞聘成功人员培养 ·竞聘失败人员安抚 ……

竞聘前的岗位模型构建在本书第二部分有详细介绍，此处不再赘述。竞聘后的报告撰写与反馈等内容，不同行业、企业、岗位差异较大，需求点各不相同，难以有共同的标准和模板。因此，重点介绍内部竞聘中的笔试、线上心理测验、线下评价中心的匹配性内容。

对于内部竞聘，笔试并不是必须有的环节，但是很多企业为了体现出竞聘的严谨性和严肃性，会进行比较正式的笔试。考查的内容包括岗位专业知识、行测和写作等。对于基层竞聘岗位，往往会考查专业知识和行测，这些试题通常都有标准答案，属于客观题，对就是对，错就是错，分数是确定的、不容置疑的，是最公平公正的考试成绩。

　　内部竞聘的线上心理测验部分，通常会考查管理潜力、管理风格与情商等。考查管理人员的管理潜力或领导力，能够筛选出高潜力人才，定位长短板，一方面用于筛选，另一方面也可以用于后续的培养发展。考查管理人员的管理风格，有助于判断竞聘人员的管理风格与竞聘岗位和团队是否匹配，也有助于促进竞聘人员上任后的沟通和管理方式的定位与选择。考查管理人员的情商，能够考查竞聘受测者是否具有较高的情商以开展跨部门沟通、协调和合作。综合考查这些内容，能够有效提高内部竞聘选拔的精准性，并且为后续的报告撰写、反馈与培养提供科学的数据支撑。另外，线上部分，通常还会采用360度评估，以考查竞聘受测者的群众基础，除了自身的素质水平测评之外，让其他同事从工作行为表现与相应素质能力水平等方面进行多角度、全方位的评估。

　　线下评价中心部分，内部竞聘项目可以采用定向行为事件访谈、公文筐测验、演讲答辩等。定向行为事件访谈和行为事件访谈的原理相同、方法相同，但是对象和目的不同。行为事件访谈的对象是绩效优秀人员，访谈的目的在于提取他们身上的胜任素质，收集优秀的行为案例，用于构建胜任力模型。定向行为事件访谈是在已确定胜任力模型的基础上，通过访谈了解受测者在胜任力模型各胜任力项上的水平，判断其是否达到竞聘岗位的要求。公文筐测验比较适合中高层岗位的竞聘，基层管理岗位不建议使用公文筐。演讲答辩（也称为述职展示）在内部竞聘中可以有效地考查竞聘受测者的逻辑思维、言语表达、抗压能力、灵活应变、战略思维、感染号召力等，是一种形式灵活、参与度比较高的竞聘测评形式，在实践操作中有时甚至可以邀请其他员工进行观摩学习，更好地体现出竞聘过程的公平、公正、公开。

内部竞聘经典案例

某饭店中层干部竞聘及落聘人员个性化反馈辅导项目

项目概述

　　作为成立几十年的五星级单体饭店，其成立之初饭店经营业绩良好，行业内有口皆碑。随着后期发展，饭店出现人员素质逐渐跟不上发展要求、员工安于现状、缺乏市场竞争意识等问题。

故企业让中层干部全体重新竞聘，通过第三方专业测评，对基础素质好、发展潜力佳的人员委以重任，对能力、绩效水平仍有差距的人员进行辅导反馈，帮助其自我认知，并指导其后续职业发展。

面临挑战

项目的挑战主要集中在以下两个方面。

第一，作为国企非常注重社会影响，因此对这次竞聘项目实施的合理性、严谨性、保密性要求极高。

第二，对于落聘人员的安抚工作，需基于测评结果对其进行反馈，帮助其认清自我优势和不足，了解自身性格、能力特点，指导个人进行合理的职业规划，疏导落聘人员心理落差，这些都需要专业人员提供支持服务。

解决方案

竞争性选聘程序设计

由企业方牵头组织，第三方专业机构参与选聘全过程，保证选聘工作公开透明和公平公正，具体流程如下图所示。

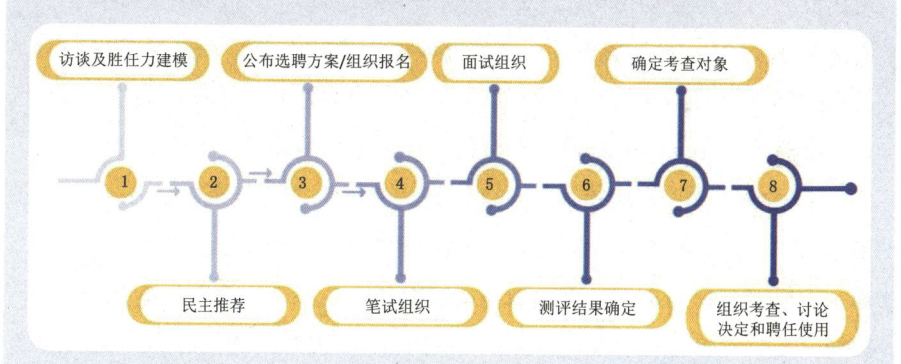

流程：
1. 访谈及胜任力建模
2. 民主推荐
3. 公布选聘方案/组织报名
4. 笔试组织
5. 面试组织
6. 测评结果确定
7. 确定考查对象
8. 组织考查、讨论决定和聘任使用

评价工具组合

A. 笔试（125分钟）

（1）通用能力测验（行测）：30分钟/人，30题。

（2）酒店管理知识及英语能力测验：40分钟/人，50题。

（3）中层干部管理潜力测验：40分钟/人，147题。

（4）工作行为风格测验（管理风格测试）：15分钟/人，24题。

工作行为风格测验结果作为参考和面试辅助。

笔试成绩＝通用能力分数×0.3+管理潜力分数×0.3+酒店管理知识及英文能力分数×0.4

B. 面试考查（20分钟）

（1）中层干部胜任力定向行为事件访谈考查，15分钟。

（2）岗位专业能力考查，5分钟。

面试成绩＝定向行为事件访谈分数×0.6+岗位专业能力分数×0.4

C. 总成绩＝笔试成绩×0.3+面试成绩×0.7

落聘人员个性化辅导反馈

反馈资料准备

受测者在反馈前获得三份材料，分别是中层管理者胜任力模型、工作行为风格测验报告、SKS个人反馈表（个人行为发展目标）。中层管理者胜任力模型有助于让受测者了解这次内部竞聘评价的指标和标准，进行自我评估，在反馈过程中可以进行对比讨论；工作行为风格测验属于个性测验，受测者通过阅读报告可以定位自身的行为风格，尤其是管理风格，方便在反馈时进行互动讨论；SKS（Stop—Keep Doing—Start，即停止—继续—开始）个人反馈表，从"我应该停止做什么？""我应该继续做什么？""我应该开始做什么？"这三个角度制订后续的行动改善与提升计划。

反馈专家在反馈前获得五份材料，分别是反馈流程与提纲、受测者简历、笔试成绩、心理测验报告、面试记录表。由于需要反馈的人员较多，单个人的反馈时间较长，因此安排三组反馈同时进行，在反馈开始前需讨论制定反馈流程与提纲，以确保各反馈组反馈过程与内容的标准化。在反馈前，反馈专家需要仔细阅读和研究每一个反馈对象的简历、笔试成绩、心理测验报告和面试记录表等内容，跳出结果数据将反馈对象视为主体个体，再进行具体的反馈。

辅导反馈流程

具体辅导反馈流程如下图所示。

1.告知	2.倾听	3.认可	4.改进	5.建议	6.总结鼓励
• 告知员工本人测评的结果 • 简要明确结果	• 询问员工对评估结果的想法意见 • 倾听、不打断 • 鼓励	• 对于员工的优点和表现给予认可 • 复述正面事实 • 认可"辛劳" • 具体表扬 • 鼓励改善及进步 • 增强自我肯定	• 指出尚可提升与改进之处 • 关注核心的三项 • 了解原因，引发自我检讨 • 表达支持的意愿 • 征求意见	• 讨论发展需求，就行动计划达成一致 • 引发对未来的思考 • 站在高一层的思维询问员工发展需求 • "你愿意"而非"我要求" • 强化行动	• 以鼓励性、积极性口吻做结束 • 扼要叙述本次面谈带来的价值 • 再次表达未来在工作和生活上协助的愿望 • 祝福对方

项目收益

通过科学安排，严密实施，细致反馈，项目获得了以下收益。

（1）通过精密的设计，优化企业竞聘的实施方案，协助设计出严谨、科学的评价流程，规避操作风险、保障专业的评估过程，使项目执行过程更加顺畅。

（2）基于人才发展角度开展落聘人员个性化反馈辅导，运用心理咨询及员工心理援助等技术，与落聘人员探讨个人困惑，协助其进行能力提升与职业发展规划，获得竞聘者一致认可。

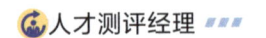

第十五章

培训发展测评实务

第一节 培训发展的重难点

培训可以使员工的知识、技能、态度与行为产生明显的提高与改善，是员工持续学习、不断提高职业能力的一种方式。很多企业和组织通过培训来提高员工的职业技能、职业素养、领导管理能力等，由此提高企业效益，获得竞争优势。尤其是对于新员工、高潜力人才和管理人员，企业特别重视对其培养。但很多企业在培训项目中，无法清晰界定"为什么要培训""培训什么""谁需要培训"这些问题。此外，很多企业对于培训的效果缺乏考量标准与评估方法，对培训的战略意义和作用缺乏准确的认识。具体来看，培训发展工作中的重难点表现在以下几个方面。

一、培训的目的和目标不明确

需要明确"为什么要培训"这个问题。企业的培训部门，有时候会为了完成培训的场次、人次指标而开展培训，至于对"培训的目的和目标是什么""培训对员工能力、业务拓展等的实际效果如何"这些问题并不关心。这种流于形式、为了完成培训指标而开展的培训活动，缺乏明确的方向和出发点，往往会造成培训资源的浪费，也浪费学员的时间和精力。对于员工来说，也存在此类问题：不清楚培训的目的和目标，不知道为什么要参加培训，不知道如何将培训的内容运用到自己的工作中，仅为完成培训任务而参加培训。

二、培训的内容与方式针对性不强

需要明确"培训什么"这个问题。培训组织部门如果对不同层级、不同

部门、不同岗位员工本身的素质状况与工作内容缺乏了解，很可能会导致培训的内容缺乏针对性与有效性，与员工群体的实际工作、培训需求相脱离。因此，在设计与开展培训项目之前，需要通过客观评估，全面了解目标群体的优势和短板，据此定位有价值的培训主题和方向，再根据培训主题选取相应的、匹配的培训形式，这样的培训课程才是企业员工切实需要的。

三、需要参加培训的人员定位不准

需要明确"谁需要培训"这个问题。不同的员工在不同的素质项上差异巨大，有些员工的短板，可能是另一些人的优势，如果一刀切地强制培训，对于那些本身在培训内容方面技能较高、表现较好的员工来说，培训提升的空间有限，就会缺乏吸引力。此外，很多员工可能认为自身能力强，不需要参加培训，如果能通过测评工具，促使员工客观地了解自己的特点，以及能力素质在同行业群体中的水平，就能促使员工更准确地自我认知，更积极地参加培训。

四、培训是否有真正的促进效果难以评估

多数培训项目结束后，都会发放一个培训评估表，让学员在评估表上对培训场地、讲师、内容、组织安排等进行打分或提出建议。然而，除非存在严重问题或安排特别不合理，否则这些评估表的结果通常都是高分，缺乏实质性的意义。培训后，如果用测评数据客观地验证员工是否有进步、有提升，对于学员来说，会更有成就感和再次接受培训的动力。对于培训组织部门来说，也能更好地体现出工作的价值，让领导看到培训部门工作的实际意义和对战略落地的促进作用。

针对上述重难点问题，如果在培训发展中使用测评，可以极大地促进培训工作产生更好的效果，具体体现在以下几个方面。

其一，培训需求信息的收集与主题的定位。获取员工的培训需求信息是一项困难的任务。员工可能不愿意分享他们的需求，因为他们认为这会暴露自己的工作缺陷。因此，需要采取适当的策略，如素质测评、沟通访谈等，来获取员工的培训需求信息，进而准确定位培训的主题。素质测评可以得出客观的能力素质水平，沟通访谈可以了解员工的主观想法和提升的意愿，两

者结合就能更好地确定员工迫切需要的、有强烈提升意愿的培训主题。

其二，确定培训内容和形式。基于员工的培训需求信息，可以更好地确定相应的培训内容和形式。这是一项具有挑战性的任务，因为不同的员工有不同的需求和学习能力。因此，需要综合考虑员工的背景、技能水平、学习偏好等因素，确定最合适的培训内容和形式。引入测评后，可以对员工的各项素质进行分类：对于性格类素质，重点培训员工形成对自我的准确认知，以及基于性格匹配合适的工作岗位与工作任务，扬长补短，更好地发挥优势；对于能力类素质，重点从意识与思维转变，技巧与策略习得这些方面进行提升；对于动力类素质，可以通过战略宣讲、愿景激励、倦怠舒缓等方式加以提升。对不同类别的素质项采取不同的培训方式，能够取得更好的提升效果。

其三，确定培训人员，指导班级分组。根据群体的测评结果，可以定位团队整体的优势与短板，将培训资源聚焦于团队短板，进行集中培训，从而达到最大的资源投入效果。在组织团队集中培训的同时，可以根据员工不同的素质短板情况，进行个人培训内容的自主选择与定制。这种既有团队集中学习的必修课，又可以让员工根据自身能力水平与兴趣，选取提升空间更大、紧迫性更高的课程，可以使每个员工的培训内容收益实现最大化。

此外，在培训的班级和小组组建中，还可以基于测评来进行科学配置。例如，使用MBTI测验，将不同类型的学员组合在一起：在完成小组任务时，先让感觉型（S）的人去广泛收集资料和数据等信息，然后让直觉型（N）的人进行头脑风暴，发散出多种可考虑的方案，再让思考型（T）的人对方案进行逻辑推演和可行性分析，评估出最佳方案，最后让情感型（F）的人来共情，从方案推行后其他人可能会有的反应角度来评估可能会遇到的推行阻碍。这种基于性格测评结果的分组，使大家都能相互学习，技能互补，从而产生更好的培训效果。

其四，客观评价培训效果。培训效果评估是培训发展工作中重要的环节之一，也是一项复杂的任务，因为评估需要考虑到许多因素，如员工原本的技能水平、学习的态度与成果、工作的表现情况等。此外，多数评估都是在培训结束后马上进行，而很多培训的效果在时间上有一定的滞后性，难以马上体现出来。这些因素都导致难以准确评估出培训的效果。

培训效果的评估，一般使用柯式四级评估模型，如果在柯式评估模型中使用科学的测评工具，将使评估的准确度大大提升。柯式模型认为，培训效果评估可以从反应评估、学习评估、行为评估和成果评估四个层次进行：对于反应评估，可以采用问卷调研的方式，询问学员对于培训内容、方式、环境、流程等的主观感受和满意度；对于学习评估，可以采取前后测的方式，分析培训前后学员在专业知识、技能或其他相关素质上的得分差异；行为评估可以使用360度评估，让学员周边的同事通过观察和评估，判断其在行为上的转变提升情况；成果评估一般耗时长，且不易获取，但是对业务开展意义重大，可以持续地分析相关素质的提升情况及其与业务绩效之间的关联数据，进行持续跟踪和深入分析。

综合来看，在培训发展中使用测评，可以了解员工遇到的问题和困难，能确保培训内容的针对性和实用性；可以让员工感到自己的意见被重视，从而提高员工参与培训的积极性和主动性；可以促进培训内容和员工实际工作需求紧密结合，提高工作能力和素质；避免不必要的培训内容和资源浪费，增强培训效果，降低企业成本，从而提高整体的竞争力和业绩表现。

第二节　培训发展的测评方案

培训发展项目的流程一般包括五个步骤，如图15-1所示。

胜任力模型构建
- 基本素质
- 核心素质
- 岗位素质

培训需求分析
- 基于胜任力模型的测评
- 需求调研或访谈

培训计划制订
- 制定培训目标
- 确定培训时间、场地、对象、内容方法、讲师等

培训实施
- 培训实施保障
- 班级管理运营
- 进度数据跟踪

培训效果评估
- 培训前后测评分析对比
- 满意度调研
- 360度评估反馈

图15-1　培训发展项目的五大流程

一、胜任力模型构建

要想在培训实施之前进行测评摸底与培训主题确定,必须先根据培训对象的层级、岗位等构建胜任力模型,可以说,胜任力模型是一切测评的基础。

二、培训需求分析

在培训需求分析中,很多时候培训部门存在"闭门造车"现象,这种主观推测与臆断往往效果欠佳。更进一步的方式,是通过培训需求调研或访谈,了解培训对象的真实想法和呼声,统计分析员工的建议,使培训内容更好地贴合员工的需求。同时也表现出培训部门对员工意见的重视,提高员工参与培训的积极性。事实上,最有效的培训需求分析,是基于前期构建的培训对象胜任力模型开展测评,分析所有培训对象在各项关键素质上的得分情况和群体的表现情况,全面地勾勒出素质画像,深度探测问题的本源,精准地定位改进目标。这样分析出来的培训需求往往更客观、更全面,对实际工作绩效的提升作用更大。

三、培训计划制订

"凡事预则立,不预则废。"培训项目要想取得理想的效果,前期的计划非常重要。首先需要明确培训的目标,包括希望达到的效果、解决的问题,以及改善的具体行为等。根据设定的目标和需求,设计具体的培训活动方案,包括培训的时间、地点、方式、评估方法等。此外,还需估算所要的资源,包括人力、物力和财力,制定相应的预算。培训的方式应考虑到学员的特点和学习习惯,以增强学习效果。培训计划要有明确的目标和时间表,以便实施和跟踪。需要注意的是,培训计划不是一次性的活动,而是持续的过程,需要根据实际情况进行修订和更新,所以最好制订备用计划。

四、培训实施

线下的班级与培训现场管理相对比较常规,内容比较固定,不做过多介绍,本书重点介绍班级管理的线上运营方法,如图15-2所示。

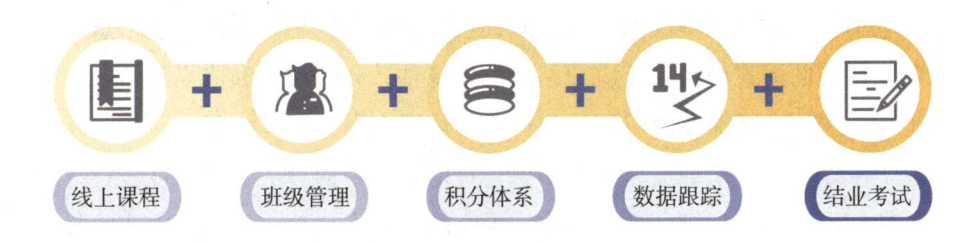

线上课程 + 班级管理 + 积分体系 + 数据跟踪 + 结业考试

图15-2　班级管理的线上运营方法

通过专业的线上运营，不仅可以实现趣味学习，还可以进行数据追踪，从而让学习效果可视化和可量化。线上课程方面，如果企业没有自身的线上学习平台，可以租用第三方平台，上传自身企业的课程内容，也可以直接使用第三方平台的标准课程。不管是哪种方式，课程体系最好能覆盖胜任力模型各项素质的所有内容，学员可以根据自己的测评结果进行自主选修与学习。班级管理方面，可实现作业批改、作业反馈、在线讨论、任务公布与统计等功能。积分体系方面，可统计学习积分、讨论积分、答题积分、考试积分等。数据跟踪方面，可实时统计各学员的学习进度、学习时长、作业次数、考试成绩等数据。结业考试方面，可根据学员学习内容，自主出题，自动判分、统计成绩等。

通过线上云端，可以实现的培训活动非常丰富。开设线上云课堂，学员可以按照学习计划和要求，按时完成线上课程、学习任务及课后考题，进行重复学习和回顾。设置工作清单云打卡，可以发布学习计划和工作清单，学习前后进行云打卡，可培养员工学习主动性和自我管理能力。为学员组建云小组并设立班委，既能让学员体会到不同岗位所关注的不同细节，减缓未来的跨部门摩擦，又能提高线上学习过程中学员的参与度，快速融入团队和企业。云作业，实现系统提交作业，对课程作业进行小组讨论和分享，让学习与实践相结合。针对多地同时开展的培训项目，还可以进行线上云毕业，颁发电子结业证书，评选出优秀团队、优秀个人等不同的奖项，让学员感受到被关注，获得自我实现和归属感，让蜕变之路更有仪式感。

五、培训效果评估

培训结束后，必须对效果进行评估，这是完整培训体系流程的关键环节，它不仅可以检验本次的培训效果，也可以为下次培训提供反馈信息。培训效果评估的柯式模型从反应评估、学习评估、行为评估和成果评估四个层次进行，测评尤其能在学习评估和行为评估两个层次发挥作用。

学习评估是对培训所教授的知识、技能等学习内容的掌握程度进行科学的评估。可以通过考试、角色扮演、提交培训体会或论文综述等方式收集评估信息，也可以通过培训前和培训后的考试或素质测评进行对比分析。此外，还可以根据培训主题的不同性质，灵活地选择，确保所有学员都掌握了相关的培训内容。

行为层次的评估，是指学员们在经过培训后，能否将培训中所学习到的能力运用到日常的工作或管理活动中。可以采用访谈法、观察法等方法，也可以通过360度评估进行跟踪反馈，定期进行，了解自我的评估与他人的反馈是否存在差异，定位行为改善的短板和盲点。培训的本质目标是要改变学员的具体行为，提高其素质能力，从而改善绩效，因此行为评估是培训是否贴合实践、是否有效最有力的检验标准。

培训发展经典案例

某国有银行省分行新员工培训项目

项目概述

某国有银行省分行每年都需进行新员工培训，每批次入职新员工300余人。希望新员工在培训期间，不仅能快速熟悉银行的各项制度、了解企业文化、掌握基本的办公软件操作，还能针对性地提升新员工的职业素质，从个人和团队两个层面促使新员工认识到职业素质的重要性，从而快速融入银行，增强职业稳定性。

面临挑战

项目的挑战主要集中在以下三个方面。

第一，需要了解新员工在行业中的水平，评估当前批次的新员工与往年相比水平如何，与同行业相比水平如何，既需要横向的行业对比，又需要纵向的历史对比。历史数据相对比较好整理，行业数据需要进行大数收集、整理与分析。

第二，以往培训均采用标准化的培训课程，希望此次能够针对这一批员工的能力特点，适当调整培训课程，有针对性地设置整体的集中培训课程。

第三，集体大课之外，需要针对每位学员的短板制定个性化课程。希望在新员工培训过程中增加对个人的关注，从个人层面提出发展要求，让新员工感受到组织的重视。

解决方案

解决方案如下图所示。

1. 评估模型修正
该银行早期构建过新员工通用胜任力模型，本次结合前几年的测评数据以及对应员工入职后的实际工作绩效，进行模型有效性分析，删减鉴别性较低的素质项，修正完善模型。

2. 线上测评
基于修正后的模型进行新员工通用胜任力测评，了解员工个人及新员工团体的优劣势。同时作答性格类型测验，用于指导员工自我认知和班级搭配分组。

3. 团队与个人培训需求诊断
通过团队分析报告了解团队现状，对比以往新员工、其他银行新员工的结果，据此提炼培训课程和教学活动的侧重点。针对个人的测评数据进行整理，为个人反馈做准备。

4. 个人反馈与选修课程选定
进行新员工个人反馈，帮助新员工更加全面地认识自己，理解个体之间的差异。促使新员工根据自己的特点，制定个人发展目标、任务和方法，选修相应的线上针对性课程。

5. 集中培训实施
针对团队培训方向选定相关主题课程开展培训，每位新员工根据个体特点和前期自主选择的线上辅导课程，同步进行必修和选修课程的学习。

6. 培训效果评估
基于新员工通用胜任力测评进行前测和后测数据对比；基于新员工训后回顾与心得体会文档进行质性分析；基于培训过程测评师的行为观察记录表进行时间线的对比分析。

项目收益

第一，赋能新员工团队。从新员工个体和新员工团队两个层面对人才特点进行系统分析，为针对性的人才培养提供方向，加强新员工培训的有效性，实现了为新员工团队赋能的目标。

第二，赋能新员工个人。帮助新员工了解自己、了解团队成员，有针对性地制定个人发展目标、任务和计划，从而提升培训学习的动力和目标感，最大限度地挖掘新员工的潜力。

第三，通过培训让新员工完成了从学校人到企业人的角色转变，掌握情绪管理和精力管理方法，养成积极心态；学会了运用结构性思维，掌握目标与时间管理方法，学会有效利用办公软件，提升工作效率；提升了商务礼仪和公众表达能力，塑造良好的个人和企业形象。通过模拟演练使学员从多角度看待问题，促进了团队协作。

第四，采用"测评+培训"的方式，先进行测评摸底，确定培训内容与方式，培训结束后再进行测评，评估培训效果。测培结合的形式还体现在培训实施过程中，每组均安排了一位测评师进行观察和记录，结合测评结果对新员工深入分析并详细反馈，帮助新员工更准确地认知自我，规划职业发展。

第十六章
人才盘点测评实务

第一节　人才盘点的重难点

人才盘点是对组织的结构和人才进行系统管理的一种流程，在盘点过程中，对组织架构、人员配比、人才绩效、关键岗位的继任计划、关键人才发展、关键岗位的招聘，以及关键人才的晋升和激励进行深入分析与探讨，并制订详细的组织行动计划，确保组织有合理的结构和出色的人才，以落实组织的业务战略。人才盘点通过评估组织内部人才的数量和质量，成为人才管理的引擎，也是人才管理实施流程中的核心环节。只有合理地实施和运用人才盘点结果，才能使人才管理更加高效并达到预期效果。

企业或组织在出现以下情况时，通常需要立即进行人才盘点。

其一，新领导上任后，因不了解班子成员的情况，可以通过人才盘点进行全盘了解。

其二，企业发展到一定规模，管理者已不太了解当前人才的能力状况，可以通过人才盘点进行全面摸底。

其三，集团性企业期望加强管控，需要先把握各级公司管理人员的能力水平和发展状况，可以通过人才盘点来确定。

其四，业务持续发展、蒸蒸日上，有持续性的人才引进需求，需要确定引进什么类型的人、引进多少人等，这类人才引进的具体需求可以通过人才盘点确定。

其五，企业人员老化，不少关键岗位人员面临退休，出现人才断层、青黄不接的情况，可以通过人才盘点确定后续有潜力的继任人才，提早进行培养与锻炼。

其六，有大量专业技术类关键岗位，重视专业，需要或已经建立双通道的企业，可以通过人才盘点进一步合理地规划与设计组织结构及各模块的人员构成。

其七，组织人员的能效普遍不高，企业失去活力，可以通过人才盘点，促进员工成长与提升，给有动力和有能力的员工提供机会和平台，从而整体上提高组织效能。

针对上述这些情况，人才盘点可以准确地梳理组织的战略和发展方向对人才的质量和数量的要求，通过盘点分析组织的人才结构是否合理、是否稳定、是否有效能，不同区域/部门的人员是否有差异等。识别出哪些人是可以重点储备和培养的，哪些是需要从外部引进的。

人才盘点相对内部或外部的招聘，往往更复杂，数据更多，流程更长，难度也更大。具体体现在以下几个方面。

一、人才盘点要想成功，必须获得高层的支持和内部同事的配合

人才盘点绝不仅仅是人力资源部的工作，它需要公司高层的参与，并且提供关键性的支持。同时，要做好宣贯，消除被盘点员工的戒备心理，真实地评价自己和他人的表现。

二、人才盘点必须与人力资源管理的全流程相结合

企业的人才盘点，一方面需要与企业以及员工的发展相结合，不能为了盘点而盘点，必须与公司的业务战略、员工的职业发展、培养计划、薪酬等级相挂钩。另一方面，需要与员工的敬业度水平相结合，不仅要盘点能力与绩效等状况，还要关注员工的敬业度、满意度水平，定位既能干又肯干，而且已经将很多事干成的人才。

三、人才盘点使用的测评工具与方法必须有效搭配组合

人才盘点具体的盘点工具搭配，涉及线上心理测验和线下评价中心的有机组合，需要将性格、能力、动机、行为与绩效等盘点内容进行平衡。只有良好的搭配和组合，才能实现最大的效用，获得最准确和有效的结果。

四、受限于企业自身数据，难以进行行业水平对标

多数企业自己做的人才盘点，通常只能总体地感知组织当前的人才水平，但是对于自身企业的人才在市场和行业中的位置，以及人员能力优势与差距具体在哪些方面并不清楚。而外部第三方的咨询机构，往往在多数行业都做过大量项目，对整体市场和行业的人才分布状况及水平有深入的分析和了解，能够将具体企业的盘点结果进行横向的企业间对比，以及纵向的历史对比。

五、盘点结果出来后，不知道怎么使用

通常来说，人才盘点结果出来后，可以从以下几个方向使用。针对企业核心岗位人员进行综合素质摸底，为企业在人员调配、个人发展方面工作给出参考；储备关键岗位人才，为企业内部建立人才梯队体系、员工职业发展与培养体系提供支持；完善储备人才的测评和考核工作，加强储备人才的选拔和任用，实现梯队建设，为实现战略规划奠定基础；为企业、团队和个体提出针对性建议，促进团队与个体发挥优势、补足短板，提升整体效能。只有将结果进行使用，人才盘点才是有价值和有作用的。

第二节　人才盘点的测评方案

人才盘点的实施机制是以关键人才为切入口，构建该类人才的能力模型，并通过人才测评发现差距，采取内部培养和外部引才相结合的方式，为企业发展提供人才支撑，如图 16-1 所示。

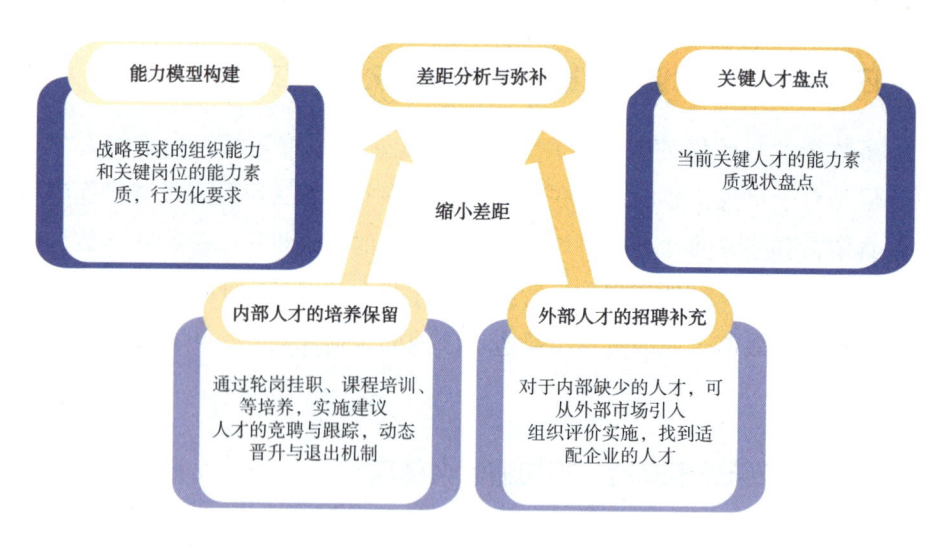

```
┌─能力模型构建─┐      差距分析与弥补      ┌─关键人才盘点─┐
│ 战略要求的组织能力 │         ↑    ↑          │ 当前关键人才的能力素 │
│ 和关键岗位的能力素 │       缩小差距          │ 质现状盘点         │
│ 质，行为化要求    │                        │                  │
└──────────────┘                        └──────────────┘
┌─内部人才的培养保留─┐    ┌─外部人才的招聘补充─┐
│ 通过轮岗挂职、课程培训、│    │ 对于内部缺少的人才，可 │
│ 等培养，实施建议      │    │ 从外部市场引入        │
│ 人才的竞聘与跟踪，动态 │    │ 组织评价实施，找到适   │
│ 晋升与退出机制       │    │ 配企业的人才         │
└──────────────┘    └──────────────┘
```

图 16-1　人才盘点的实施机制

具体的流程通常包括五个步骤。

一、高层访谈，明确需求及目标

方法：根据访谈提纲，通过和企业的领导和主管部门进行沟通，了解公司对盘点岗位人才素质的基本需求、发展需求和培养目标，确认测评关键环节和内容。

成果：形成访谈记录报告。

二、人才标准提炼与维度设计

方法：通过访谈记录报告，设计盘点岗位的素质维度，并确定和验证试卷维度的设计方案。

成果：形成岗位评估模型，确定人才盘点的素质标准。

三、组织实施线上测评

方法：通过在线测评、360度评估等多元方式，组织实施线上测评，通过向受测者集中推送测评试卷，统一时间作答，收集与整理测评结果。

成果：测评成绩和测评报告。

四、线下评价中心实施

方法：运用 STAR 技术，深入挖掘盘点对象过往的典型工作行为，或者采用其他评价中心技术，情景化考查相应的素质指标。

成果：形成《评价中心面试记录表》和《个人测评报告》。

五、测评报告分析与后续运用

方法：结合在线测试报告，对盘点对象按考核维度形成完善的测评分析，为人才盘点工作提供客观的测评结果。并根据测评结果，进行后续的人才管理工作。同时，分析盘点团队的特征，得出整体的优劣势，为团队后续的集中培训与提升，提供参考方向。

成果：形成人才盘点团体报告、人才地图、人才九宫格等，向高层领导汇报盘点项目成果。

人才盘点通常使用的线上和线下方法工具，可以参考以下组合，如表 16-1 所示。

表 16-1　人才盘点线上和线下方法工具

步骤说明	业绩绩效与行为绩效		量表测试		胜任力考查	
考核要素	年度绩效考核	360行为评估（能力与态度）	管理风格测试	管理潜力测试	定向行为事件面谈（FBEI）	情景案例分析
目的	考查现任岗位的绩效表现	考查各级（上级、同级、下属）对盘点对象在原岗位上表现出的行为与态度等进行评价	考查盘点对象的管理风格，形成量化的表格描述及综合性的文字表述	基于岗位层级的素质模型，考查管理潜力或领导力	针对管理岗位通过访谈收集盘点对象在实际工作中的行为表现和心理活动状态，依据这些信息分析受测者的能力状况、性格特点，从而判断其对目标岗位的胜任程度	考查被评价人的问题解决能力、分析能力、大局观、创新能力、组织协调能力等

- 281 -

续表

步骤说明	业绩绩效与行为绩效		量表测试		胜任力考查	
成绩权重	30%	20%	定性	10%	40%	
工具方法	过往两年绩效考核结果，以及上级与同级考核评价	设计素质模型，依据模型采取结构化要素，从上级、同级、下属等多角度评估行为态度表现	工作行为风格测验，侧重于了解环境适应性和管理行为风格	融合管理潜力与胜任力，盘点管理水平，筛选高潜力管理人才	STAR技术，由专业测评师实施	分析岗位任务单元，设计情景测试案例，让盘点对象事先准备，现场讲述分析，并接受质询
时间计划	15分钟		60分钟		50分钟	50分钟

基于上述工具与方法得出测评数据后，多数人才盘点项目，都会得出人才九宫格，将盘点对象归结在九宫格中的对应位置，以了解盘点团队整体的能力素质与绩效表现的综合结果。不同机构在制作九宫格时，横坐标和纵坐标所用的内容可能有所不同，对每个格子的叫法和定义也常有出入，表16-2所示为笔者对九宫格的划分和定义，供读者在后续工作中参考使用。

表16-2 九宫格的划分和定义

4 稳定贡献	7 未来领导	9 标杆人才
·绩效低+潜力高 ·了解其是否对公司有消极看法 ·分析表现不佳原因，针对性提升 ·限期改进工作表现	·绩效中等+潜力高 ·投入资源培养提升 ·进行工作表现反馈，促进反思提升 ·给予挑战机会，保持工作热情	·绩效高+潜力高 ·给予更多激励，促进成就体验 ·给予更高职位与更大责任 ·积极关注，保持明星员工稳定性

续表

2 继续贡献 ・绩效低 + 潜力中等 ・分析绩效差的原因，针对性提升 ・警告，限期改进工作绩效 ・激发工作热情，促进发挥潜力	5 稳定贡献 ・绩效中等 + 潜力中等 ・适度赋予挑战性任务与业绩目标 ・关注工作表现与成绩，给予认可 ・合理激励，维持工作热情	8 高度贡献 ・绩效高 + 潜力中等 ・给予挑战机会 ・及时、合理进行激励 ・考虑给予更高职位与更大责任
1 淘汰 ・绩效低 + 潜力低 ・根据具体情况考虑转岗 ・降薪 / 离职 / 辞退	3 达到预期 ・绩效中等 + 潜力低 ・维持当前岗位 ・针对短板进行定向提升 ・维持工作热情，提升潜力与工作表现	6 超出预期 ・绩效高 + 潜力低 ・维持当前岗位，适度给予挑战任务 ・鼓励挑战自我，突破瓶颈 ・认可工作成绩，维持良好表现

针对分析得出的九宫格盘点结果（见表 16-3），结合每个盘点对象的特点，可制订个人的发展计划初稿，由沟通反馈的主导人（直属上级和人力资源部相关同事）跟盘点对象进行沟通，就个人发展计划达成共识。

表 16-3　九宫格盘点结果

九宫格	发展责任人	准备度建议	特点及发展需求	晋升机会
9	隔级领导	1年	・更多是提升眼界 ・储备更高级别的理念和知识 ・传承更高层次领导已有经验	有空缺可启动晋升流程
8/7	直接领导	2年内	・通过工作挑战实践后备岗位知识，从实际挑战中提升能力	急需人才时可纳入候选，但需针对性提供辅导和跟踪
6/5/4	直接领导	3年	・学习后备职位所需的知识 ・在现有岗位上丰富工作的内容	
3/2	直接领导	3年以上	・学习后备职位所需的知识 ・做好做精现有岗位工作	不建议晋升
1	直接领导	3年以上	・做好做精现有岗位工作	不建议晋升

人才盘点经典案例

某电力企业青年干部培训班人才盘点及培养发展项目

项目概述

随着传统电力行业的平稳发展，某电力企业现任干部趋于饱和，后备人才梯队建设问题日益凸显。因此，结合公司中长期转型发展的需要，实施组织战略人才工程，青年干部培养计划成为该企业标杆重点人才发展项目。项目聚焦于中青年干部人才的选拔和培养，着力提升青年干部的政治素养、战略思维视角、高效工作方法、专业化能力及人际沟通能力，为公司打造一批青年领导干部及后备人才。

企业希望通过本次青年干部后备人才选拔的综合素质测评工作，将具备良好基础素质和发展潜力的人才选拔出来。同时根据测评结果，提出针对性的发展改进建议，坚持选拔与培养并重，综合提升企业整体的人才核心竞争力。

面临挑战

项目的挑战主要集中在以下三个方面。

第一，本次是第三期培训班，高潜模型需要在以往成果基础上修订，测评方式需升级，线上需要建立与之匹配的管理潜能测评。

第二，严谨、高效、科学、全面地考查受测者，对实施流程和组间对标要求极高，46名受测者成绩不可同分，必须有排名先后。

第三，对受测者的发展建议是企业更为关注的部分，需要为人才后续的培养提供指引方向。

解决方案

项目总体规划

项目总体规划具体内容如下表所示。

方案设计	高潜素质模型构建	人才盘点实施	团队报告与培训方案
·高潜素质模型构建 ·评价中心试题开发与评价实施 ·团队培训方向 ·培训发展方案	·人员访谈 ·标杆借鉴 ·高潜能力数据库	·组织测评师模型解读会议，促进测评考官对模型有一致理解 ·针对高潜素质模型，开发定向行为事件访谈、情景模拟试题，精准直击挑战 ·通过定向行为事件访谈解决个性化素质评价问题，每人访谈45分钟，时间充分，挖掘深入，评价准确 ·"组间＋组内"对标，统一评价标准	·团队总体特征分析 ·团队整体优势分析 ·团队整体发展分析 ·各项高潜素质分析 ·团队整体价值观分析 ·团队整体个性分析 ·培训发展方案设计

过程文件准备

过程文件和文件内容如下表所示。

模块	内容
项目实施方案	对项目的背景、技术方案、操作流程、测评师资质等进行详尽介绍
测评师手册	对于测评师需要了解的项目背景、具体技术方案及操作流程、对标细节、任务角色分配、提交报告质量要求等进行明确说明
场外执行人员手册	对于场外执行人员需要了解的项目背景、具体操作流程、执行细节、注意事项、关键任务报备等进行明确说明
高潜模型描述	对高潜模型进行内容诠释及优化，对行为指标、分级标准进行描述
面试评分表	对各面试工具的具体维度对照表和评分数据收集表进行进一步的设计，保证项目实施的科学性、严谨性、全面性、有效性

续表

模块	内容
工作会议面试试题	按照实施时间流程要求，每种面试形式分别准备两套试题，其中一套为备用试题
角色扮演面试试题	
半结构化面试试题	
线上管理潜能测验	对领导力模型进行线上维度匹配，实现线上同模型测评
工作行为风格测验	经典量表的选取，保障测评更全面、科学
360度评估	基于高潜模型考查维度，编制行为表现评估量表，多角度评估，得出综合的评价结果

特色对标技术

对标方法1：两天面试的第一组无领导小组讨论以及上午三位受测者的角色扮演和半结构化面试，均为两组共同面试，起到对标组的作用。六位考官充分讨论，建立明确清晰的排位概念。

对标方法2：第一天面试结束之后，每组一名副测评师在第二天的面试中互换面试组，在组间合议讨论中起到对标作用，为那些在两个面试间未交叉测评的人员的排位发挥关键作用。

项目收益

第一，高潜素质模型开发。研究适合企业的高潜因子，开发高潜素质模型，为企业选拔高潜人才，建立高潜人才库奠定坚实基础。

第二，个人深入分析与反馈。主要从综合评价、优势分析、劣势分析、组织管理建议以及个人发展建议五个模块进行报告撰写，结合面试表现及其他线上测评工具的结果，全面综合地评价受测者，为每位人才提供针对性的个人发展方向建议，并进行针对性反馈。

第三，团队整体状况分析。全面分析本次培训班人才的整体素质状况，深度分析团队共性短板，为培训班后期的内容安排提供系统的建议，提升培训效果。